ひとりでよめたよ！

幼年文学おすすめブックガイド200

大阪国際児童文学振興財団・編

ひとりでよめたよ！
幼年文学おすすめブックガイド200

大阪国際児童文学振興財団・編

はじめに

「聞くことのコップ」が満ちるまで、そして、満ちてから……

２０００年の「子ども読書年」ごろからか、家庭でも学校でも図書館でも、子どもたちへの読み聞かせが盛んになり、定着し、その楽しみや意義も広く理解されるようになりました。

ところが、そうしたなかで、特に親御さんから、こんな相談をうけることがあります。「うちの子どもは、読み聞かせはとても喜んで聞くのですが、なかなか一人で本を読んでくれません。どうしたらいいでしょう」。私が「お子さんは、おいくつですか」とたずねると、「小学校に入りました」とおっしゃいます。学校で文字を習いはじめるから、もう読み聞かせの手をはなさなければ、と考えるのかもしれません。私は、「3年生くらいまでは、いっしょに読み聞かせを楽しんだらいいのではないですか」とこたえるのですが……。

私には、一つのイメージがあります。子どもたちの体のなかには、「聞くことのコップ」とでもいうべきものがあって、そのコップに読んであげる声をずーっと注ぎこんでいくと、やがて、いっぱいになる。「聞くことのコップ」がいっぱいになったとき、その子は、ようやく自立した読者になるのではないでしょうか。「ひとりでよめたよ！」と目をかがやかす自立した読者の心のなかには、だれにもおかされない自由な想像の世界が広がります。

ただ、問題は、いま、子どもたちの「聞くことのコップ」に声を注ぐことができるような本がどれくらいあるかということでしょう。実際の読み聞かせの場では、絵本が使われることが多いのですが、本書では、小学3年生ごろまでに読んであげられる、そして、子どもたちが自分でも読める幼年文学を紹介し、その意義をコラムでも伝えています。

子どもはみな、本が読めるようになりたいと願っています。その気もちを支えるためのサポートブックとして、本書を活用していただければうれしいと思います。

読んでもらう楽しさと、ひとりで読める喜びを子どもたちに。

宮川健郎

もくじ

本書の使い方

グレード・マーク
文字の大きさやページ数、内容など検討し、記載しています。
本を手渡す際の目安にご活用ください。

- 文字を読みはじめたばかりのころに
- 少し文字に慣れてきたころに
- 文字がどんどん読めるようになったころに
- 絵本　本の形態を表しています

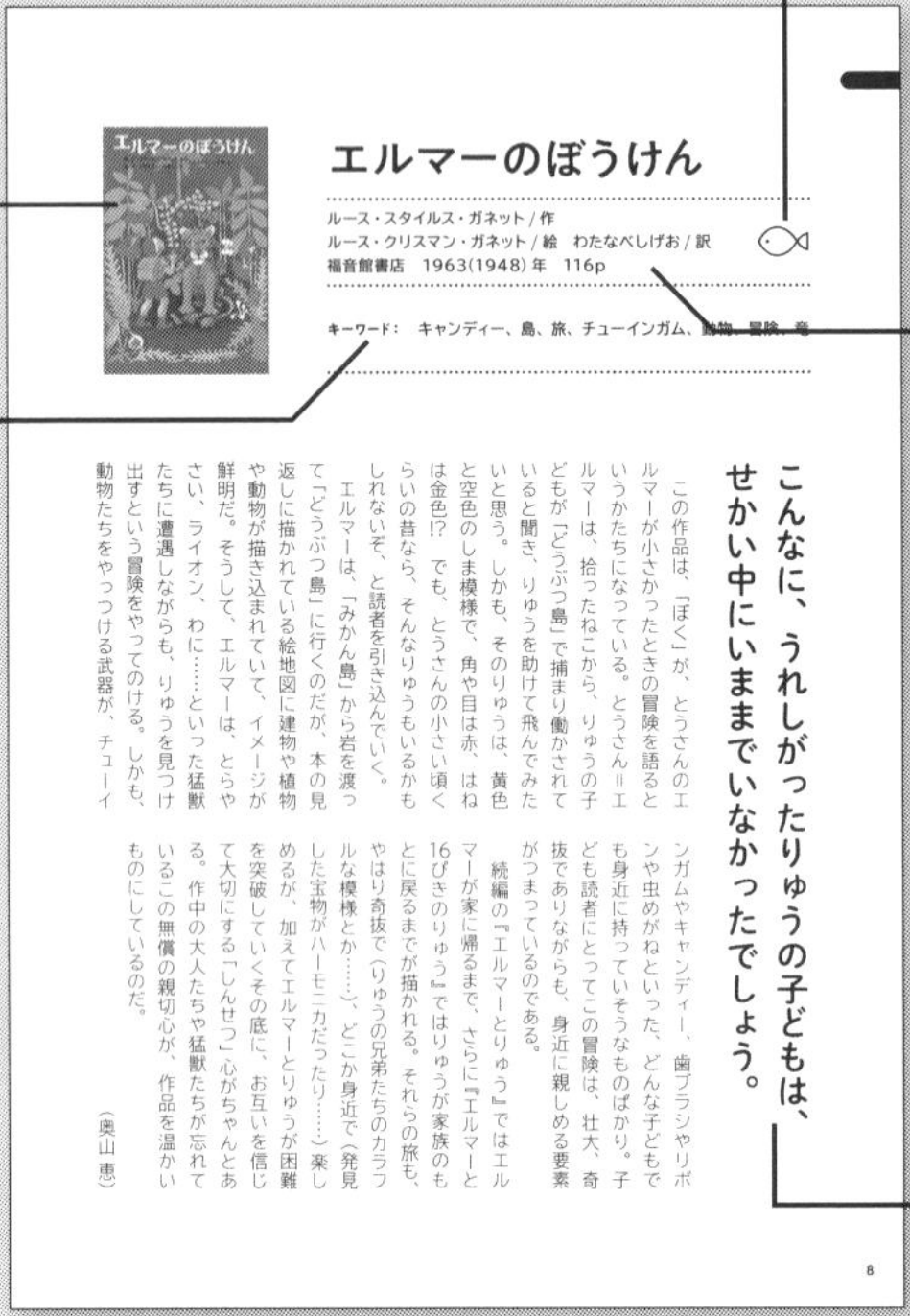

表紙

書名と書誌データ
出版社からの情報をもとに記載しています。
ページ数が明記されていない場合は、編集部で扉から奥付までを数えています。

キーワード
本の内容から、ブックトークなどのヒントになりそうな言葉をあげています。

見出し：引用文
紹介本の本文より、印象的なフレーズを引用しています。

本書について
・１章から８章までに紹介された本は、本書編集委員である宮川と土居がセレクトしたものです。
・本は、ジャンル、グレードごとに分け、その中で 50音順に並べています。
・収録された本の中には、品切重版未定・絶版となり、書店で入手困難なものも紹介されています。
図書館などをご利用ください。

1章

自分で読んでも読んでもらっても楽しい本

短めで絵がたくさん入っている本

エルマーのぼうけん

ルース・スタイルス・ガネット / 作
ルース・クリスマン・ガネット / 絵　わたなべしげお / 訳
福音館書店　1963(1948) 年　116p

キーワード：　キャンディー、島、旅、チューインガム、動物、冒険、竜

こんなに、うれしがったりりゅうの子どもは、せかい中にいままでいなかったでしょう。

　この作品は、「ぼく」が、とうさんのエルマーが小さかったときの冒険を語るというかたちになっている。とうさん＝エルマーは、拾ったねこから、りゅうの子どもが「どうぶつ島」で捕まり働かされていると聞き、りゅうを助けて飛んでみたいと思う。しかも、そのりゅうは、黄色と空色のしま模様で、角や目は赤、はねは金色!?　でも、とうさんの小さい頃くらいの昔なら、そんなりゅうもいるかもしれないぞ、と読者を引き込んでいく。

　エルマーは、「みかん島」から岩を渡って「どうぶつ島」に行くのだが、本の見返しに描かれている絵地図に建物や植物や動物が描き込まれていて、イメージが鮮明だ。そうして、エルマーは、とらやさい、ライオン、わに……といった猛獣たちに遭遇しながらも、りゅうを見つけ出すという冒険をやってのける。しかも、動物たちをやっつける武器が、チューインガムやキャンディー、歯ブラシやリボンや虫めがねといった、どんな子どもでも身近に持っていそうなものばかり。子ども読者にとってこの冒険は、壮大、奇抜でありながらも、身近に親しめる要素がつまっているのである。

　続編の『エルマーとりゅう』ではエルマーが家に帰るまで、さらに『エルマーと16ぴきのりゅう』ではりゅうが家族のもとに戻るまでが描かれる。それらの旅も、やはり奇抜で（りゅうの兄弟たちのカラフルな模様とか……）、どこか身近で（発見した宝物がハーモニカだったり……）楽しめるが、加えてエルマーとりゅうが困難を突破していくその底に、お互いを信じて大切にする「しんせつ」心がちゃんとある。作中の大人たちや猛獣たちが忘れているこの無償の親切心が、作品を温かいものにしているのだ。

（奥山　恵）

えんぴつ太郎のぼうけん

佐藤さとる / 作　岡本順 / 絵
鈴木出版　2015年　64p

キーワード：　鉛筆、小人、机、冒険、魔法

でも、いま、ぼくに　まほうをかけてくれたでしょ。

佐藤さとるは、『ファンタジーの世界』（講談社）の中で、メルヘンが「非現実をあたりまえとした世界」であるのに対して、ファンタジーでは「現実と非現実は区別されていて」、現実にはあり得ない出来事は「法則」にのっとって描かれる、と述べている。この説明に照らしてみると、本書の物語はファンタジーであるといえよう。本書において「えんぴつ太郎」は、男の子が父親からもらい、名前を付けて愛用していた「えんぴつ」である。では、なぜ「えんぴつ」が「ぼうけん」するのか。それは、「えんぴつ太郎」が机の後ろに転がり込んでしまったことから始まった。人間から見えないところで不思議は起こる、というのがこの物語の法則である。

机の後ろで「えんぴつ太郎」は、「トランプのジョーカー」だと名乗る「小人」に魔法をかけられ、手足が出て、目・鼻・口・耳がつく。動けるようになった「えんぴつ太郎」は、戸棚に放り込まれたまま忘れられてしまった子豚の人形と出会い、男の子に子豚の人形を見つけてもらおうと奮闘する。

この物語を読んでいると、学習机の周りなど、身近なところにも不思議はあるのかもしれないと思えてくる。空想が好きな子どもはわくわくするに違いない。魔法はないと思っている子どもも、理屈の通った物語世界に納得し、もしかしたらと思い始めるのではないだろうか。その意味でこれは、日常に揺さぶりをかける物語であるともいえる。

本書以前にこの物語は、1976年に講談社から出版された後、『えんぴつたろうの三つのぼうけん』（講談社　1994年）に「えんぴつたろうのはじめのぼうけん」の題で収録された。同書には続編も収められている。物語の行方を追うのも楽しいだろう。

（中地 文）

おかあさんの手

まはら三桃 / 作　長谷川義史 / 絵
講談社　2012年　78p

キーワード：　お母さん、お月見、助産師、団子、手

ねえ、おかあさんは　いつから　まほうが　つかえるように　なったの？

「冷蔵庫のなかにいる動物はなんでしょう？」と、夕焼けに染まる河原を、なぞなぞをしながら帰る母娘。あすのお休みはおだんごを作ってお月見をする約束をしている。おかあさんは、赤ちゃんが生まれるのを手伝う助産師で、今日もふたり、新たな命が誕生した。

おだんご作りの時間になって、二人はボールに上新粉と白玉粉を半分づつ入れ、お湯を注ぎながらかき回していく。みるみるうちに〈たね〉はもっちりとし、やわらかくなる。おかあさんのは、つきたてのおもちみたいなたね。私のは、いじわるなねちねちのたね。母の手を借りながら、私のたねも次第にピンポン玉のようなきれいな形に整う。

日暮れてから、窓辺に並んで座り、母娘はおだんごを食べる。「おかあさんはいつからまほうがつかえるようになったの？」とたずねる私に対し、おかあさんはちょっと考えてから、「きのう、びょういんであかちゃんがふたりうまれました。そのほかにもうまれた人がいます。それはだれでしょう？」。答えは〈おかあさん〉。赤ちゃんをだっこしたときに、おかあさんも生まれるという。子を持つ母の喜びが、魔法を宿すということだ。

娘にわかるように、自分の仕事のこと、赤ちゃん誕生のことなどを話す母。母が働くということを、娘が受け入れていく隙間を作っているようにも思える。

助産師として働く母の手は、消毒液ゆえか、かさかさしてはいる。がしかし、あったかくてやわらかい手であり、新しい命を取り上げる手であり、魔法をかける手でもある。手をキーワードに、母とは何か、人と人とのふれあいとは何か、働くとは何かを問いかける。平易かつ簡明な文体ではあるが、母と娘が過ごす時間の濃密さが印象的な作品だ。（遠藤 純）

おともださにナリマ小

たかどのほうこ / 文　にしむらあつこ / 絵
フレーベル館　2005年　64p

キーワード：　学校、キツネ、手紙、友だち、変身

ぼくって……こうだったんだ……。ひゃあ……

小学1年生は、タイトルの「おともださ」が「おともだち」で、「ナリマ小」が「なりましょう」だとすぐわかる。これは、鏡文字に慣れていて、知っている漢字をできるだけ使おうとはりきるからだ。このタイトルはキツネの小学生が人間の小学生に宛てた手紙で、この手紙でみんなが知り合いになるが、そのきっかけを作ったのは、入学10日目のハルオだった。

ハルオは朝、前を歩いている人を追いかけて登校する。ところが学校で過ごしているうちに、この学校がキツネの学校で、児童はみんな人間に化けたキツネだったことがわかる。ハルオはあわてて人間の学校へ向かい、途中で自分の姿に化けたキツネの子と出会う。数日後、キツネの学校からハルオのいる学校に招待の手紙が来る。

本書はなかなか学校になじめない1年生への応援歌のような作品である。ハルオは登校の待ち合わせで失敗し、キツネ小学校の子どもたちは人間に化けながらも身なりがおかしかったり、奇妙な手紙を書いたりする。それでも、ハルオとキツネの子は友だちになって、ハルオはキツネ小学校に自分の学校の全校生を案内するという大役を引き受ける。

そして、読者の成長を促す作品だとも言える。それは、たとえば、ハルオが自分そっくりのキツネに出会って、自分の姿を見てびっくりすることが言葉で表現されていたり、ユーモラスな挿絵とわかりやすい言葉で書かれながらも、伏線や言葉遊びがふんだんに使われ、林をファンタジーの入口に見立てた文学作品になっている点が挙げられる。

著者は、他にも『へんてこもりにいこうよ』（偕成社）など、自分で世界を拡げていく子どもたちをユーモラスに描く幼年文学を多く執筆している。　（土居安子）

カッパのぬけがら

なかがわちひろ / 作
理論社　2000年　95p

キーワード：　カッパ、川、友だち、夏、変身

なかなかりっぱなカッパになったぞ。おいらににて、いい男だ

カッパが100年に一度脱皮し、緑色のゼリーでできたダイバーズスーツのようなぬけがらを着ることができるという発想がユニーク。

夏、〈およぐな、キケン〉の立て札のある川で大王ナマズを釣ろうとして川に落ちたゲンタは、水草のあみにひっかかり、川底の泥を抜けた洞窟にひきこまれた。そこにはひとりぼっちのカッパがいて、仲間はよそに行って自分はこの世で最後のカッパだと泣く。かわいそうになったゲンタは、ぬけがらを着てカッパになり、いっしょに楽しく過ごす。やがて家に帰りたくなったゲンタは、また来年ここに来ると言ってぬけがらをぬぐ。カッパはがっかりするが、ゲンタを家に送り届ける。ゲンタは、気づくと病院のベッドに寝ていた。次の夏、カッパに言われた通りぬけがらを水でもどして着ようとするが、ゲンタの体はぬけがらよりも大きくなっていた。それをものかげから見て去るカッパのようすは、ゲンタの成長にしみじみとした余韻を響かせる。

ページ全体が川の中という画面の上端にゲンタの下半身だけが見える奇抜な始まりの場面から、たくみに読者を引き込む。一人二役で殿様と家来の芝居をしていたり、ゲンタの提案でかけたサングラスが気に入ったりするカッパは、尻子玉を抜いた話や、フナをばりばり食べる場面など、伝統的カッパの要素も残す。ページの青い地色や、そこに重ねられる複雑でうす暗いトーンのマーブル模様も、カッパのいる水の中の幻想的な雰囲気を感じさせる。

同じく著者が文章と絵を手掛ける『天使のかいかた』『オバケのことならまかせなさい！』（ともに理論社）なども、天使やおばけに新しい要素やイメージを加え、軽妙に展開する楽しいお話。（内川朗子）

くまのごろりん まほうにちゅうい

やえがしなおこ / 文　ミヤハラヨウコ / 絵
岩崎書店　2011年　72p

キーワード：　カタクリ、クマ、呪文、友だち、春、変身

ぼくを　もとに　もどしておくれよぉ

表紙には、くまの子が、大きなふきの葉にとまった小さなてんとうむしを見あげている姿が描かれている。もの問いたげなくまの表情が印象的だ。これは主人公ごろりんなのだが、読み始めると印象が違うと感じる。そして読後、表紙を眺め、そうか、このお話の後のごろりんなのだと気づく。ごろりんを変えるほどの事件が描かれているのが本書だ。

　春になり目覚めたごろりんは、好物のふきのとうを見つけ、そこにいた邪魔なありをにらみつけ、ふりはらおうとする。すると「くま、くま、ぼくより　小さくなあれ」の声がして、ごろりんはあっという間に小さくなってしまう。ありに魔法をかけられたのだ。自分が圧倒的に大きくて強い存在だったので、たいした考えもなくありをいじめてしまったごろりん。大きなしっぺがえしを食うのだが、助けの手がさしのべられる。それは、気のいいみつばちにものしりの赤がえる、優しいひめぎふちょう。ごろりんにとっては、小さくなってはじめて気づくことのできた生き物たちだった。彼らは、泣いていたごろりんを友だちとして、かけられた魔法の謎を解くために力を貸す。

　お話は「ごっとんごっとん」という水車の音からはじまり、「ぷおんぷおん」「ぴたりぴたり」などのオノマトペで登場人物のイメージが広がり、川や草の色までしっかりと自然が描かれているので物語の世界にすっと入ることができる。そして元に戻れるのかというどきどき感と、なぞ解きのわくわくする気持ちが、読者に読む楽しさを感じさせてくれる。小さな世界を体験したことで、逆に世界が広がったごろりん。それが表紙に描かれていたのだ。物語と共に、優しい色使いで春の景色や生き物たちの表情を豊かに描いた絵も楽しんでほしい。

（内川育子）

黒ねこのおきゃくさま

ルース・エインズワース / 作
荒このみ / 訳　山内ふじ江 / 絵
福音館書店　1999(1963) 年　56p

キーワード：　お客さん、おじいさん、黒ネコ、食べ物、冬

なんて心地がいいんだろう。なんてしずかな気持ちだろう。なんて心がいっぱいなんだろう。

貧しいおじいさんは、1週間のうち土曜日の晩にだけ肉のごちそうを食べ、ミルクに浸したパンで体を温めて眠ることができる。しかしある寒い土曜日、外からびしょぬれでやせこけた黒ねこが入ってきた。おじいさんは楽しみにしていた今日のごちそうを分けてやるが、黒ねこはなかなか満足せず、おじいさんが自分のために残した食べ物を求めてひもじそうな鳴き声をあげる。おじいさんは、とうとう肉もミルクもパンもみな食べさせ、寒そうな黒ねこを気づかって暖炉のまきもみな使ってしまう。しかしすっかり満足してのどを鳴らす黒ねこを見て、おじいさんも満ち足りた気持ちになった。

一夜明けておじいさんの家を去る前に、黒ねこが口をきき、自分を追い出すことなく食べ物もすべてくれたのはなぜかと尋ねる。するとおじいさんは驚き、逆になぜそうしないわけがあるだろうかと言う。そして黒ねこが去ったあと、からっぽだったミルクやパンや肉、まきの入れ物はいっぱいになり、使っても使ってもなくなることはなかった。黒ねこを助けるおじいさんの思いやりが、あたたかく伝わる。

本書で山内の描く黒ねこは、表情やしぐさの変化もリアルで、まるで読者自身が家に来た黒ねこをそばで見ているような臨場感がある。

この物語は、世界をまわってきたカメがさまざまな短いお話を語る構成の『ねこのお客　かめのシェルオーバーのお話1』（河本祥子訳・絵　岩波少年文庫）で語られる中のひとつ。子どものためのお話や詩を朗読するラジオ番組の台本作家として活躍した作者は、語り口豊かな作品で人気がある。他にも、絵本『こすずめのぼうけん』（福音館書店）などが日本に紹介されている。

（内川朗子）

こたえはひとつだけ

立原えりか／作　みやこしあきこ／絵
鈴木出版　2013年　72p

キーワード：　赤ちゃん、葛藤、きょうだい、子取り、寂しさ、鳥

あんたは　どうして、赤んぼを　かえしてもらいたいのか。

　お母さんが、生まれたばかりの妹のモミを連れて帰ってきた日から、ユミの生活は変わってしまった。お母さんはモミにつきっきりで、ユミがべそをかくと、「おねえちゃんなのに」と笑う。お父さんも会社から帰ってくると、まっさきにモミのところに行く。

　おつかいに行くお母さんにモミを見ていてと頼まれたユミは、「赤ちゃんなんか、いなければいいのに。」と、モミからおしゃぶりをとり上げて、泣かせてしまう。そこに「赤んぼとりせいさくしょのしょちょう」があらわれて、モミを連れ去ってしまう。

　ユミはモミの声がする木に登って、返してと訴えた。すると、赤んぼの番人は、「どうして　赤んぼを　かえしてもらいたいのか。」とたずねた。答えがあっていたら返してやるが、まちがったら赤んぼは鳥になるという。「あたしのいもうとだからよ！」と叫んで、ユミはモミをつれもどすことができた。こわくて、ドキドキする展開で、物語の世界に引きこまれる。

　妹や弟が生まれた時の子どもの葛藤、さみしさやかなしさ、きょうだいを受け入れるまでの心理を丁寧に描いている。同じような経験をした子どもに読んでほしい作品。

　物語の中では「あたしのいもうとだから」がユミにとってのたったひとつの答えだった。でも、それだけが正しい答えなのか。「あなたの答えは？」と問いかけられているようで、ヤングアダルトから大人までの心にも響く作品になっている。

　佐野洋子の絵で1977年に刊行された作品が、みやこしあきこの絵によって復刊された。著者は、他にも『みりとミミのひみつのじかん』（あかね書房）などのファンタジーの幼年文学を執筆している。

（小松聡子）

ぞうのオリバー

シド・ホフ／作　三原泉／訳
偕成社　2007(1960)年　64p

キーワード：　居場所、サーカス、将来の夢、ゾウ、ペット

だれか、ぼくを　ペットに　したい　ひと、いませんかぁ？

　たくさんのゾウが、サーカス団に入るために船でやってきた。港に着き、サーカスの団長さんが数えると、注文していた10頭より1頭多い。最後に降りてきたのは、ゾウのオリバー。「ぼく、あんまりばしょを　とりませんけど。」と頼んだが、団長さんに「11とうも、いらん。」と言われ、サーカス団に入れてもらえなかった。見知らぬ土地でひとりぼっち。行く当てもない。親切なネズミに教わり、動物園を訪ねるが、ゾウはもういるからいいと断られてしまう。オリバーは、「だれか、ぼくを　ペットに　したいひと、いませんかぁ？」と飼い主を探しながら町を歩き始めるのだが……。

　サーカス団に入れず、行く当てもないのに、決してへこたれず、前向きにいろいろなことに挑戦する主人公の姿から、読者は元気をもらう。また、イヌだったらペットにしてあげたんだけれど、と言われたオリバーが、「ぼく、いぬのふり、できますよ。」と即答し、飼ってもらう努力をしたり、おいしそうな干し草のエサを食べる乗馬場の馬を見て、馬のふりをしようと決心したり、オリバーの挑戦は思いがけないことばかり。そこが魅力のひとつである。

　脇役たちにも味がある。オリバーに「うまは、いりませんか？」と声をかけられた乗馬場の騎手は、「きみ、ぞうっぽいけどねえ。」と疑いつつ「でも、まあ、ためしてみようか。」と、話に乗ってくれるお人よしだ。登場人物の多くが、おおらかで礼儀正しくチャーミング。不運続きだったオリバーが、子どもたちと未来の夢を語り合ったことがきっかけで幸せへの道が開いたという結末もいい。のびやかな描線の楽しいイラストがたっぷりつき、一人読みを始めたばかりの子どもにも読みやすい。

（代田知子）

ちいさいロッタちゃん

アストリッド・リンドグレーン作
イロン・ヴィークランド / 絵　山室静 / 訳
偕成社　1985(1956)年　158p

キーワード：　家族、きょうだい、強情、スウェーデン、末っ子

この子は、ほんとうに、とんでもないことをおもいつくよ。

　ロッタちゃんは3歳の女の子。お父さんとお母さん、お兄さんのヨナス、お姉さんのマリアと「つぼや通り」という小さな通りの黄色い家に住んでいる。お父さんからは、「かわいいもんくやさん」と呼ばれている末っ子だけれど、実はなかなかの大物だ。筋金入りの強情っぱり、いつだって自分が正しいと思っているし、思い立ったら即実行、行動力はピカ一だ。

　ある日曜日、事件の始まりは、お昼ごはんに出た「にしん」だった。にしんが大きらいなロッタちゃんは、「ちぇっ、ちくしょう！」と、悪い言葉を使ってママにおこられ、罰として、みんなと一緒にごはんを食べられなくなった。でもロッタちゃんは反省するどころか、なんと水おけの中に、にしんをぶち込んでしまった！　あげくの果てに荷物をまとめて、家出をすると息巻いた。でも最後は、ママの腕の中で一件落着。あきれ返ってしまうような、一見わがままいっぱいの行動にも実はその子なりの理由や感情がある。その思いをしっかりと受け止めて吸収してくれる大人がいることの大切さにも気づかされる。

　ロッタちゃんを中心に起きる家族の毎日の出来事を、お姉さんのマリアが語るという形で11の短いお話が載せられている。それぞれが独立して読めるので、児童文学を読み始めた子どもたちにうってつけだ。

　お話の舞台はスウェーデンだが、子どもたちはロッタちゃんに共感したり、お姉さん、お兄さん目線で、ちょっと苦笑いしながら読むだろう。遊ぶ、笑う、泣く、怒る……子どもの喜怒哀楽と行動、日常に埋め込まれた小さな出来事、どこにでもある家族の風景をリンドグレーンならではの視点で伝えてくれる。

（汐﨑順子）

ていでん☆ちゅういほう

いとうみく / 作　細川貂々 / 絵
文研出版　2014年　80p

キーワード：　おばあさん、懐中電灯、きょうだい、停電、電池、勇気

いばってて、もんくばっかり言って、だけど ちょびっと、やさしくって。

　口うるさくて気の強い姉と頼りない弟。この力関係が、少しの間だけ逆転する。雷が落ちて町ごと停電すると、暗いところが大嫌いな小学5年生のねえちゃんは、何もしゃべらない冬眠クマ状態に陥ってしまう。懐中電灯は電池切れ。小学1年生のゲンはねえちゃんを救うため、豪雨暴風の中、ひとりで電池を買いに行く。誰かを大切に思う強い気持ちに突き動かされて行動した結果、ねえちゃんよりできることもあるという自信につながり、ひとつたくましく成長する。

　途中でゲンは、普段から威張って文句をつけてくる同じアパートのおばあさんに出会う。おばあさんは憎まれ口を繰り返した後、ゲンに思いやりのある言葉をかける。ねえちゃんと同じような強気な態度の裏に、自分の弱さを見せたくないというプライドをゲンはそっと読み取るのだ。そう思って表紙を見ると、ねえちゃんとおばあさんの不機嫌そうな顔に親しみを感じるから不思議である。

　ねえちゃんがつらいときに見せる、冬眠中のクマみたいに背中を丸くして黙って動かなくなる状態は、自分自身を守るため殻に閉じこもる反応だろう。そういう意味で、この作品はゲンの勇気を描いた物語であると同時に、心を閉ざした少女が弟に助けられる物語としても読むことができる。そして、自分で解決できないときは周りに甘えてもいい、普段は頼りがいのないゲンのような子が意外に力になってくれるかもしれない、と伝えているようにも思える。表情豊かなイラストが、描かれた態度に隠れた気持ちを想像させる。

　著者は『かあちゃん取扱説明書』（童心社）など、家族関係をテーマにした作品が多く、わだかまりや葛藤を持つ子どもの内心をリアルに描いている。（山北郁子）

てんきのいい日は つくしとり

石川えりこ／作・絵
福音館書店　2016年　80p

キーワード：　おばあさん、きょうだい、自然、つくしとり、春

いくぞ　いくぞ　つくしとり ぜったい　つくしを　みのがすな

　ちえちゃんが庭で遊んでいたら、開きはじめたふきのとうを指差して、おばあちゃんが「そろそろ、つくしとりに行こうかね」という。翌日はいい天気。ちょっとだけ冷たい春の風が吹くなか、お兄ちゃんも、お姉ちゃんも一緒に、かごとお茶と小さいおにぎりを持って、つくしとりに出発だ！　畑と田んぼのあぜ道を抜けて、「どこで、つくしとりをなさるとですか？」と聞かれても、にっこり笑って秘密の場所へ。なんともウキウキしてしまう。

　いちばんつくしを見つけたのは、お兄ちゃん。にばんつくしのながーいのを見つけたのは、お姉ちゃん。泣き出しそうなちえちゃんに、おばあちゃんは、「よーく、みてごらん」と、美味しいつくしのいる場所を教えてくれる。さりげなく伝えられるおばあちゃんの知恵。競いながらも、力を合わせるきょうだいの頼もしさ。いちばん小さなちえちゃんが、おうさまつくしを見つけるのも、幼い読者にはうれしいところ。「たいりょうだ！　たいりょうだ！　きょうは　つくしのたまごとじ」と歌いながら、きょうだいは家に帰ったのだろう。

　リズミカルで生き生きとした文章。鉛筆の柔らかな線につくしや赤いカゴにだけ、すっとひと刷毛、色がのっているのが春らしい。ページをめくるリズムと描かれる子どもの心象が、ぴったり合っているのが心地よい。1冊読み終えると、自分も一緒につくしとりを体験したような気持ちになるのではないだろうか。巻末につくし豆知識やたまごとじの作り方などが載っているのも楽しい。

　作家は『ボタ山であそんだころ』（福音館書店）など、自身の子どもの頃を描いた作品で注目される。ひそやかな子どもの気持ちに寄り添った作品が多く、深く読みたい。

（ほそえさちよ）

とうさん おはなし して

アーノルド・ローベル / 作　三木卓 / 訳
文化出版局　1973(1972) 年　64p

絵本

キーワード： お父さん、おはなし、ネズミ、夜

ぐっすり ねむるんだよ。あさに なったら また あおうね。

ねずみのおうちの夜の子ども部屋。父さんねずみが、ベッドで7ひきの子ねずみたちに、ひとりにひとつずつ、お話を語るベッドタイム・ストーリー。

「ねがいごとのいど」では、井戸に願い事をしようと、女の子ねずみがお金を投げ入れると、井戸からは「いたいよ!」という声が。そこで今度は柔らかい枕を投げこむ。喜んだ井戸は願い事をたくさんかなえてくれる。「くもとこども」では、子ねずみが母さんねずみとお出かけ。空の雲を眺めていると、雲は次々と形を変え、最後は大きなねこになって迫ってきた。怖がる子ねずみに、すぐに雲に戻っちゃうわ、と母さん。ほっと、ひと安心の子ねずみ。

7つのお話を終えた時、「まだねむっていないこはいるかな?」という父さんの問いかけに、返事はない。ぐっすり眠っているちびねずみたちを見て、父さんはそっと部屋を後にする。最終ページには、子ども部屋の隣で、暖炉の前でお茶をのむ父さんと母さんが描かれ、あたたかな家族の夜のひとときが感じられる。

「がまくんとかえるくん」シリーズ(文化出版局)で、渋い緑と茶を巧みに用いた著者が、ここでは落ち着いた紫と茶色の濃淡のみをベースに描く絵は、お話によって構図が違っており、枠取りをしたり、絵手紙風にしたり、絵と文のバランスを変えたり、と読者を飽きさせない。シンプルな物語展開や、昔話などでおなじみのテーマ、動物が主人公などの幼年文学の特徴が見られ、語りの文化から文字を読む文化への移行期にふさわしい1冊。

父親の語り口が、母親とはまた違い、少しのスリルや困難はあるが大丈夫と安心させる。各物語が短く、読みやすく聞きやすく、ハッピーエンドで安心させて子どもたちを眠りに誘う。(福本由紀子)

どうぶつえんのいっしゅうかん

斉藤洋 / 作　高畠純 / 絵
講談社　1988年　110p

キーワード：1週間、シマフクロウ、動物園、仲間、バク、ライオン

きのう、あんなにほえるからだよ。

動物園は月曜日が休みなので、1週間は火曜日から始まる。だから、第1話は「火曜日」。以下「水曜日」「木曜日」……と続いて、「日曜日」の後に「日曜日の夜中」という話が入り、最後の「月曜日」まで、8話で構成されている。

「火曜日」は夢を食うというバクの話。隣の小屋のラマから、「きのうの夜のぼくのゆめをたべちゃっただろ」と文句をいわれたバクが、本当はいい夢だったのに、いや、ひどい夢だったよと必死に弁解する。第3話の「木曜日」では、やはり隣同士のライオンとクロヒョウが話をしている。前の日に団体が5組も来てほえまくったライオンは、朝から声の調子がおかしい。「ライオンさんはサービスのしすぎなんだよ」というクロヒョウに、「わしがガオーッてほえるのを楽しみにしてるんじゃから」というライオン。この日も子どもたちがやってきて、寝たふりでごまかすライオンの代わりに「ガオー」とほえたクロヒョウは、「きょうだけだぜ」と照れくさそう……。そんなふうに、動物たちの一日が順番に語られる。そして第7話「日曜日の夜中」だけは、舞台が動物園ではなく、週に一度こっそり動物園を抜け出して夜の街を飛び回るシマフクロウの話になる。そこで、園長さんが飼っている伝書鳩のパオと出会ったシマフクロウ。パオが預かってきた手紙は、動物たちにとってうれしいニュースだった。

8つのお話がバラバラなようで微妙にからんでいく巧妙な展開の中、動物たちの「日常」が描かれていくが、子ども読者たちはなじみ深い動物の〝本当の姿〟に初めて出会った気持ちになれるだろう。今や数多くのシリーズで親しまれている斉藤洋の初期の秀作で、上記「木曜日」は「ガオーッ」と改題されて教科書にも収録された。

（藤田のぼる）

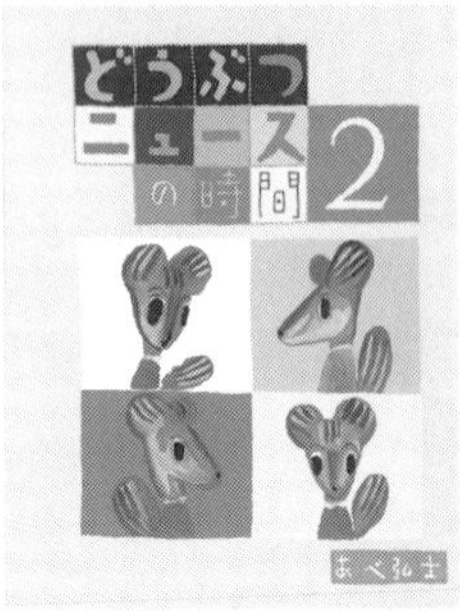

どうぶつニュースの時間 2

あべ弘士 / 作
理論社　2002年　62p

キーワード：　社会問題、テレビ番組、動物、ニュース、パロディ

よる7時、どうぶつニュースの時間2《ツー》です。今夜もおつきあいください。

アナウンサーの森野こりす（リス）が、解説委員の黴原《かびはら》（カピバラ）とともにさまざまなニュースを伝える内容。社会、スポーツ、映画、旅、天気など、CMも含めて一つの番組として構成されており、思わず笑ってしまうユーモア溢れる情報を動物たちが届ける。

トップニュースは、キツツキ銀行の倒産。100年前、アカゲラによって創業された同行は、ドングリを貯める方式で成功を収めてきたが、異常気象の影響で突如金庫が破裂。ドングリも使い物にならなくなる。レポーターの蛇島（ヘビ）は、ドングリの貯蓄者が心配顔で集まる様子を現場中継。クマゲラ頭取をはじめ、全財産を預けていたヤマネ商店社長、再建に乗り出したヤマネコ銀行の西表《いりおもて》頭取にインタビューを試みる。

CM後はスポーツで、夏の甲子園（全国動物高校野球大会）だ。沖縄の波布《はぶ》、下関の河豚《ふぐ》、香川の亀、神戸の猪、佐渡の朱《と》鷺《き》など12校が参戦。熱い火花を散らす。

番組は映画コーナーや世界遺産への旅を挟み、気象予報士・岩飛《いわとび》（ペンギン）による天気予報へ。中継は北海道A市動物園のペンギン館前からで、各地の予報はこんな具合。「長崎は今日も雨でしょう。」「金沢、夜は満月です。オオカミがなくでしょう。」「盛岡、晴れ、夜半からヨダカの星が空いっぱいひろがるでしょう」。

一つ一つが短く読みやすいことに加え、身近なテレビ番組と同じ構成になっているため親しみやすい。パロディや諷刺としても楽しめる内容だ。くすりと笑わせつつも、背後に諸々の社会問題、経済や年金の破綻、異常気象などを感じずにはいられない。ニュース、報道番組は社会を知る窓といえる。現在の社会が抱える問題を戯画化・寓話化することで幼い子どもも興味を持つだろう。

（遠藤 純）

ともだち

木坂涼／さく　さとうあや／え
借成社　2010年　79p

キーワード：　おとまり、クマ、散歩、友だち、ネズミ、秘密

その　こえの　ともだちが　いることを　わすれちゃ　いけないよ

くまのおじいさんとねずみのぼうやはともだちだ。ふたりの会話には、ひだまりで寝っころがっているような心地よさがある。5つのお話が入っていて、ねずみのぼうやがくまのおじいさんを信頼しきっておしゃべりするのを、くまのおじいさんは優しく受け止め、ユーモアも愛情も感じる。

1話目はねずみのぼうやがくまのおじいさんの家に行って過ごす話。ふたりの大きさの違いに違和感がない。2話目は森で迷子になったねずみのぼうやとくまのおじいさんが出会ってともだちになった話。3話目はねずみのぼうやがくまのおじいさんの家に泊まった日の話。お母さんと寝ていたぼうやが初めてお泊りしたのだろう。4話目はおじいさんがかわいいうさぎと過ごした話をぼうやにして、おじいさんはぼくよりうさぎのことがとっても好きだと思って涙を流す。あわてたおじいさんは誰にも話したことのない秘密をねずみのぼうやにだけ教えて、ふたりでやってみる話。5話目はおじいさんの家でぼうやがお留守番をしている時の不思議な出来事の話。冒頭に挙げた台詞は、ぼうやの話を聞いたおじいさんが、自分の中にいるもう一人の自分について語る、含蓄あるシーンのもの。

ぼうやとおじいさんの会話が中心で話が進むが、親子の間もこうだといいなと、親もヒントをもらえるような会話だ。

この物語は、詩人・木坂涼の初めての創作童話であるという。絵も物語を支え、幼年童話として子どもたちの心をつかむ温かさがある。ねずみのぼうやの目の表情が人間の子どものようでなんとも魅力的だ。毎日の暮らしを丁寧に描き、こんなおじいさんと友だちになれたらいいなと思わせる。子どもの成長を応援する、安心感のある物語である。（市川久美子）

ともだちのときちゃん

岩瀬成子 / 作　植田真 / 絵
フレーベル館　2017年　72p

キーワード：　生まれ月、個性、成長、同級生、友だち、見る、わかる

きょうのわたしと、あしたのわたしは、ちょっとだけちがうのかなあ。

　小学校低学年くらいまでの子どもたちにとって、生まれ月の違いは大人以上に大きな差であることは確かだ。2年生の「わたし」は、4月生まれ。そして、近所にすむときちゃんは3月生まれ。「わたし」は、いろいろなことをよく知っていて、なんでもパッパとこたえられるが、ときちゃんは、なかなか言葉が出てこないし、何をやるにもゆっくりだ。同級生だけれど、「わたし」は「よく知ってるわね」としばしば大人にほめられ、ときちゃんのお母さんに頼まれて、何かと世話をやいてあげるような関係になっている。一見、「わたし」の方が成長が進んでいて、ときちゃんは遅れている……そんなふうにも感じられる。

　しかし、「わたし」もそうだし、まわりの大人たちもそうだが、「早くできる」ことと「よくできる」こと、「知っている」ことと「解っている」ことは、しばしば混同されがちだ。この作品は、そのありがちな混同を、少しずつ解きほぐしていく。

　ときちゃんは「早く」はできないけれど、「わたし」が気づかない美しいものやめずらしいものを「よく」見ている。「わたし」みたいになんでも知ってはいないけれど、「きのうの木と、きょうの木」は「同じじゃない」ことが解っている。そんなふうに、根源的ないのちのありようをじっくり見つめるときちゃんの姿は、じつは3月生まれの遅れなんかではなく、ときちゃんの個性そのものだと、だんだんと伝わってくるのだ。

　そうした個性の違いは、時に「わたし」を不安にしたり、いらだたせたりもするが、それでも、ときちゃんに新しいものの見方をひらかれ、「ともだちで、よかったなあ」としみじみ思える、そんな静かな時間がこの作品には流れている。

（奥山 恵）

ともだちのはじまり

最上一平／作　みやこしあきこ／絵
ポプラ社　2012年　80p

キーワード：　宇宙人、個性、小学校、友だち、秘密

ただの　ともじゃ　だめだよ。こころのともがいれば、ハッピー星人なんだって。

じゅじゅとさとの二人は、1年3組のクラスメイトで隣の席だが、あまり話をしたことがない。じゅじゅは声が大きく、何か遊びをはじめるときは、いつも自分から「このゆびとまれ」の号令をかける。

一方、さとは、誰も集まってこなかったらどうしようと、その様子をみているだけでハラハラする。活発なじゅじゅと大人しいさと。正反対の二人だが、ある日、さとが消しゴムを貸してあげたことをきっかけに、じゅじゅはある秘密を打ち明ける。実は、じゅじゅは母と共にハッピー星からやってきた、ハッピー星人だという。

二人だけの秘密とゆびきりをしたこの日から、二人の距離は少しずつ縮まり、天真爛漫なじゅじゅに、さとはどんどんひかれ影響を受けていく。一方でじゅじゅも、素直で優しいさとに励まされ、宝物をプレゼントしたり、プラネタリウムに誘ったりする。ハッピー星人は健康な体と心を持っているが、ハッピーになるにはもうひとつ、「こころのとも」が必要で、じゅじゅは「こころのとも」を「ちょうさちゅう」なのだった。

この物語では、なにか大きな事件が起こるわけではない。しかし、性格の異なる二人がだんだん仲良くなっていく過程がゆったりと、また自然な流れで描かれており、読者である子どもたちも自分や友だちのことに重ねながら楽しむことができるのではないだろうか。木炭の濃淡で表現される絵は静かであたたかく、とりわけ終盤で、星空を見てそっと手をつなぐ後ろ姿の描写からは、言葉にできないほどの二人の感動がじわじわと伝わってくる。続編である『こころのともってどんなとも』（ポプラ社）では、やがてお互いを特別な友だちとして確認し合う二人が描かれる。

（柿本真代）

トラベッド

角野栄子 / さく　スズキコージ / え
福音館書店　1994年　64p

キーワード：赤ちゃん、歌、絵、おまじない、きょうだい、トラ、ベッド、変身、夜

ウォーッ、わしはトラベッドさまだ。はらがへった、はらがへったぞ

主人公は、1歳の妹がいる女の子ヒロ。お母さんは、赤ちゃんのアイちゃんのお世話で忙しくて、ヒロのことをかまってくれない。お父さんは会社から帰るとアイちゃんを抱っこしてお風呂に入る。ヒロは、「わたしもだっこして」と言いたいけれど、自分はお姉さんだから我慢する。

ある日、児童館でけんかをしたヒロは、悔しい気持ちをお母さんに聞いてもらおうと走って家に帰った。でもお母さんは、「ちょっとまってね」と言っただけ。もう我慢できない！ ヒロは、絵を描いた紙をぐちゃぐちゃに丸め、えいっ、えいっ、と踏みつける。それでも気が収まらず、アイちゃんのベッドに大きなこわーいトラの絵を描いてやった。「おひげぴんぴんのらんぼうトラだぞ アイちゃんなんて、たべられちゃえっ」と言いながら。するとその晩、お父さんが出張でいなくて、お母さんも寝てしまった後、ベッドが大きなトラに変身し、アイちゃんを食べようとしていたのだ。ヒロはトラの気を変えさせようと必死になるのだが……。

本書を小学1、2年生に読んだり、ブックトークをしたりすると、特に下に弟や妹がいる子が強い共感を示す。一方で、兄や姉の気持ちに初めて気づいたと複雑な顔をする子もいて興味深い。読んで聞かせると、赤ちゃんにかかりきりの母親がヒロの話を聞いてくれない場面で、必ず「ひどーい！」という声が飛び出す。多くの子どもが、今まで抱えていたモヤモヤした気持ちを代弁してもらい、さらに怒りを思い切り爆発させる主人公を見てスカッとするようだ。

おまじないやトラとのやりとりなど、リズミカルで愉快な言葉が本作のおもしろさを、呪術的で力強く、ユーモラスでもある絵が、主人公の気持ちや大トラの姿をリアルに伝えている。

（代田知子）

ネコのタクシー

南部和也 / 作　さとうあや / 絵
福音館書店　2001年　88p

キーワード：　運転手、タクシー、ネコ、人助け

トム、おまえは、たいしたネコだよ

のらねこのトムは、タクシー運転手のランスさんの家で暮らすことになった。ところがある朝、ランスさんは階段から落ちて足を骨折してしまう。そこでトムは自分用のタクシーを作ってもらい、働くことに。とはいえ、ネコなので車を運転するのではなく、自分の足で走るのだ。

最初の客は黒いネコで、お礼にワインのコルク栓をくれた。しかしやはりお金をもらわなければランスさんの役には立たない。トムは客のネコたちから1ポンド硬貨をもらうことにした。ネコは硬貨が落ちている場所を知っているからだ。

トムはネコたちを望みの場所に送り届けるだけではなく、車にひかれたネコを病院に運んだり、道に迷ったネコを家に連れて帰ったりと、困っているネコを助けるようになる。ところが、ある日、銀行強盗がトラックで逃げていくところに遭遇したため、タクシーで追いかけていくが、どろぼうにつかまって灯台に閉じ込められてしまう。

ひょんなことからタクシーの運転手になったネコが、ときには失敗しながらも一生懸命みんなの役に立とうとする。そして新しい飼い主のランスさんと本当の家族になっていく。

作者はネコの専門病院の医師で、本作は滞在していたイギリスの町をモデルに書いた初めての子どもの本である。ネコを擬人化しているが、ネコの生態や動きなどを取り入れて描いているため、不自然さを感じない。作者の本業ならではといえる。カラーと白黒の挿絵が物語の情景や雰囲気を伝えているため、絵本の好きな子どもでも手に取りやすく、読みやすい。物語の本に初めて挑戦する子どもに手渡したい1冊である。続編に『ネコのタクシー　アフリカへ行く』がある。

（佐川祐子）

のはらクラブのちいさなおつかい

たかどのほうこ / 作・絵
理論社　2001年　62p

キーワード：　秋、草花遊び、名前、野原、変身

あのこたちの　おつかいって　なんだったのかな？

この作品は、春の野原を舞台にした『のはらクラブのこどもたち』の続編。野原の好きな「のはらおばさん」がポスターでよびかけた近所の「のんちゃん」と、集まった7人の子どもとで野原歩きを楽しむのは同じだが、本作の舞台は、秋の野原。おもしろい「たね」を見つけるのが、野原歩きの楽しみとなる。

ネイチャーガイドよろしく草花について、いろいろ話してあげようとはりきる「のはらおばさん」だが、集まった子どもたちは、なかなか植物にくわしい。おばさんが説明しようとすると、必ずだれかが「あたしが　つづきを　いうわ！」とたねの特徴や、それがどのように運ばれてまた芽を出すかまで、しっかり話してくれるのだ。そうして、草花や種、また、自然のつながりについて、知ることができるという意味では、科学読み物の味わいもある。

しかし、やっぱりこの本はファンタジーなのだ。集まった子どもたち「すずちゃん」「カーラちゃん」「わこちゃん」「こんちゃん」たちは、家を出るとき、なぜかみんな「おつかいもしてきてね」と頼まれて、かわいいバスケットを下げている。この子たちはだれなんだろう？「おつかい」って何？　そんな不思議が最初から散りばめられている。

また、「ちぢみざさ」「ぬすびとはぎ」「きんみずひき」「へくそかずら」……。出て来る草花の名前はどれもユニークで、派生する草花遊びも素朴でおもしろい。いったいだれが、こんな名前や遊びを思いついたのか？　身近なところにこんなにたくさん不思議はひそんでいるんだ、とわくわくしてくる。

作者自身の手による挿絵も楽しいシリーズ、他に冬の野原を歩く『白いのはらのこどもたち』もある。

（奥山 恵）

はじめてのキャンプ

林明子 / 作・絵
福音館書店　1984年　104p

キーワード：　キャンプ、成長、夏、はじめて、冒険、夜

やっぱり、ちっちゃいこは……

表紙には大きな荷物を背負った小さな女の子の姿がある。彼女の名前は、なほちゃん。ある日、隣の家に住むおばさんが、大きい子どもたちを連れてキャンプに行くことを知ったなほちゃんは、「ちっちゃいこは だめ！」というみんなの反対を押し切って、参加する。

薪を集めて火をおこし炊飯したり、キャンプファイヤーや花火をしたり。途中、川で転んだり、煙にむせたりといったアクシデントも起きるが、「やっぱり、ちっちゃいこは……」というみんなの心配をよそに、なほちゃんはがんばる。

しかし、夜、試練が待っていた。なほちゃんはおしっこに行きたくなる。でも、寝る前に怖い話を聞いたばかりで勇気がでないし、おばさんもぐっすり眠っていて起きてくれない。とうとう我慢できなくなり、ひとりで外に出ていく。そこでなほちゃんが見たものとは……。

もうなんでもできると自分では思っているのに、挑戦させてもらえないことが多い、「ちっちゃいこ」たちは、なほちゃんの気持ちに共感しながら、それよりも「おおきいこ」たちは、なほちゃんの奮闘を、少しくすぐったいような気持ちで見届けるだろう。

『はじめてのおつかい』（福音館書店）で、子どもの日常の冒険を描いた林明子は、本作では絵だけではなく、おはなし作りにも挑戦した。林は丁寧な取材に基づいて作品を作る作家として知られる。本書の執筆にあたっては、自ら飯ごうを抱えてキャンプにも参加した。そのときに見た光景、体験が作品に活かされている。サブストーリーも隠されており、絵を読むことも楽しめる。読み終えたあとに、ぜひ表紙と裏表紙を見比べてみてほしい。キャンプをやり遂げたなほちゃんの気持ちがよくわかる。

（今田由香）

バレエをおどりたかった馬

H・ストルテンベルグ / 作　菱木晃子 / 訳　さとうあや / 絵
福音館書店　1999(1996) 年　124p

キーワード：　馬、スウェーデン、挑戦、都会と田舎、友だち、バレエ学校

馬は、おどりだしました。はじめは、すこしおずおずと。しだいに、どうどうと、なめらかに。

「馬がバレエを踊れるの？」という疑問は、町の広場でバレエを踊る馬のうれしそうな、ほこらしげな表情の絵の表紙を見れば、楽しい期待へと変わり、物語への想像がふくらむだろう。

　お話は、いなかに住んでいた馬が偶然バレエ団に出会うところから始まる。美しいバレエに憧れた馬は、友だちと別れ、町のバレエ学校に入学する。馬は一生懸命練習し、最優秀で卒業するが、バレエダンサーにはなれなかった。大家で元音楽家のグレーネさんたちの音楽に合わせ、広場でバレエを踊った馬は大喝采を浴びるが、市長のパーティでは失敗してしまう。馬は町の友だちを連れていなかに帰り、のびのびとバレエを踊ってみせるところでお話は終わる。

　場面が次々と変わり、飽きさせない。挿絵は、馬が町で違和感をいだく表情やバレエを踊る楽しげな様子をほのぼのとユーモラスに描く。読者は馬に感情移入しながらストーリーを追いかけることで、新しい世界に飛び込む不安を共に感じ、一筋縄ではいかない馬のバレエ修行に、もどかしい思いもするだろう。体が大きく４本足の馬を、バレエの世界に馴染まないと否定する人がいる一方で、馬の努力を肯定し、支えてくれる人がいる。

　単純な成功物語ではなく、努力を重ねていても失敗もあれば、成功もあることを示した上で、好きなことを続ける、それが生きがいとなることが描かれている。また、支えられるだけでなく、支えてくれた人たちを支えることによって、新しい世界に出会い、生きがいを取り戻していく物語でもある。本作は、子どもたちが出会うであろう新しい世界へ出ていく喜びと不安に寄り添い、その先に明るくあたたかい光景が広がっていると教えてくれる。

（石田麻江）

番ねずみのヤカちゃん

リチャード・ウィルバー / 作　松岡享子 / 訳　大社玲子 / 絵
福音館書店　1992年　72p

キーワード： 大声、家族、個性、ネズミ、冒険、夜

たいへん、たいへん。居間にねずみとりがしかけてあるよ

ドドさんの家の壁の隙間でひっそりと暮らすねずみ一家。主人公は、地声がバカでかい子ねずみのヤカちゃんだ。ある日、母さんねずみが子ねずみ4匹を呼び集め、今日から自分の食べ物を自分で探すようにと言い渡した。ドドさん夫妻は家にねずみがいることを知らない。知られたら、ねずみ捕りの罠や猫を用意される。だからよくよく用心せよと、母さんねずみは三つのことを注意した。

一つ目は、夜、家じゅうが寝静まるまでは食べ物を探しに外に出てはならないということ。次に、チーズを食べたらきれいに片づけ、ねずみが来た証拠を残すなということ。そして最も大切な三つ目が、決して大きな音や声を立ててはいけないということ。ヤカちゃんは、言いつけを一生懸命守った。でも、大声だけはどうしても直らない。ついに、ドドさんたちにねずみがいることがバレてしまう。

この作品を子どもたちに読むと、母ねずみが注意をする冒頭場面から、子どもがみるみる引き込まれていくのがよく分かる。母親の言いつけを聞くたびに、大真面目なヤカちゃんが、どでかい声で「うん、わかったよ、おかあさん」と返事をするので大喜び。馬鹿だなあと笑いながら、一生懸命で、天真爛漫な主人公のことが大好きになってしまうようだ。

子どもは、ヤカちゃんとともにピンチに立ち向かい、気をもんだり、笑ったりして物語を存分に楽しむ。繰り返しの手法をうまく使い、「こうなるぞ！」と期待させ、「やっぱり！」と喜ばせる見事な構成。欠点だったはずの「大声」が大いに役立ったという結末も子どもに勇気を与えてくれるのだろう。

ユーモアたっぷりの物語に楽しい挿絵がたっぷりつき、読み物に不慣れな読者にも読みやすい。

（代田知子）

ひらけ！なんきんまめ

竹下文子／作　田中六大／絵
小峰書店　2008年　55p

キーワード：イヌ、おつかい、けんか、呪文、友だち、ファンタジー、豆

ここ、どこだろう。ぜんぜん　しらない　まちだ。

あすかちゃんに「だいきらい」と言われてしまったたくちゃん。おかあさんに犬のころすけのさんぽとおつかいを頼まれるが、今日は乗り気じゃない。帰り道、ふしぎなおばあさんからなんきん豆を買って夢中で食べていると、急に目の前の道が行き止まりになる。たくちゃんは、昔話に出てくる呪文を思い出し、「ひらけ、なんきんまめ！」と言ってみる。すると、石のへいが二つに分かれ不思議な街が現れる。

　思わずひもを離してしまい、ころすけが逃げる。出会った人に犬の行方をたずねると「しりたかったら、なんきんまめひとつ」と言われ、豆を渡すと道が出てくるなど、不思議な体験をする。開かない門の前に行きつき、たくちゃんが再び「ひらけ、なんきんまめ！」と言うと、現実の世界へもどり、ころすけを連れたあすかちゃんに出会う。

『ジャックと豆の木』と『アリババと40人の盗賊』と『わらしべ長者』がまざった現代版昔話のようなストーリー展開がおもしろい。呪文があり、地続きに異世界がある「ふしぎ」は、低学年ぐらいの子どもには半信半疑の出来事のようであり、たくちゃんが自力で困難に向きあう姿に頼もしさを感じるだろう。

　加えて、全ページの半分以上を占める緻密でダイナミックな挿絵が魅力的だ。異世界の商店街は、現実世界の鏡のような配置になっていながら、店の名前や看板は少しずつ違っており、それらのしかけを見つけて楽しむことができる。著者は、『しっぽ！』（学習研究社）、『アリクイにおまかせ』（小峰書店）など、物語の楽しさを伝える幼年文学をたくさん書いていると同時に、中学年向きの「黒ねこサンゴロウ」シリーズ（偕成社）では、魅力的な黒猫の冒険が楽しめる。（堀井京子）

ふらいぱんじいさん

神沢利子 / 作　堀内誠一 / 絵
あかね書房　1969年　91p

キーワード：　おじいさん、旅、出会い、フライパン

あたらしい　せかいで、だれかが　わしをまっているかもしれない。

ふらいぱんじいさんは、ある日、奥さんが新しい鍋を買ってきたことで、大好きな卵焼きを焼かせてもらえなくなる。しょんぼりしていると、ごきぶりが出てきて「せけんはひろいんだ。こんなところでくよくよしないで、たびにでたらどうだい。」と勧められる。旅に出たふらいぱんじいさんは、ひょうの鏡にされたり、さるの太鼓にされたりする。

　ふらいぱんじいさんが海に浮かんでいたとき、嵐がきて飛べなくなった1羽の小鳥を助ける。ところが、じいさんはたこに襲われ、足を曲げられ、だんだんと弱っていく。とうとう、じいさんは小さな島の砂浜に打ち上げられてしまう。ふらいぱんじいさんを元気づけてくれたのは、海で助けた小鳥とその仲間たちだった。じいさんは木の上に運ばれ、小鳥たちの卵を温める巣として、雛たちのおじいさんとして新しい生活を送り始める。

使い古されたフライパンが主人公になるという意外性。ジャングル、砂漠、海と次々と場面が変わるテンポの良さ。うまくいかないことがあっても悲観せずにいると、いろいろな出会いのなかで、どこかに自分の居場所があるという希望を抱かせてくれる物語の奥深さ。旅の冒頭からでてくる小鳥たちの鳴き声が物語に音楽を加え、堀内誠一のユーモラスであたたかな挿絵が物語を明るく彩る。

　本作では、大きな活字、教科書で使われている書体、見開きに絵を入れるなど、子どもが自分で読むための工夫が随所にされており、本を自分で読みはじめたばかりの子どもに、おすすめの1冊。

　著者には、『くまの子ウーフ』（ポプラ社）、『はらぺこおなべ』（あかね書房）という幼年文学の他、スケールの大きな冒険物語『ちびっこカムのぼうけん』（理論社）などがある。

（島　弘）

ぼくがげんきにしてあげる

ヤーノシュ / 作・絵　石川素子 / 訳
徳間書店　1996(1985) 年　48p

キーワード：　看病、クマ、ドイツ、友だち、トラ、病気

らいねんは、ぼくがびょうきになるから、きみがぼくを、げんきにしてくれるよね？

　ある日、森からよろよろ出てきてばったり倒れた小さなとらのところに、小さなくまが駆け寄って言う。「ぼくが、げんきにしてあげるからね。」そして、その言葉通り、くまはとらを自分の家に運び、包帯を巻き、ごはんを食べさせ寝かせてやり、それでもだめなら病院に連れて行き……と、ひたすら看病する。とらはとらで、あれこれ世話をやいてもらうたびに、さらにしてもらいたいことが出てきて、なかなか良くならない。他の動物たちも巻き込まれつつ、わがままなとらが気のいいくまに、ひたすら看病してもらって治るまでのお話。言ってしまえばそれだけだ。なのに、なぜかこの本には、芳醇な豊かさがある。

　それは、たとえば、部屋にころがっているもの、ぶら下がっているもの、周りで遊んでいる小動物など、周辺の小さなものまで描き込まれた作者自身によるユーモラスな絵のせいもあるだろう。また、「ニジマスのアーモンドソースがけ」が食べたいなどというとらに、ときどきくまがぴしっとやりかえすような会話のおもしろさのせいもあるだろう。

　だが、何よりも豊かなのは、だれかにとことん大切にしてもらった記憶、そしてまた、大切にしてあげた記憶だけが、心配や不安だらけのこの世界を安心したものにしてくれるという信念が、全体を貫いていることではないだろうか。小さなとらと小さなくま。どちらの立場に寄り添って読んでも、最後には、だれもがいるだけで大切される権利があると温かい気持ちになれる。だからこそくまは、「らいねんはぼくが……」と安心して思えるのだ。ポーランド生まれの作家ヤーノシュの小さなとらとくまのお話は、もう1冊『ぼくがおうちでまっていたのに』も翻訳されている。

（奥山 恵）

ももいろのきりん

中川李枝子／さく　中川宗弥／え
福音館書店　1965年　83p

キーワード：　色、キリン、クレヨン、工作、変身、冒険

あたしったら、ももいろのゆうやけの上にいるんだわ。

るるこはお母さんから、部屋いっぱいになるほどの大きな桃色の紙をもらうと、のりとハサミとクレヨンで、世界一首の長い立派なきりんをつくる。キリカと名付けたきりんが窓から首を出していると、雨が降り、きれいな桃色がはげ落ちてしまう。そこで、るることキリカは、クレヨンの木があるクレヨン山を目指す。途中、レモン色のさる、空色のうさぎ、ぶどう色のりすらと出会うが、皆、いろいろなところがはげ落ちてしまっているという。山には、乱暴なオレンジぐまがクレヨンの木を独り占めにしていて、だれもクレヨンを使うことができない。キリカが皆の応援を受けて、オレンジぐまを長い首で遠くへ飛ばしてしまうと、るるこはキリカの身体を桃色のクレヨンで塗りなおし、動物たちにもそれぞれの色を塗った。動物たちは喜び、色とりどりのかざぐるまのように踊りまわる。

本書は、自分で作ったきりんを通し、夢中になって空想の世界を遊び尽くす子どもの姿を生き生きと描く。活動的で物怖じしないるるこは、悔しいと「うおーっ、うおーっ」と泣く、野性を持つ子どもだ。

背景や細かな表現をそぎ落とした中川宗弥のデザイン的な挿絵は、きりんの桃色をベースに、カラーのページでは、さるのレモン色、うさぎの空色、りすのぶどう色などが水彩で抑制ぎみに表現されている。そのため、言葉による色の表現が、より子どもの想像力をかきたてるのだろう。判型もほぼ正方形で、見開きの場面での絵の表現を大切にしている。

中川李枝子のテンポのよい文章と中川宗弥の絵が、子どもの想像性を豊かに広げてくれる1冊。二人による作品に、『おてがみ』『はじめてのゆき』（ともに福音館書店）、『子犬のロクがやってきた』（岩波書店）などがある。

（島　弘）

もりのへなそうる

わたなべしげお / 文　やまわきゆりこ / 絵
福音館書店　1971年　160p

キーワード：　きょうだい、外遊び、地図、不思議な生き物、冒険、森

ちがう　ちがう、ぼか、きのうのた、が、も、じゃない。ぼか、へ な そ う る

子どもは、よく思いのままに地図を描くが、確かに地図には不思議な魅力がある。地図を見ているだけで、素敵なことや、わくわくするような冒険が始まりそうな予感がしてくる。

地図をもって森に探検にでかけた5歳のてつたくんと、3歳のみつやくんが見つけたのは、赤と黄色のしま模様の大きなたまごだ。翌日、再び森にいってみると、たまごを隠した場所にいたのは、カバのような顔、キリンのように長い首、背中には恐竜のようなとげとげがある赤と黄色のしま模様の動物、へなそうるだった。かくれんぼをしたり、へなそうるの頭としっぽにのってシーソーをしたり、カニとりや泥んこ遊びをしたり……。

人の根幹を沸き立たせるような遊びの世界が豊かに描かれ、楽しさと喜びに満ちあふれている。幼い子どものようにあどけなく、ユーモラスで愛らしいへなそうるは、たちまち読者にとってとっても大切な友だちになってしまう。読むと心と体がむずむずしてきて、へなそうるのたまご探しに出かけたくなる。子どもの育ちにとって遊びは欠かすことのできないものだが、作品がいっしょに遊ぼうと呼びかけ、遊びを誘発してくる。保育現場で本作をもとにした実践がみられるのも、もっともである。

また、てつたくんと、みつやくんが遊びにいくときに、お母さんが作ってくれるお弁当のおいしそうなこと！　はちみつをトロトロっとかけた、いちごのサンドイッチや、たらこをまぶしたおにぎりなど、へなそうるでなくても、よだれをたらしてしまいそうだ。温かく子どもを見守る安全基地としての母親の存在が作品の基底にあり、幼い読者に大きな安心感を与えてくれる。これも幼い子の文学にとって大切な要素だ。（佐々木由美子）

ロボット・カミイ

ふるたたるひ / さく　ほりうちせいいち / え
福音館書店　1970年　88p

キーワード：　ごっこ遊び、泣き虫、幼稚園、ロボット、わがまま

ぼくもかわいそうだよう。

ロボット・カミイは1967年に雑誌『幼児と保育』（小学館）で生まれた。その原型を枠組みにして、幼稚園を舞台に10倍ほどに膨らませたのが本書『ロボット・カミイ』である。

たけしとようこがダンボールでロボットを作る。紙の箱で作ったからと、ロボット・カミイと名付け、「わかったら、へんじしろ」と言うと、なんと「いいい、だ」と顔をしかめて憎まれ口をたたき、走り出してしまう。リアルに描かれていた幼児の日常が、一瞬でファンタジーの世界に変わる。

カミイは、小さな女の子が持っていたぬいぐるみのちびゾウを奪い取ってしまう。そして、ちびゾウを取り返されるとものすごい勢いで泣く。「ちびゾウをとってしまったら、あの子がかわいそうじゃないの」と諭されると、カミイは言うのだ。「ぼくもかわいそうだよう。ちびゾウがないんだよう」と。それを聞いたたけしとようこがはっとして、「カミイのいうとおりだと、おもいました」と続く。カミイは悪い子だと思って聞いていたら、はっとさせられる場面だろう。

翌日からカミイはたけしたちの幼稚園に行くのだが、砂をかけたり、積み木を奪ったり好き勝手に行動し、それが責められると大泣きする。あげく、「ひとりグループ」になって……。幼稚園や保育園で子どもたちが経験しているであろう出来事が次々と展開する。カミイに腹を立てたり、心配したりしながら読むことが、ひとりひとりを大切にしながら集団生活をどう営んでいけば良いのかという根源的な課題を、園児の体のサイズで受け取ることになるのだろう。『全集　古田足日子どもの本 1』で、紙芝居版カミイと本書の違いや、保育現場のレポートなどを読むことができる。

（西山利佳）

サンタちゃん

ひこ・田中 / 作　こはらかずの / 絵
講談社　2017年　47p

キーワード：クリスマス、行動力、サンタクロース、ジェンダー、思慮深さ

私は、女の子のサンタクロース。サンタちゃんなのよ！

本書の主人公は、サンタクロースになりたいと思っている女の子である。サンタになるという設定だけでもわくわくするのに、女の子が行動力あふれるキャラクターとして造形されていて、女の子の生き方を考える上でも示唆的な作品となっている。

サンタになりたいアルミは、サンタさんを訪ね、交渉して、弟子入りを認めさせる。さらに、サンタさんを観察したり、帽子と白ヒゲを用意したり、アルミは事前にやれることを十分した上で、交渉に臨んでいる。その行動力は、自らの想いをぶつけるだけではない思慮深さに裏打ちされたものであった。

その思慮深さは、サンタさんのもとでの修行中にも遺憾なく発揮されていた。初めてなのでソリをひくのに自信を持てない若いトナカイがいるのだが、サンタさんですら扱いに困っていたトナカイたちの協力を得て若いトナカイを安心させ、先頭を任せて経験を積ませている。大人顔負けの手綱さばきといえよう。

アルミとサンタさんの師弟関係も興味深い。アルミを見守るサンタさんの姿勢もさることながら（心配が高じてアルミの後をつけてしまうこともあるが……）、弟子でありながら、アルミはサンタさんが苦手なことにアドバイスし、「自信が大事よ」と励ましており、師弟関係が対等な互恵関係として構築されているのも、幼い読者には頼もしく感じられるだろう。互いを思いやる二人の関係性が凝縮されたラストも心憎い。

長らくYA作品を手がけてきた著者は、近年では「レッツ」シリーズ（講談社）や『ハルとカナ』（講談社）などの幼年童話でも、観察して考え、そして行動する子どもを描いている。

（目黒 強）

ジオジオのパンやさん

岸田衿子 / 作　中谷千代子 / 画
あかね書房　1975年　77p

キーワード：　動物、パン、パン屋、ライオン、ロバ

どうぶつむらの こどもたちは、おまけに もらう いろんな パンが、とても たのしみでした。

　らいおんのジオジオが小麦畑の真ん中にパンやさんを開いた。ジオジオは小麦畑を耕し、小麦粉をひいてパンを焼く。ジオジオが焼くパンは、普通のパン屋さんにある様なパンもあれば、しまうまパン、きりんパン、うさぎパンなど、毎日違うパンもある。ジオジオは必ず寝る前にどんなパンを焼こうかなと考える。

　ジオジオが、「ぱたん　ぱたん　きゅっきゅっ　こむぎこ　こねて　しっかりこねて　ちぎって　まるめて　つくろうよ　おいしい　パン　ほかほかの　パン……」と歌いながらパンを焼き始めると、その声は、20キロ遠くまで聞こえる。その声を聞いて駆けつけたお客さんは、早口のかけす、おばさんにお土産を持っていくりすのおとこのこ、熱を出した子をおんぶしたくまのおじさんなど。お客さんとジオジオのやりとりが、読者である子どもたちの毎日に近しく、動物たちの生活ぶりを楽しく伝える。そのあとに渡されるおまけのパンに、ジオジオの優しい気持ちが詰まっている。

　ある日、ギターをしょった、ろばが遠い町からやって来た。おなかがすいているが、ろばにはパンを買うお金がない。ジオジオが、ろばにギターを弾《ひ》いてほしいと頼むと、その音色に魅かれて村中から動物が集まってきて、歌って踊って大喜び。ジオジオは、ろばに喫茶店を作るから手伝ってくれないかと声をかける。

　心を込めて焼くジオジオのパンは、周りの動物たちのおなかだけではなく心も満たす。ジオジオの大きな体と笑みをたたえた顔が、動物たちを温かく包みこむ作品。詩人である著者らしく、リズムの良い歌や穏やかな言葉の連なりが心地よい。中谷とのコンビに『ジオジオのたんじょうび』（あかね書房）や『かばくん』（福音館書店）などがある。　（内藤知美）

ふたりはともだち

アーノルド・ローベル / 作　三木卓 / 訳
文化出版局　1972(1970) 年　64p

キーワード：　カエル、看病、水泳、手紙、冬眠、友だち

ぼくは きみが ぼくの しんゆうで ある ことを うれしく おもって います。

本書は「がまくんとかえるくん」シリーズの第1作目で、「はるがきた」、「おはなし」、「なくしたボタン」、「すいえい」、「おてがみ」の5編からなる。タイトルが示すように、本書はもちろん友情が大きなテーマとなっているが、友情の美しい部分だけではなく、リアルな側面も同時に描かれている。

例えば「なくしたボタン」では、なくしたボタンを一緒に探してくれるかえるくんに対し、どれも自分のものではないとがまくんはあたるし、「すいえい」では、自分の水着姿を見られたくないといったがまくんをみて、かえるくんは他の動物たちと一緒に大笑いしたりする。ただ、根底にはお互いを想い合う気持ちがあり、相手のために真剣に考えたり悩んだりするふたりの姿がおもしろい。彼らのこだわりやピュアな心根が幼い子どもの心の在り方と重なって読め、本シリーズの魅力のひとつとなっている。

緑と茶を基調とした絵は暗めの色調ではあるものの、がまくんとかえるくんの表情や、室内や自然の風景が繊細なタッチで丁寧に描かれており、ふたりの豊かな暮らしぶりが生き生きとたちあらわれてくる。

本書のなかでも最後の「おてがみ」は、小学校の国語教科書の定番教材として有名だが、かえるくんが「なくしたボタン」に登場したジャケットを着ているなど、1冊通して読むことで教科書とはまた違ったおもしろさが味わえるだろう。

シリーズには『ふたりはいっしょ』、『ふたりはいつも』、『ふたりはきょうも』の3冊があるが、いずれも日常のささやかな出来事がユーモラスに描かれている。40年以上愛され続ける幼年童話の傑作として、はじめてひとりで本を読む子どもにもおすすめしたい。

（柿本真代）

わたしといろんなねこ

おくはらゆめ / 作・絵
あかね書房　2018年　95p

キーワード： おばあさん、おまじない、空想、けんか、孤独、友だち、ネコ

ドンドコドンドン、ドンマイ、あや！

　ついよけいなことを話してしまう小学生のあや。それがもとで友だちともうまくいかず、親友のアッキーとは些細なことでけんか中で、もう1週間、口を聞いていない。月曜日、あやは児童館で同じ学年くらいの女の子・さくらに出会う。笹飾りに「友達がほしい」と書いたその子にいろいろ話しかけるが、こちらもうまくコミュニケーションできず、依然ひとりぼっちと感じる生活を送っている。そんなあやの大好きなものが猫。去年亡くなったおばあちゃんが飼っていたからだ。家では本当の猫は飼わせてもらえないが、大好きだったおばあちゃんからもらった小さな猫のキーホルダーを、シロベエと名付けて大切にしている。

　火曜日、水曜日と誰もいない家に帰ったあやの前に、それぞれ不思議な猫があらわれる。この猫たちの話を誰かにしたいが、木曜日、アッキーや友だち、家族には話せず、偶然出会ったさくらにも逃げられてしまう。金曜日、おばあちゃんとの思い出が、おばあちゃんが飼っていた本物の猫・チョビとともに語られる。

　この物語が描くのは、あやの孤独だ。いつも誰もいない部屋に戻り、空想の猫と遊んだりするあや。孤独と向き合うなか、いつも自分を受け止めてくれたおばあちゃんの思い出が彼女を支える。引用文は、おばあちゃんが唱えてくれたはげましのおまじないである。加えて、あやを支えるのが実在・空想含めたさまざまな猫の存在である。それを巧みに曜日を用いた物語の構成に落とし込み、最終的に不思議な猫たちの正体が日曜に明かされるという仕掛けになっている。

　子どもが抱える問題、友だち関係の難しさ、家族、そして孤独など重いテーマを描いているが、シンプルかつあたたかな絵がそれを感じさせない。（遠藤 純）

幼年文学ってなんだろう？

宮川健郎

絵本と、幼年文学をふくむ児童文学は、ちがうものだ。絵が物語を語り、ページをめくることによって展開する絵本は、視覚的で工芸的だ。ものの形をした芸術、織物や漆塗りの器や陶器などを工芸というが、絵本も、本という形をした工芸ではないか。それに対して、幼い子どもを読者とする幼年文学は、たくさんの挿絵がついていて、本の形をしているけれど、仮にすべての絵を抜いても、本の形をしていなくても（巻紙に書かれていたとしても）読んだり読んであげたりすることができる。ことばだけで成立するものが児童文学であり、幼年文学であると考える。

ブックスタート運動が広がり、しばらく前から、赤ちゃんを対象としたものを中心に絵本の出版点数が多い。また、10代以上の、年齢が上の層が読むヤングアダルト（ＹＡ）文学も、新しい作家や作品が出てきて、盛んだ。ところが、児童文学の本来の読者である小学生や、小学生より少し下の読者向けの本は、それなりに出ているものの、話題になる作品が多くないという状況が、１９９０年代初めころからつづいている。幼年文学の分野では割合古典的なものが繰り返し読まれていて、実際は空洞化しているのではないか。

日本の子どもの文学は詩的、象徴的なことばで心象風景を描く「童話」（小川未明の「赤い蝋燭と人魚」や宮沢賢治の「銀河鉄道の夜」を思い出してください）から、１９６０年前後に、もっと散文的なことばで、心のなかの景色ではなく、子どもの外側に広がっている社会や社会と子どもの関係を描く「現代児童文学」へと転換した。長い戦争を経験したあとの日本の子どもの文学は、「戦争」も

「社会」も書かなければならなかった。
「現代児童文学」を出発させた作品の一つ、佐藤さとるの長編ファンタジー『だれも知らない小さな国』（1959年）が刊行されたとき、石井桃子は、読み聞かせに向かないと批判した（「子どもから学ぶこと」）。佐藤さとるが読者として意識していたのは、黙読で物語を楽しむ10代の子どもたちだろう。「現代児童文学」は、読んであげる「声」とわかれて成立したのだ。現代の児童文学は、読者層の中心を年上の子どもへと移動させ、黙読される書きことばとして緻密化していく。そのことによって、さまざまな主題を深めることにもなった。しかし、その一方で、児童文学の中心読者から離れていく道が開かれてしまったのではないか。

幼年文学のもとをたどっていくと、大正末から昭和にかけて生まれ、浜田広介の童話や千葉省三の『ワンワンものがたり』（1929年）にはじまる「幼年童話」に行きあたる。「ひろすけ童話」は、一時よく読まれたが、「現代児童文学」の出発期には、イメージが描きにくい、物語としての完結性にとぼしいなどと批判された。一方、「子どもに読んで聞かせる時、あの文章は一概に否定できない」（関英雄）という意見もある。子どもに読んであげることを考えると、「口誦性《こうしょうせい》」（声に出せる、口ずさめる）のある広介のような文章は、やはり貴重だ。幼年の時代の子どもたちが、「文字の文化」ではなく、まだ、身体性につながる「声の文化」のなかで生きているなら、「口誦性」の豊かな作品を読むことは、幼い子にとっての深い耕しになるはずなのだ。

「現代児童文学」の成立期には、いぬいとみこの散文的なことばによる長編『ながいながいペンギンの話』（1957年）が刊行され、「幼年童話」が「幼年文学」になっていく。

小沢正『目をさませトラゴロウ』（1965年）は、「自分とは何なのか」というアイデンティティーの問題をあつかう。

寺村輝夫『ぼくは王さま』（1961年）の最初の話「ぞうのたまごの　たまごやき」は、ゾウの卵というあり得ないものを書くことによって、逆に、あり得るものは何かと突きつけてくる。

神沢利子『くまの子ウーフ』（1969年）におさめられた話は、「さかなには　なぜ　したがない」「ウーフは　おしっこで　できてるか??」というふうに、本質を問いかけるタイトルになっている。

1960年代には、こうした問題提起的な作品がいくつもあらわれたのだ。

幼年文学
英米の児童文学史をひもとくと

三宅興子

幼年文学のはじまり

「幼年文学」を「5歳から8歳ぐらいの幼児を主な読者とする文学」（読んでもらう読者を含む）と考えて論をすすめたい。幼年文学は、英米の主な児童文学史をひもといても、絵本のなかに含まれていることが多く「幼年文学」にあたる用語は出てこない。イギリスでは、Books for Younger Children、アメリカでは、Picture Story Book、Read Aloud Book、I Can Read Book などの表記が書評などにあらわれてくるのは、20世紀まで待たねばならない。それまで、幼年読者に向けて書かれた作品は、数多く出版されていたものの読者の側から見ると、教訓的であったり、単純すぎたり、自分たちの読みたいものとはかけ離れていたのである。

イギリスでは

19世紀半ばからイギリスではファンタジー作品が出版されはじめ、現在でも読み継がれているが、注目すべきは、そのすべてが特定の子どもに語ったり、書いたりしたものがその元になっていることである。

W・M・サッカレー『バラとゆびわ』（1855年）は、クリスマス劇の台本として書かれたもので、キャラクターが明快で面白く人気を得てきた。ジョージ・マクドナルド『かるい王女さま』（1863年）も、まず、子どもや教え子の前で読まれた。チャールズ・キングズリー『水の子』（1863年）は、自分の息子のために書かれた。ルイス・キャロル『不思議の国のアリス』（1864年）は、即席に話したお話を本にしてアリスにプレゼントしたものがもとになっている。こうした作品から、幼児に受容される物語の特徴が姿をあらわしてくる。

そしてこの流れは、B・ポター『ピーターラビットのおはなし』（1902年）へと繋がっていく。主人公ピーターが命の危険から辛うじて逃れて家に生還できた冒険物語で、多くの小動物を擬人化した類書が出されていく。A・A・ミルン『クマのプーさん』（1926年）は、実在するくまのぬいぐるみを主人公にして、父親が息子に語った短編連作で、一話ずつがユーモアに富み、キャラクターの個性が楽しい。この二著によって、イギリスの幼年文学の土台はでき、アリソン・アトリーやD・キング＝スミスなどの作品へと続いていく。

もう一つ、母親が子どもにお話を語るという物語の系譜がある。それは、1950〜82年まで続いたBBCのラジオ番組“Listen with Mother”で人気を得たドロシー・エドワーズ（『きかんぼのちいちゃいいもうと』1952年）やルース・エインワーズ（『こすずめのぼうけん』1951年）などの母親作家の出現である。

アメリカでは

長い間、イギリスからの児童文学作品が主流であったアメリカに大きい変化が生じたのは、20世紀に入って移民・難民のための英語の識字教育の普及にあった。学校や児童図書館を整え、出版社に児童部門ができるなど、わかりやすいことばと受容しやすい楽しい文学入門にふさわしい物語づくりが盛んになされたのである。

その先駆者に制限した語彙を使ったルーシー・ミッチェル『さあ、お話しましょう』（1921年）がある。教え子マーガレット・ワイズ・ブラウンは、単純な単語を使って多くの現在に読み継がれている作品を生み出した。1940年代になると、『365日お休みなさい物語』（1944年）など、寝る前に子どもに本を読むというイメージが定着し、児童図書館でも、多民族の昔話のストーリテリングに力を入れるなど、人類が原始の時代から楽しんできた物語の継承を目指すとともに、興味を持てば、より長編の物語を読むことにもつながる結果を生んだ。

ドクター・スースの多数の物語やガネット『エルマーのぼうけん』（1948年）、グラマトキー『ちびっこタグボート』（1967年）などは、現在もロングセラーを続けている。

幼児が興味をもつわかりやすいアメリカの幼年文学は、1960〜70年代の日本の児童文学界に大きい影響を与えた。

（英米児童文学研究者）

＊本のタイトルには未邦訳も含まれており、カッコ内は原書の出版年です。

〈お話〉を求める小さな心のために

たかどの ほうこ

　たっぷり読みでのある物語世界を創り出してみたいと思っていた若い頃のわたしに、当時の福音館書店の編集長、斎藤惇夫さんは、まず〈幼年童話〉を書いて持ってくるよう勧めたのだった。その時わたしは、実をいうとムッとしたのだ。トンチンカンなアドバイスに、きょとんとしたと言ってもよかった。それは例えば、抽象画をやろうとしているところへ、「絵が好きなのよね？」とぬりえをプレゼントされるとか、「空を見るのが好き」と言ったら、「気象庁で働けるといいわね」と励まされたりするような感じだろうか。

　それとこれとはもう全然ちがう！　別世界へと連れ去り、深くものを思わせてもくれる長い物語と、「けんちゃんはじてんしゃにのれません」だとか「きょうはくまちゃんのおたんじょうび」だとかいうのは、まるきり別もの。読者がいずれも、一応〈子ども〉に属する人たちだからといって、どうしてその読み物がひとからげにされうると思うわけ？　あの日、わたしは憮然として家路についたのだ。

　それでも結局、〈幼年童話〉を書いてみることにした一番単純な理由は、それであれば、月刊誌「母の友」という発表の場もあると言われたからなのだが、そればかりではなく、もっと本質的な心の変化があったからだった。もしもわたしが、「豆つぶみたいな子どもには興味ないの、しっしっ！」と読者対象から幼児を追い払うとしたら、それは幼児期のあのわたしを否定することになるのでは？　と気づいたのだ。「幼年童話の創作はいい勉強になる」という斎藤さんの言葉を落ち着いて反芻したことも、また、「けんちゃん・くまちゃん」でなくとも、幼年時代のわたしが面白がりそうなことを、わたしなりにお話にすればいいのだと思い至ったことなども背景にあった。

そうと決まるや、記憶の底に沈んでいた遠くの日々がわらわらと浮かび上がってきた。回想する自分の目が、いつのまにかその頃の目に移行し、三歳、四歳、五歳の目で風景が見えてくる。庭の一角にあったエンドウマメの畑、盆栽棚の下の段、物置の暗がり……。もう少しであの物置の饐《す》えたような匂いまで嗅げそうだ。幼稚園の日々もよみがえる。あの頃、何にわくわくしたか、何をしたかったか、何が美しく映ったか……。その中からキラッとする欠片を抽出し、クリアな言葉で〈お話〉の形にしてゆく。子どもの場合、輝く欠片に喜びを感じても「わあっ」というところで宙吊りになる。〈お話〉を「はい」と差し出すことで、宙吊りだった喜びは行き場を得、満足感とともに心におさまるのではないか。〈幼年童話〉を書くというのは、そういうことかもしれないとその頃ぼんやり思い、今もだいたい同じように思っている。

それにしても、ごく幼い子に至るまで、どうしてみな、〈お話〉というものが好きなのか、これは実に興味深い問題だ。流れてゆく日常雑語の波の中でぼーっとしていながら、〈お話〉という一言を聞きとったとたん、ぱっと目を輝かせ耳をそばだてる。物事が切り取られ、展開し、終わること。嘱目のものと似ていながらそこにしかない世界。そういうものを本能的に求めているのだろう、何歳であろうと人はみな。なぜそうなのか、答えはわからないけれど、小さい子たちの自然なその欲求を、いくらかでも満たしてあげられたらと思う。


（児童文学作家）

『グドーさんのおさんぽびより』
たかどのほうこ / 作　佐々木マキ / 絵
福音館書店

『みどりいろのたね』
たかどのほうこ / 作　太田大八 / 絵
福音館書店

2章

ことばって おもしろい！

詩、ことば遊び、なぞなぞの本

がっこうのうた

ねじめ正一／作　いとうひろし／絵
偕成社　2004年　62p

キーワード：　学校、詩、先生、友だち、ナンセンス、勉強

こたえができたら　こづかいくれる　せんせいっていいな

すべてひらがなで書かれた詩が18編掲載されている。タイトルのとおりテーマは「学校」で、小学生1年でもわかるやさしいことばで書かれ、声に出して読んだ時にリズムが良くなるように、語呂合わせもよく工夫されている。

一方で、「ろっぱつおなら」とか、「せんせいたべちゃった」など、少々お行儀の悪いことばや、ブラックジョークも次々に飛び出す。もし大人が「みんなで声に出して読んでみよう」と呼びかけたら、子どもたちは「えっ、こんなことばを使ってもいいの？」と驚きながら、きっとニヤニヤ、ゲラゲラ笑って、大きな声で読み上げるのではないだろうか。

ユーモラスな表現をたくさん使いながらも、全体に漂っているのは「学校がつまらない」「勉強はいや」「大人は、子どもの気持ちをわかってくれない」という、子どもたちの本音だ。先生や親は、いつも「ちゃんと勉強しなさい」「危ないことは止めて！」と口うるさい。子どもたちは、常にプレッシャーに追われて生活している。詩の表現を借りれば「がっこうのろうかは／ながーくて／ながーくて／ながーくて／あるいても／あるいても／あるいても／ろうかは／どんどんつづいていて」（にゅうがくしき）、「あさごはんたべたくないといっても／ごはんがどんどんでてきて」（いぬくんくんくん）いるような毎日。そんな中で、子どもはふと「先生が折りたためるなら、ランドセルに入れてもって帰って、自分の代わりに宿題をさせよう」とか、「父さんみたいに頭がはげたら、もう学校に行かなくてもいいかな？」なんて、密かに夢見ているのかもしれない。

大人も子どももなんだかお疲れ気味、そんな時は大声でこの詩集を読んで、嫌な気分を吹き飛ばそう。

（田中瑞穂）

きんじょのきんぎょ

内田麟太郎／詩　長野ヒデ子／絵
理論社　2006年　142p

キーワード：　1年生、詩、ナンセンス

よそみせい　ぽっとせい　あくびをせい

「ともだちや」シリーズを始め内田麟太郎の絵本は人気が高いが、内田の詩に限らず、詩集に親しんでいる子どもはあまり多くはないだろう。やはり、まずはおとなが朗読して橋渡しをしたい。

この詩集の最初の詩は「いちねんせい」。「うれしい　たのしい　いちねんせい／おっとせい　くんせい　らっかせい／せいせきおちたら　きがせいせい」

1年生たちは、入学おめでとうと祝福され、「うれしい　たのしい」をたくさん浴びていることだろう。しかし、「おっとせい　くんせい　らっかせい」とは！　そして、続けて「せいせきおちたら　きがせいせい」とくる。2連目では「せいせきのびたら　ようきのせい」。3連目では「せんせいおこったら　ねたふりせい」だし、最後は「せいがのびたら　にねんせい」なのだ。なんと素敵に気楽なのだ！　知らない単語も含めて、なんかおもしろいぞと気づいた子どもたちは聞いて楽しむ、一緒に声に出して楽しむ。そして、字が読めるようになり始めた子どもたちは、自分で読む楽しみにも気づく。2章「だんどん」の一つ目の詩「冬の校庭」は数字の8が13個ずつ11行にわたって並んでいる。88888888……。そして、最後に「——せいれつ／ゆきだるまの朝礼だ」というオチ。この1編は自分の目で見ないと楽しめない作品だ。つぎの「はる」も同様。

「いちねんせい」にはじまり、「こんなおれも／神さまがつくった　ホーイ　ホイ／こんなおれは／神さまがつくった　ホーイ　ホイ」とライオンの自己肯定で閉じるこの詩集は、「学校」や「教育」でこわばりそうな心を「ふにゃりこ　へにゃこ」(「こえをだしてよむし」)してくれる。気に入った子には、『しっぽとおっぽ』(岩崎書店)も紹介したい。

(西山利佳)

しゃべる詩　あそぶ詩　きこえる詩

はせみつこ / 編　飯野和好 / 絵
冨山房　1995年　160p

キーワード：　聞く、詩、しゃべる、わらべ唄

おいしそうなことばを目の前にすると、つい食べてしまいたくなるんです。

詩集の中のことばを見ていると、目で味わうだけでは足りなくなり、いつの間にか口が動いてしまうと書いているのが、本作の編者、はせみつこさん。日本では永い間おしゃべり、特に子どものおしゃべりをあまり大切にしてこなかった。2歳ぐらいからスマホを使う、母語も良くわからないままの早期英語教育や情報社会の発達など、コミュニケーションのあり方が問われている。子どもの本の世界でも、ことばは人の身体を通して発せられるという、一番基本的な役割をかならずしもしっかりと伝えていたわけではなかった。社会につながっていく最初の子ども時代の大切な役割として、ことばと体の関わりに気づいたのが、はせさんだ。

この本には北原白秋、谷川俊太郎、まどみちお、工藤直子、阪田寛夫などの詩人、立原えりか、井上ひさしなどの作家、総勢35人の「詩」「ことばあそび」「わらべうた」が57編入っている。そして、どのページにもことばがおどり、飯野和好の描く子どもたちがあそんでいる。

たとえば「ことばのけいこ　与田準一」では、「けっくう　けっくう　きゃ　きゅ　きょ。」と、かえるがかえるとことばのけいこをし、「せっすう　せっすう　しゃ　しゅ　しょ。」と、れっしゃはれっしゃとことばのけいこをする。かえるやれっしゃの発する声や音が「ことば」に聞こえる詩人の柔らかな心は、子どもに近しい。

どこでもいいから本を開いて、声を出して読んでほしい。一人でもいいし、クラスみんなで読んでもいい。同じ詩でも違って聞こえるだろう。幼年期は、親たち、特に父親と読みあえたら最高！

身体は本と同じように、ことば、考えるということの容れ物だ。姉妹編に『みえる詩　あそぶ詩　きこえる詩』『あそぶ詩　おどる詩　きこえる詩』がある。（阿部裕子）

てんぷら　ぴりぴり

まど・みちお／作　杉田豊／絵
大日本図書　1968年　58p

キーワード：　詩、地球、問う、見る

ひろげた　はねの／まんなかに　立って／クジャクが　ふんすいに／なりました

本書は、童謡「ぞうさん」、「一ねんせいに　なったら」などで知られる著者の第一詩集である。童謡と詩との違いについて著者は、「耳から入ってすぐわかる」童謡に対し、「詩の場合は、考えながら読む」ものであると言う（座談会「戦後少年詩と童謡を考える」『少年詩・童謡への招待』偕成社）。実際、本書に収録された29編の詩は、子どもに理解できることばで綴られているが、大人でも考えさせられる内容のものが多い。

「つぼを　見ていると／しらぬまに／つぼの　ぶんまで／いきを　している」という詩「つぼ(1)」には、物の存在を根本から問おうとする姿勢が表れている。そのような姿勢で、階段を見つめて生まれたのが、「この　うつくしい　いすに／いつも　空気が／こしかけて　います／そして　たのしそうに／算数を／かんがえて　います」という詩「かいだん(1)」であろう。なぜ「算数」なのか。大人以上に子どもは考える喜びを味わうに違いない。

詩「クジャク」、「シマウマ」など、斬新な視点で生き物を捉えた作品もある。詩「地球の用事」では、ビーズが低い方へ転がることに目をとめて、「ああ　こんなに小さな／ちびちゃんを／ここまで　走らせた／地球の　用事は／なんだったのだろう」と問う。

詩人の目を通すと、身近な物や出来事が新鮮に、驚きを伴って浮かび上ってくる。日常の中に不思議があり、発見があることに気づく。音に注目した作品もあり、声に出して読んでも楽しい。

少年詩集『まめつぶうた』（理論社）をはじめ、著者の詩集は他にも数多く出版されている。著者の編集ではないが、『まどさんの詩の本』全15巻（理論社）は、テーマ別に詩が収録されていて、特徴がとらえやすい。

（中地　文）

のはらうた

工藤直子 / 詩
童話屋　1984年　160p

キーワード：　いのち、気持ち、詩、自然、動物、虫

わたしは　いろんな　おとがする

『のはらうた』の詩を書いたのは、かぜみつる、うさぎふたご、すみれほのか、こぶなようこほか、のはらのみんなである。こねずみしゅんは、どんぐりを見つけて、「どんぐりが　ぽとぽとり　やぶのなか　ころころり　のねずみが　ちろちろり　おいしいぞ　かりこりり」と歌い、小さな身体を介した森の生活の音が聞こえてくる。かまきりりゅうじは、「おう　なつだぜ　おれは　げんきだぜ　あまり　ちかよるな　おれの　こころも　かまも　どきどきするほど　ひかってるぜ」と夏の太陽をあびて、光る自分自身の勇ましい姿と燃える気持ちを言葉にしている。

　のはらのみんなは、身体の大きさも、声、気持ち、生活、歌もそれぞれに違う。気持ちも強い気持ち、優しい気持ち、かすかな気持ちなど多様である。のはらのみんなが、自分自身のことばでしゃべったり、うたったりして、『のはらうた』は出来上がっている。

　『のはらうた』を味わうためには、声に出してみることだ。のはらのみんなになりきって、声に出してことばにすることで、小さな生き物や自然の中に、色々な声や音や気持ちがあることに気づかされる。そして自分自身の中にも、様々な気持ちや表現の仕方があり、伝えたい思いが隠れていることに気づくだろう。いけしずこになってみることで、はじけるようなことばに出会い、かまきりりゅうじになってみることで、体中から自信がわいてくるなど、自分自身の心の世界が広がって、表現する喜びと楽しさを感じることができる。

　著者には、『ともだちは海のにおい』（理論社）や『ねこはしる』（童話屋）など、深い洞察力で、生き物の心の奥にある色々な気持ちや、「いのち」の在り様を描いた作品が多数ある。

（内藤知美）

みみをすます

谷川俊太郎／著　柳生弦一郎／絵
福音館書店　1982年　184p

キーワード：　生きる、絵、音、聞く、詩

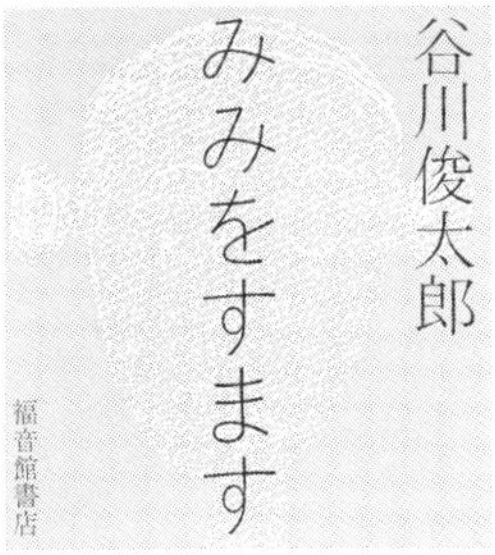

みみをすます／きのうの／あまだれに／みみを／すます

本書には、「みみをすます」、「えをかく」、「ぼく」、「あなた」、「そのおとこ」、「じゅうにつき」の全6編の詩が収められている。題にも表れているように、どの作品にも漢字は一切使われていない。最初の2編にはカタカナや数字がわずかに用いられているが、「ぼく」以降の4編はすべてひらがなで書かれている。漢語を排し、抽象語を排し、平易な和語で綴られた詩なのである。

とはいえ、内容が易しいというわけではない。表題作の「みみをすます」は、詩人自身によって「私たちの生をめぐるさまざまな音を自分の内部に聞きとることを主題としています」（『ことばを中心に』草思社）と解説されている作品で、個人の記憶をめぐる音や「いっちょうねんまえの／うちゅうのとどろき」といった地球・宇宙の歴史の音など、物理的には聞こえない音も含む様々な音に「みみをすます」様子が詠われている。読者はそれらの音をたどりながら、人の生きる世界、および人生そのものについて深く考えることになるだろう。

詩「ぼく」では一人の男が誕生から死までに感じ考え体験したことを、「おしっこした／おならした／げっぷした／くしゃみした／あいした／（とおもった）／そして／それらが／すぎさった」というように、リズミカルに書き連ねていく。哲学的な思索を、子どもも子どもなりに楽しめる、身体感覚に裏打ちされた日常的なことばで展開する試みとして、本詩集は意味付けることができる。

詩人が自覚的にひらがな詩集を編むのは1973年刊行の『ことばあそびうた』（福音館書店）以降とみられる。ひらがな表記に加えて、子どもの視点に立つという方法が注目される詩集に『はだか』（筑摩書房）がある。

（中地 文）

詩ってなあに？

ミーシャ・アーチャー / 作　石津ちひろ / 訳
BL出版　2017(2016) 年　32p

絵本

キーワード：　クモ、公園、詩、創作(詩)、フクロウ、リス

もしかしたら、これが　ぼくの　詩なのかも……

　大人はしばしば、幼い子どものことばに対する感覚の鋭さや発想の豊かさに、心を揺り動かされる。その感覚や発想を詩作に結びつけたいと願うが、さまざまな詩を紹介することはできても、「詩とは何か」を子どもに伝えることはなかなか難しい。

　ダニエルは公園が大好きで、公園のことなら何でも知っている男の子。ある月曜日の朝、詩の発表会のポスターを目にする。だが、ダニエルには、「詩」が何なのか分からない。公園の「なかよしの ともだち」である生き物たちに「詩ってなあに？」と問いかけ、毎日1つずつ答えをもらう。例えばクモは「あさつゆの きらめき」、ハイイロリスは「おちばの かさこそと なる おと」、そしてフクロウは「そらを じゆうに とぶための しずかな つばさ」。日曜日の朝、晴れ晴れとした気持ちになったダニエルは、発表会に参加する。生き物たちから返ってきたいろいろな答えを率直に表現したダニエルは、「もしかしたら、これが　ぼくの　詩なのかも……」と気づく。

　この絵本を読んだ子どもたちは、きっと詩を難しいものととらえず、自分も作ってみようという気持ちになるだろう。「自分の詩」が見つかる喜びをダニエルのように、味わってみたいと思うのではないだろうか。この絵本に触発されて、ことばだけでなく、絵と共に表現しようとする子どももいるかもしれない。

　油絵とコラージュによる絵は、重厚かつ繊細で美しい。朝露の色鮮やかなきらめき、池にかえるが飛び込む音やひんやりとした水の感覚までもが感じられる。また、時にシルエットも用いながら、ダニエルの思索する姿を印象的に描いている。この絵本そのものが、「詩」なのだと感じられる。

（鈴木穂波）

いろはにほへと

今江祥智／文　長谷川義史／絵
BL出版　2004年　32p

絵本

キーワード：　いろは、さむらい、殿様、ナンセンス、笑い

ほほう、いろはにほへとのせいとな。

はじめて読み書きができるようになったかっちゃんは、うれしくて「いろはにほへと」と繰り返しながら道を歩いていた。すると、さむらいにぶつかって怒られるが、「だって、いろはにほへとを おぼえたとこなんだよう。」と言い返すと、さむらいは笑いながら行ってしまった。そのさむらいが、「いろはにほへと、とな……。かわいいもんだ。」と歩いていると、家老の馬にぶつかってしまう。さむらいがわけを話すと、家老は「ほほう、いろはにほへとのせいとな。これはおもしろい。」と笑って行ってしまう。そして、今度は家老が「いろはにほへと」と言いながら歩いていて城の壁にぶつかって、殿様に笑われる。最後には、その笑いがつながって、「いろはにほへと」のおかげで、隣国との戦をさけることができた。

「いろはにほへと」のせいで笑いの連鎖が巻き起こるナンセンス・ストーリー。かっちゃんの読み書きができたうれしさが、最後には国の平和につながるという驚きの展開に、著者の深い思いが読み取れる。

著者のほのぼのとした軽妙な語り口と長谷川の表情豊かなユーモアたっぷりの絵がマッチしていて、ナンセンスをおおらかに楽しめる作品になっている。読んでいるとこちらも思わず笑顔になれる。

五十音の読み書きができるようになった子どもにおすすめ。かっちゃんのうれしさに共感できる。見返しに「いろはにほへと」の全文が綴られている。昔は五十音を「いろはにほへと」と覚えていたと知ることで、文字への興味が深まる。いっしょに唱えても楽しい。

『いまえよしとも1年生のどうわ』『いまえよしとも2年生の童話』（ともに理論社）には、著者の幼年文学が多数収録されている。

（小松聡子）

おとうさんとあいうえお

東君平 / 作・絵
廣済堂あかつき　2018年　95p

キーワード：お父さん、親子、五十音、ことばあそび、ひらがな、勉強

としちゃんは、きょうから、じが かけるよ。

としちゃんがお父さんに五十音を教えてもらって覚えていく様子が、12の短いお話で綴られている。

犬の散歩で砂浜に行った時に、お父さんが「きょうからとしちゃんに、じをおしえてあげよう。」と言って、砂の上に、あ、い、う、え、お、と書いて教えてくれた。うれしくなったとしちゃんは、お母さんに「きょうから、じがかけるよ。」と自慢した。か行は「きゅうり、くり、けしごむ」とお買い物ごっこをしながら覚えて、さ行は動物園に行って「しまうま、すずめ、せきせいいんこ」と教わった。た行は友だちの名前で学び、な行は、「ぬれたのにふかないで いいもの、なあに?」(答えは「ぬりえ」)と、なぞなぞを出し合いながら覚えた。

文字だけではなく、「てんてん」(濁点)や「まる」(半濁点)もわかりやすく説明しているところが、ユニーク。「かっこう」と「がっこう」のように「てんてんをつけると、ちがうことばに なるものなあに?」と、読みながらいっしょに遊んでも楽しい。

お父さんととしちゃんの会話がほのぼのとあたたかい。そのため、字の勉強という感じはなく、ゆったりと読むことができる。幼い子どもの興味や発想、理解力に添って展開しているので、としちゃんといっしょに楽しみながら字に興味を持つことができ、著者独特の黒い線で縁取られたシンプルなイラストがわかりやすい。文字に興味を持ち始めた子どもや、文字を覚えてひとりで読めるようになった子どもにぴったりの作品。

著者は、他に『ひとくち童話』(フレーベル館)、『どれみふぁけろけろ』(あかね書房)など、わかりやすい文章と個性的なイラストで、ゆかいな幼年文学を多数世に送り出している。

(小松聡子)

あいうえおパラダイス
あるひあひるがあるいていると

二宮由紀子／作　高畠純／絵
理論社　2007年　78p

キーワード：　五十音、ことばあそび、頭韻、動物、ナンセンス

**あやふやなことで　あらそうよりも、
あのね、あたくしに　アイディアが　あるわ。
あなたと　あたくしで　あみだくじしましょ**

「あ」がつくことばだけでお話ができていると言われたら、まさかと思うかもしれない。地の文はもちろん、登場人物のせりふも含め、「あ」のつくことばでいっぱいのページ。あひると頭に穴のあいたあんころもちが、あみだくじで勝負する。

この巻に収録の残り4つのお話も同じく、「い」〜「お」のそれぞれ頭文字の同じことばを駆使して書かれている。いかだに乗ったイカといっしょにイルカがイギリスに行こうとする「いつも　いっしょのイカと　イルカ」。ウマの美しさをうらやむウシが、運動会でウマに運動靴を売ってもらう「うれしくなった　ウシ」。駅員たちがえびとえんどうまめとえんとつのうち、だれを駅長に選ぶかでえんえんと議論する「えびと　えんどうまめと　えんとつと」。大食らいのオオカミがおしゃべりずきのおばあさんのお家を訪れる「お客さまは　おおかみさん」。

か行、さ行、た行……と五十音を網羅したシリーズ全9巻は、すべて挿絵画家が違い、雰囲気を異にしている。「あみだくじで勝負するあひるとあんころもち」「燕尾服姿のえび」などの奇抜な状況やことばを、それぞれの画家がどのように絵にしているかも見どころの一つだろう。頭韻をふんだ文章は、声に出して読んでも心地よい。ことばを音として扱うことのおもしろさや、しりとりや逆さことばなどに夢中になる年代の子どもだからこそ楽しめる作品。文字の制約とナンセンスなストーリーが相まって、読者の想像力をかきたて、挿絵がそのイメージを豊かに広げる。

作者には『さんぽひものはつこい』（文研出版）、『へびのしっぽ』（草土文化）など、意表をついた存在を主人公にすえた、子どもたちが身近な共感を覚える物語が多数ある。

（内川朗子）

それほんとう？

松岡享子／ぶん　長新太／え
福音館書店　2010(1973) 年　128p

キーワード：　五十音、ことばあそび、詩、頭韻、ナンセンス

あたまがあごにあたるやら あきれすけんがあきれるやら……？

「あめりかうまれの　ありのありすさんが　あるあきの　あかるいあめのあさ　あたらしい　あかいあまがさをさし　ありあわせの　あおいあまぐつをはき　あつぼったい　あめいろのあまがっぱをきて……」

「あ」のつくことばだけで編まれた物語散文詩はこんな風に始まる。「あ」から「わ」まで、五十音全ての物語詩が載った本。リズミカルに、同じ音で始まることばがたたみかけるように飛び出す。物語はとても奇妙なユーモアにあふれ、くすっと笑わずにはいられない。結びに「それほんとう？」と言わしめる、ナンセンスな世界である。自分で黙読するよりも、読んでもらったりまたは声に出して読む方が、断然心地よく、ことばのリズムやサウンドを味わうことができる。

「いりえのいりぐちから　いぼだいもでてきて　いっしんにいさめたが　いきまくふたりは　いっかなききはせぬ」「むくつけき　むほうものが　むらがって　むらびとたちに　むりむたいの　むほうをはたらいた」というように、この本には子どもが（いや大人でも？）およそ使わないようなことばが出てくるのも魅力の一つだ。意味はわからなくとも、文脈でなんとなく情景はくみとれるかもしれないが、それよりも、ことばのおもしろさ、日本語の豊かさを目で耳で口で感じてほしい。ゆっくり読んだり、早口ことばのように読んだり、ことば遊びとして丸ごと楽しめる一冊だ。ことば、語彙をどんどん獲得していく時期に、たくさんのことばを浴びることで、ことばのセンスが磨かれていくことだろう。

ナンセンス絵本の第一人者、長新太による、赤と緑のクレヨンで描かれたような絵は、すべてのページで物語のおかしさをさらに広げてくれる。

（右田ユミ）

なぞなぞライオン

佐々木マキ / 作
理論社　1997年　63p

キーワード：　サイ、しりとり、なぞなぞ、早口ことば、ヘビ、ライオン

あたしの出すなぞなぞに、こたえられたら、あたしをたべてもいいわ。

人食いライオンに食べられそうになった女の子が、答えられたらあたしをたべてもいいわと言ってなぞなぞを出す。「上は大みず、下は大かじ　なーに?」と女の子が問うと、「おふろにきまってるだろ」と答えるライオン。「ざんねんでした。こたえは海底火山です」と聞いて、ライオンはポカンとする。

今度は、くやしがるライオンがなぞなぞを出す。女の子は答えられなくて食べられそうになるが、「あたしは、とてもきたないのよ。」と言って、ライオンといっしょにお風呂に入って、またなぞなぞを出す。「黒くて、白くて、黒くて、白いもの　なーに?」　答えられなかったライオンは、のぼせて目を回してしまう。

また別の秋の日、大きなヘビに飲み込まれそうになった女の子は、今度は早口ことばで対決し、栗ひろいに行った山道でサイに出会った時は、しりとりで勝負をして、ともに勝ちをおさめる。

口が達者で知恵が回るしたたかな女の子と、少しまのぬけた気のいいライオンやヘビ、サイとのやりとりが楽しいナンセンス童話が3話入っている。軽妙な文章とユーモラスなイラストや挿入された6コマ漫画があわさって、楽しさを倍増させている。

ことば遊びの面白さ満点の作品で、ことばに興味を持った子どもたちにおすすめの1冊。ぜひ声を出して読んでほしい。早口ことばを読むのは練習が必要で、だれがうまく読めるか、競争しても楽しい。また、なぞなぞ遊びやしりとり遊びがはじまるかもしれない。回文を扱った姉妹編として『おれはレオ』がある。

著者は、他にも「ねむいねむいねずみ」シリーズ(PHP研究所)「ぶたのたね」シリーズ(絵本館)など、人気のナンセンス絵本を多数送り出している。(小松聡子)

詩、ことばあそびの本が育てるもの

宮川健郎

この本でも紹介している、谷川俊太郎の詩集『みみをすます』（1982年）におさめられた「みみをすます」は、ひらがなばかりで書かれた長編の詩だ。はじまりの4行が一つの連になっている。

みみをすます
きのうの
あまだれに
みみをすます

この原稿を書いている家の勉強部屋で、小さな声で音読してみる。

1行めは、「みみをすます」。窓の外を車が走るのが遠く聞こえる。それから、部屋のエアコンの音……。「みみをすます」ということばを突きつけられて、みみをすましてみると、そんな音が聞こえてきた。

ところが、2行めは、「きのうの」だ。えっ、「きのうの」？　いま、ここで、みみをすましていたのに、私は、急にきのうへと連れもどされる。

そして、「あまだれに」。きのうの東京は、少し寒いけれど、よく晴れていた……。そうか、これは、実際のきのうではないんだな。

そして4行め、「みみをすます」。1行めの「みみをすます」は、現実に接していたのに、4行めを読む私は、それとはちがう場所（想像の世界）でみみをすますことになる。

詩は、さらに、「みみをすます／いつから／つづいてきたともしれぬ／ひとびとの／あしおとに／みみをすます……」という第2連につづき、想像の世界で足音を聞きながら、時の流れをさかのぼっていく。

「みみをすます」のこうした読み方は、もう亡くなった演出家の竹内敏晴さんの意見をふまえている。竹内さんは、「みみをすます」について語った上で、「これらの、一行一行のことばに出会う時に、目覚めてくる驚きが、詩をよむ、ということのすべてではあるまいか。」と述べたのだった(『時満ちくれば』筑摩書房、1988年)。

　詩は、句点(。)までつづく文で書かれるわけではない。たいていは、文の途中で区切って、行をかえながら書かれていく。詩では、どこで、どんなふうに行が分けられるかが大事だ。行がかわって、つぎの行になったとき、それは、前の行に書かれたことの付け足しの説明ではない。改行のたびに、前の行とはちがった世界がつぎつぎと開かれる……それが、詩の表現の特徴だ。

　詩のことを「韻文」ともいう。詩では、ことばの響きやリズムが大切にされるから、詩は、私たちの読む「声」を引き出す。そして、声によって新しい行が開かれていくのだ。

　かっぱかっぱらった
　かっぱらっぱかっぱらった
　とってちってた

　これは、同じ谷川俊太郎の詩集『ことばあそびうた』(1973年)のうちの「かっぱ」の前半。「かっぱ」が「かっぱらった」につながり、「らっぱ」につながる。これは、ことばの意味のつながりではない。音のつながりだ。「かっぱ」と読む声が「かっぱらった」を生み出し、「かっぱらっぱかっぱらった」を生み出す。

　詩の後半は、「かっぱなっぱかった／かっぱなっぱいっぱかった／かってきってくった」。

　『ことばあそびうた』を読む声は、日常の秩序をつくっているはずの、ふだんのことばの意味のつながりをのがれて、新しいふしぎな世界に出会う。読む声は、からだのつづき、いや、からだそのものなのだから、読む子どものからだ(そして、こころ)が解放されていく。

　「まっくらまくら!」――これは、いまはもう成人している、わが家のむすこが3歳のときにつくった自前のことばあそびだ。妻が用事でいない晩、なかなかねむれなかった、むすこと私が、それでも、さあ、ねようといって、あかりを消した部屋の「まっくら」と「まくら」が不意にむすびついた。むすこは、それが気に入って、ひとりで「まっくらまくら!」「まっくらまくら!」といいながら、声をあげて笑い、笑いながら、ねてしまった。

　ことばあそびは子どもたちを解放し、子どもたちは、暗い夜をこえて、あすへとむかう。

Column 4

子どもの発達にあった本選びを

土居安子

幼年期（ここでは学齢前から小学校低学年までを指す）の本を選ぶために、

①子どもが文字を読み始めた時期であるということ

②語彙と経験の少なさ

③この時期特有の物事の理解

の3点について知っておくことが大切です。

文字を読み始めた子どもに

本を読むというのは、単に文字がわかる、単語がわかる、一文が理解できるということではなく、文と文の関係を理解し（行間を読む）、段落間の関係を理解し、全体として、いつ、どこで、だれが、どうしたという内容を把握したり、情景をイメージしたり、作品全体として何を言わんとしているかを考えることができることが必要です。

そのためには、一文を読むごとに、前の文とのつながりの中で、新しい情報を整理し、次の予測を行うという複雑な読みのプロセスをたどっているということができます。一文を読んだ時に次の文に対する「質問」がたくさんあればあるほど、その質問の中の一つが答えられた時にとまどいなく、次の文へと進むことが可能になります。

これらの複雑な読みの過程がスムーズにできるためには、文と文の内容のギャップが大きすぎない作品を選ぶこと、文を一文一文、丁寧に読んでいけば、次の予測が比較的容易にでき、読み進めていくうちに、全体の内容がわかるような作品が「読みやすい」ということができます。

そして、声を出して読んだり、指でなぞって読んだりすることで、文字を読むことの負担が減り、内容を理解することに集中することが可能になります。そこで、声に出してイメージしやすい本を選ぶことが大切です。加えて、日本語の文字は本来、上下につながるような形になっているので、縦書きの方が、目の動きが自然であるということができます。

語彙と経験をつなげること

幼年期の特徴の二つ目として、語彙が少なく、経験も少ないことが挙げられます。文章のなかに知っていることばが多いほど、ストレスなく読むことができますが、幼児期は未知の出来事の中で生きることに慣れています。未知を無視したり、想像で補っているため、文章の中に新しいことばがあったり、作品の中に未知の出来事があったりしてもそれをこれまでの経験をあてはめて自分なりに受け入れる柔軟性を持っています。そして、作品の中で得たことばを現実世界で使ってみることもよくあります。

想像の翼の力

幼年期は、現実と想像の間を揺れ動いており、文字を習い始め、言語的思考が始まるとはいうものの、概念を理解する論理的で抽象的な思考というよりは、生活の中から見出した事実に足場を置いた思考段階です。そこで、物語を読んだり聞いたりして理解する内容は大人の理解とは異なっており、この時期独特の理解をしています。

それは、例えば、主人公をとても近しく感じることができたり、物語の世界が現実世界と地続きに感じられたりするということであったりします。それゆえ、この時期に読んだ作品は、子どもが本当に経験したかのような鮮やかな記憶を子どもの心に残します。そこで、作品を選ぶ際には、この時期の子どもの持つ想像の翼を信じて本を選ぶことが大切です。

たくさん遊ぶ・たくさん話す・たくさん聞く

そして、読書の大前提として、子どもが実際に様々な経験をすること、遊ぶことが大切だといえるでしょう。自然に触れたり、友だちやきょうだいと遊んだり、一人遊びをしたりするなかで、物語を理解する土台がつくられます。同じように、ことばを使ってたくさん話すことも重要です。

読書についていえば、本書の「はじめに」や、ドロシー・バトラーが『5歳から8歳まで』（百々佑利子訳　のら書店）で書いているように、「聞きじょうずな子どもは、成熟した読書家が駆使する感覚と技術を使っています。」「耳からたくさん聞くことで、本を読む技術を身につける」のです。

耳からたっぷり聞く体験が、読書家への道を拓きます。

3章

絵本で楽しむお話の世界

お話絵本、絵童話

あのときすきになったよ

薫くみこ / 作　飯野和好 / 絵
教育画劇　1998年　32p

絵本

キーワード：　あだ名、おもらし、小学校、友だち、手紙

きくちさん、ごめんね。まりかちゃん、ごめんね。しっこさんなんて もう いわない。

主人公は教室の廊下側、後ろから2番目の席に座っている。後ろの席は「しっこさん」こと「きくちまりか」。おもらしばかりしているので「しっこさん」と呼ばれるようになった。主人公もブランコをとりあったこともあり、しっこさんにいい印象を抱いていなかったが、金魚を死なせたクラスメイトに憤慨したしっこさんに共感したことをきっかけに、ふたりの距離は少しずつ縮まっていく。

ラストには、事件が起こる。音楽の時間に、主人公が我慢しきれずおもらしをしてしまうと、しっこさんは花瓶の水をわざと流し、わからないようにしてくれた。しっこさんは先生に叱られるが何も言わなかった。主人公は心の中で繰り返し謝る。「まりかちゃん、ごめんね」。

迫力ある飯野和好の絵は、大胆な筆遣いでありつつもふたりの表情を繊細に描き分けている。しっこさんはいつも怒ったような顔をしているが、飛行機雲を見上げる穏やかな笑顔や、主人公に「うん」と答えるしっこさんの横顔が印象的である。他のクラスメイトや教室内の備品からも、それぞれの性格や学級内の毎日の様子など想像が膨らむ。

「しっこさん」というあだ名や「おにばばのはなくそ」といった悪口、クラスメイトへの悪態など、ことばの暴力性とそれによる解放が描かれ、笑いを誘いつつも考えさせられる。また、自分が「しっこさん」であるからこそ友だちの危機にいち早く気づき、身を挺してかばおうとする行動は胸を打つとともに、自分自身を省みて、思わずどきっとさせられる。

登場人物たちは小学校1年生という設定だが、高学年の子どもが読んでも、自分のこれまでの経験や思いを登場人物に重ね合わせ、自己を見つめる機会になるのではないだろうか。

（柿本真代）

エンリケタ、えほんをつくる

リニエルス／作　宇野和美／訳
ほるぷ出版　2017(2015)年　57p

絵本

キーワード：　アルゼンチン、色鉛筆、空想、創作(絵本)、ネコ、モンスター

おおいそぎで　かいてるんだ　はやくさきがしりたいから

エンリケタはある日、色鉛筆セットをプレゼントされる。そこでエンリケタは絵本をつくることにした。タイトルは「三つのあたまと二つのぼうしのモンスター」。絵本の主人公エミリアが夜、うさぎのぬいぐるみ、すきすきちゃんと一緒に寝ていると、クローゼットの中から三つのあたまをもったモンスターが出てくる。名前はそれぞれ、ウーゴ、パコ、ルイスミゲル。三人はルイスミゲルのぼうしをエミリアのクローゼットで探していたのだという。エミリアもルイスミゲルのぼうしを探そうとクローゼットを開けるが、そこは洋服がぎっしりと並んだ迷路のような空間になっていた。

感情移入したり、冷静になったりしながら、エンリケタはのびのびと絵本を描きすすめる。ネコのフェリーニやテディベアのマダリアーガに話しかけたりもしながら、最終的に絵本は完成、大きくすり減った色鉛筆がエンリケタの熱中ぶりを物語っている。想像の世界をどんどん絵本にしていくエンリケタの姿に、自分も絵本をつくってみたくなる読者は多いだろう。

作者のリカルド・シリ＝リニエルスはアルゼンチンの国民的漫画家で、新聞掲載の「マカヌード」という漫画で知られる。エンリケタらは漫画「マカヌード」にも登場するキャラクターである。本作でも漫画的な表現が用いられ、エンリケタたちは画面の端に配置されたコマの中に描かれ、会話は吹き出しによって示される。一方、エンリケタの描く絵本は画面中央に、色鉛筆の力強いタッチで鮮やかに描かれており、ふたつの世界が明確に描き分けられている。また、中扉と後見返しに挿入された色鉛筆と消しゴムの写真が臨場感を高め、創作の現場を覗きみるような雰囲気が味わえる。（柿本真代）

おじいちゃんがおばけになったわけ

キム・フォッブス・オーカソン / 文
エヴァ・エリクソン / 絵　菱木晃子 / 訳
あすなろ書房　2005(2004) 年　31p

絵本

キーワード： おじいさん、おばけ、思い出、死、スウェーデン、孫、夜、忘れ物

「そうか！ じいじは、おばけになったんだね？」「わしが、おばけに？」

表紙には、閉じたドアを透明人間のように通り抜けて孫の部屋に入るおじいちゃんの絵。通り抜け方がリアルに描かれ、思わず「えっ?」と引き付けられる。

主人公は男の子エリック。大好きなじいじが心臓発作で突然死んでしまったので悲しくてたまらない。ところが、葬式の日の夜、じいじがエリックの部屋に現れた。「なにしてるの? しんだんじゃなかったの?」と聞くと、「そうおもうんだが」と困るじいじ。エリックは、『おばけの本』の知識から、じいじがおばけになったと思い、本に書かれているように壁を通り抜けてみてと提案した。すると、大成功! おばけになった証拠だ。それ以降、じいじは毎晩現れては、エリックと過ごす。エリックは寝不足になるが、おばけのじいじと遊ぶのが面白くてたまらない。でも、じいじは、このままではいかんと悩み、『おばけの本』を熱心に読んだ。すると「この世にわすれものがあると、人はおばけになる」とあった。エリックは、じいじの「わすれもの」を探すために、じいじと一緒に思い出の場所を訪ね歩く。

死を扱う絵本だが、重苦しくなく、ユーモアとウィットに富み、温かく感動的だ。前半の、無邪気な孫とおばけになって戸惑う祖父のやりとりは何とも愉快。祖父を天国に送るためにふたりで思い出をたどる後半には、別れる悲しみと深い愛があふれている。

幼少期には、「死」を無性に怖がる時期がある。この絵本のエリックも、祖父の死にショックを受けていっぱい泣く。大人の説明も受け入れられない。しかし、おばけになった祖父と過ごしたかけがえのない時間のおかげで、祖父からもらった愛情を思い返し、胸に刻むことができた。命は消えても、その人と過ごした大切な思い出は消えない。

（代田知子）

おしいれのぼうけん

ふるたたるひ、たばたせいいち / さく
童心社　1974年　80p

絵本

キーワード：　おしいれ、友だち、人形劇、ファンタジー、保育園、ミニカー

おしいれの　なかは、よるのやまと　よるのうみ。

「さくらほいくえんには、こわいものがふたつあります。ひとつはおしいれで、もうひとつは、ねずみばあさんです。」――このような書きだしで始まる物語は、〈あきら〉と〈さとし〉の大冒険によって、その二つが〈とてもたのしいもの〉に変わるまでを語っていく。

物語の中心となるのは、〈みずのせんせい〉のクラスだ。〈みずのせんせい〉は、園児たちがどうしても静かにならないと、おしいれに閉じこめてしまう。入れられた子は泣きだしてしまうが、出してもらってから〈ごめんね〉と謝ることで、クラスのみんなは〈ほっと〉して日常を取り戻すことができる。

園児たちは、そんな〈みずのせんせい〉が嫌いにもなるけれど、一方で人形劇の〈ねずみばあさん〉を演じてくれるときは〈だいすき〉なのだ。人形劇が終わってから先生のもとに集まるのは、非日常から日常へと戻ってきたことを確認して、〈ほっと〉したいからだろう。〈みずのせんせい〉は安心と不安の両方を与える存在だ。

ただ、園児たちに不安を与えるとき、〈みずのせんせい〉自身も不安を抱えている。おしいれから出したとき、もし〈ごめんね〉と謝ってくれなかったら……。対症療法としての「罰」は、どんどん過剰なものになっていかざるを得ないのだ。その限界が〈あきら〉と〈さとし〉を閉じこめたことで露わになるのだが、ふたりはお互いの手を握り合うことで対峙し、新たな日常を創造することに成功する。

それにしても、どうしてこんなにも魅力的な〈おしいれのなか〉が語れるのだろうか。自由自在に姿を変えていく鉛筆の線に導かれて、読者もまた、〈おしいれのなか〉に入り込んでしまう。〈あせぐっしょり〉のふたりとともに、忘れられない冒険を体験できる1冊だ。

（宮田航平）

おねえちゃんは天使

ウルフ・スタルク / 作　アンナ・ヘグルンド / 絵
菱木晃子 / 訳
ほるぷ出版　1997(1996) 年　40p

絵本

キーワード：　きょうだい、死、スウェーデン、変身、別れ

ぼくのからだに、おねえちゃんがすーっと入ってくるのがわかった。

ウルフ・スタルクは、スウェーデンの人気作家です。死や老いなど重いテーマを軽やかに、からりとドライに書きながらも、心に深く染みる読後感をもたらします。その魅力が存分に発揮されている本書は、家族の死を扱っています。

小学生のぼくは2つ年上のおにいちゃんとのふたり兄弟ですが、そのおにいちゃんの生まれる1年前に、ママのおなかの中で亡くなってしまったおねえちゃんがいました。ママが時々窓の外を見てぼうっとするのは、おねえちゃんのことを思っているからなのかもしれません。だからなのか、ぼくは一度も会ったことがないおねえちゃんのことを、ずっと考えています。だれにも見えないけれど、金色の髪が長く、瞳の色は灰色で、一緒にいたずらをして、失敗したらなぐさめてくれる存在。いつもそばにいて、ぼくを通じてこの世とつながっているのです。

ある日、おねえちゃんが生きていたら、どんなだったかを見たくなったぼくは、誕生日のプレゼントで買ってもらった金髪のかつらをかぶり、赤いワンピースを着てみました。鏡を見てほほ笑むと、そこには美人のおねえちゃんがいるではありませんか。ぼくはおねえちゃんの姿のまま、町を闊歩し、映画を見て、楽しい一日を過ごします。でも、次の日、鏡の中のおねえちゃんは悲しそうな目をして、風のふくほうへ行ってしまいます。とまどいながらも、またいつかきっと、会える日がくるよ、とぼくは思うのでした。

おねえちゃんの死を受け入れようとするぼくのおかしくも切実なようすは、突拍子もなく見えるでしょう。それがスタルクらしいビターな余韻を残します。短いお話ですが、映画を一本、観たような不思議な充実感があります。

（森口 泉）

かきねのむこうはアフリカ

バルト・ムイヤールト / 文　アンナ・ヘグルンド / 絵
佐伯愛子 / 訳
ほるぷ出版　2001(1995) 年　32p

絵本

キーワード：　家、カメルーン、多文化理解、ベルギー、隣人

そのかきね、こえておいでよ

ぼくの家の周りには、区画が同じでよく似た家がたくさん並んでいる。庭まで同じだ。となりには、フランス語をしゃべるおじさんとカメルーン出身のおくさんのデジレーさんが暮らしている。デジレーさんは、ぼくと肌の色が違うし、話すことばも違う。ある雨の日、デジレーさんはどの家の庭にもある物置小屋を壊してしまう。

この作品は、ぼくが異文化と出会い、先入観なく、違っていることをそのままに受けとめている様子が描かれている。また、ぼくが感じていることを尊重する両親の役割も大きい。近所の大人たちが同じであることにこだわる一方、ぼくは違いを楽しんでいるようにも見える。

そして、デジレーさんは、ぼくがかきね越しに見ていることに早くから気づいている。じっと見つめるぼくの存在が、デジレーさんのアイデンティティを目覚めさせたのかもしれない。デジレーさんの孤独と子どもが持つ孤独が共鳴する様子も文や絵から感じられる。

「そのかきね、こえておいでよ」

デジレーさんのそのことばで、一気にふたりの距離が縮まる。物置小屋を壊してまで作ったものは、デジレーさんらしいものだった。見返しには「ぼく」の区画の地図があり、かきねのむこうの変化が一目瞭然にわかるようになっている。素朴なタッチで描かれるヘグルンドの絵が、ふたりの交流を暖かく描いている。

著者はベルギーを代表する作家。ヨーロッパに多く移住しているアフリカ系の移民の姿を、子どもにもわかるように具体的な物語として描いた。「ぼく」の一人称で書かれた文章は「ぼく」の見たこと、体験したことを丁寧に描いており、一編の短編小説のような趣のある作品となっている。

（矢田純子）

きつねみちは、天のみち

あまんきみこ / 作　松成真理子 / 絵
童心社　2016(1973) 年　41p

絵本

キーワード：　雨、キツネ、すきま、すべり台、友だち、ファンタジー

「そこの　きょうだい」「どっこい！」「ここをもちなよ」「やんこら！」「がんばれ」「それな」

　ともこはけんじくんの家に遊びに行くのだが、けんじくんは留守でいない。ともこは帰ることにするが激しい雨にあう。ところが、赤いポストを曲がったとたんに雨が止む。いや2メールほど向こうは雨が降っているから、ともこは雨にすきまができたと感じる。そのすきまの道を、きつねたちが大勢ですべり台を運んでくるのだ。ともこがじゃまにならないようよけていると、小さなこぎつねがともこに向かって、「そこのきょうだい」とどなり、「ここをもちなよ」と言われていっしょに「きつねしょうがっこう」まですべりだいを運ぶことに。この弾む様なやりとりが楽しく、一気にファンタジーの世界に読者を誘う。目当ての友だちと遊べなかった、がっかりした気持ちが優しく掬い取られた瞬間とも言えよう。

　すべり台が運ばれて喜ぶみんなの目が、ともこに集まると、そこでの先生とともこのやりとりが面白い。「へんてこな雨のすきまにでちゃったのよ」とともこ。「それはありがたあい、天のみちのことですね。」と先生。この「雨のすきま」という発想のおもしろさ、ふっと雨の間にできた道はありがたいのだと読者は納得する。そして、ともこは夕焼けの中を帰るのだ。不思議だけれど、なんだか当たり前のように。

　画家の絵は、日常と不思議の間で遊ぶ子どもたちを暖かく包み込み、雨降りから夕焼けまでの変化を美しく描き出す。

　著者には、『車のいろは空のいろ』、『おにたのぼうし』（ともに、ポプラ社）、『ちいちゃんのかげおくり』（あかね書房）など多くの幼年向けの文学がある。これらの作品の中では、子どもたちは自然と不思議な世界に入り、普段は見えないけれどそこにたしかにある存在や命に気づく経験をすることができる。

（成田信子）

クリスマス人形のねがい

ルーマ・ゴッデン / 文　バーバラ・クーニー / 絵
掛川恭子 / 訳
岩波書店　2001(1957) 年　40p

絵本

キーワード：　居場所、クリスマス、孤児、人形、願い

そのとき、ホリーもアイビーも、そろってねがいごとをしたのです。

　この物語は、クリスマス人形のホリーと小さな女の子アイビーの物語である。自ら動くことができない人形たちは、自分のことを愛し、いっしょに遊んでくれる存在の出現を常に願っている。おもちゃの店に並べられたクリスマス人形のホリーも一心に願っていた。クリスマスに小さな女の子のお人形になることを。一方、アイビーもまた願っていた。胸の奥の空っぽになった部分を埋めてくれるものの存在を。「おばあちゃんがきっとお人形をくれるもん」。だが、アイビーにはおばあちゃんどころか、両親もいない。クリスマスの間、誰もいなくなってしまう施設に代わって、預かってくれる家庭もない。それでもアイビーはめそめそしないで行動する。おばあちゃんの家を探そうと、乳児院に向かう途中で電車を降りてしまうのだ。

　クリスマス人形のホリーの願い、アイビーの願い、そして子どものいないジョーンズさんの奥さんの願い……それぞれの願いが時に重なり合い、行き違い、交錯しあいながら、奇跡のように幸せな結末を引き起こす。ホリーとアイビーは、愛し愛される存在と自分の居場所をみつけたのだ。信じること、求めること、願うことは強さなのだ。強い思いは、困難な状況をも変えていく。「どうせ無理」と、夢を思い描くことや想像することを手放しがちな現代。幼い子どものための作品だからこそ、伝えていきたいメッセージだ。ぜひ、読み聞かせたい。

　著者には、他にも『人形の家』（岩波少年文庫）、『ポケットのなかのジェーン』（徳間書店）など、人形たちを描いた一連のファンタジーがある。いずれもストーリーテラーらしい大きなテーマを内包しつつ、細やかな心理や出来事を巧みに描き出した作品である。　（佐々木由美子）

こうさぎと 4ほんのマフラー

わたりむつこ / 作　でくねいく / 絵
のら書店　2013年　40p

絵本

キーワード：　ウサギ、木、きょうだい、そり、冬、マフラー、森

きみたちのマフラーは あたたかいのう…… ほんとうに あたたかい。

　うさぎまちに暮らす4ひきのこうさぎのきょうだいのもとに、おばあちゃんから4色の手編みのマフラーが届く。森の中の雪道を越えてぶなの木のぶなじいに会いに行ったきょうだいは、雪でこごえてしまったぶなじいを4本のマフラーで温める。ぶなじいの「きみたちのマフラーは　あたたかいのう……ほんとうに　あたたかい。」という、とぎれとぎれのことばからは、雪に埋もれた冬の山の静けさとともに、心のぬくもりが、じわっと伝わってくる。

　こうさぎたちにとって、最初は気味が悪かった冬の森も、ぶなじいと出会った後には見え方が変わる。枝から飛び散るこおりのはなびらの描写は、なんとも美しい。読者は、そりを勢いよく走らせて帰るこうさぎたちとともに、心を弾ませながら読み終えることができる。子どもが自ら困難を乗り越え成長していく姿が、丁寧に描かれている。

　本作は、春を舞台にした『もりのおとぶくろ』に続く第2弾。第3弾として、夏が舞台の『こうさぎとほしのどうくつ』も刊行されている。1作ごとに季節によって異なる森や湖の姿に触れ、こうさぎのきょうだいの心の成長を追うという、シリーズとしての楽しみもある。

　わたりむつこには、戦争で生き残った小人一家の双子が主人公のファンタジー『はなはなみんみ物語』（岩崎書店）があり、2015年に再刊された。この絵本とも共通する自然の厳しさ、心の通い合い、子どもの心の成長などがより深く描かれており、高学年にすすめたい。

　出久根育の絵は、透明感のある美しさがこの作品にはぴったりだが、濃密に描かれた『マーシャと白い鳥』（偕成社）などもあり、どの作品も物語世界を深め、魅力的である。

（鈴木穂波）

じゃがいも畑

カレン・ヘス／作　ウェンディ・ワトソン／絵
石井睦美／訳
光村教育図書　2011（2008）年　32p

絵本

キーワード：　きょうだい、じゃがいも、地域社会、畑、貧困

うーん、おいしそ

絵の魅力もはずせないこの大判の本の表紙には、大きく輝く満月を背景に、きょうだいと思われる3人の子どもたちが畑の中の道を走っていく場面が描かれている。お姉ちゃんと手をつなぎ、幼い弟を荷車にのせて引っぱっている、真ん中の「ぼく」がこの物語の語り手だ。ところが、「ぼく」の語る物語は幻想的で楽しげな表紙とは裏腹に、夜に働きに行く母さんを、お腹をすかせた子どもたちが見送るところから始まっている。そして、姉のメイベルに説得されて、3人は村のケニーさんの畑でとり残されているじゃがいもを拾いに行くのだ。

作者は、『ビリー・ジョーの大地』（理論社）などで、1930年代のアメリカの乾燥した不毛の土地に生きる人々を描いているカレン・ヘス。本作もまた、荒野の村でのぎりぎりの生活を、子どもの視線から描いたじつに現実的な作品といえる。

夜勤で疲れている母さん。てきぱきと指示を出す姉と、じゃがいも料理を夢見る小さな弟にはさまれた、「ぼく」のちょっと面倒くさい立場。そして、畑に腹ばいになって通り過ぎる車から隠れたり、取ってきたじゃがいもがほとんど石ころだったり、盗んできたことを叱られて謝りに行かされたり……。土の匂いの中で、「ぼく」が自分たちを、「役立たずの子ども」と思う場面には、胸が痛くなる。昔も今も、貧しさと飢えの中で、こんなふうに思っている子どもたちは、世界中にたくさんいるのだ。

ただ、そんな現実の中にも、地域のつながりやつつましい工夫で、飢えをしのぎ、愛情を確かめ合える場面も用意されているので、ご安心を。絵の中で、真っ白に輝くテーブルクロスとお皿は、美しい人生の象徴なのだ。

（奥山 恵）

チムとゆうかんな せんちょうさん

エドワード・アーディゾーニ / 作　瀬田貞二 / 訳
福音館書店　1963(1936) 年　48p

絵本

キーワード：　嵐、海、航海、船乗り、船、冒険、勇気

わしたちは、うみのもくずと　きえるんじゃ。なみだなんかは　やくにたたんぞ

　船乗りに憧れる少年チムが、仲良しのボートのおじさんに連れられて、沖まで汽船を見に行く。船に乗ったチムは、「ぼくがかくれていれば、ボートのおじさんはぼくのことをわすれて、かえってしまうぞ」と計画し、うまい具合に航海の旅に出ることになった。夢がかなったチムは、船の仕事をしながら船員たちと楽しい船上の日々を過ごすが、嵐に遭い、船長と二人で船に取り残される。幼い少年ながら、勇気を持って嵐に立ち向かい、救命ボートに助けられ、九死に一生を得てめでたく家に帰ることができたのだった。

　絵本でありながら、船上の様子や嵐の場面などが詳細に描かれ、読み応えのある冒険物語となっている。ことばの選択も、船の専門用語が入っていたり、子どもだましではなく丁寧だ。引用文は、嵐の際の船長のことばである。船員として大人さながらに働くチムにふさわしく、海の男としてチムを認めているがゆえのことばとなっている。

　大好きなことに一心に取り組む少年らしさや冒険心、そこから生まれてくる勇気と少年の自立、少年を見守る大人たちの姿が、伸びやかなスケッチと淡く優しい色遣いの水彩画で描かれる。絵本に吹き出しを使った先駆的な作品で、吹き出しのセリフが登場人物の気持ちを効果的に表現している。

　この作品は、著者が5歳の息子と7歳の娘のために語った物語であり、同時に、曾祖父が船長であったり、港で船員たちと遊んで船に乗せてもらったり、といった著者自身の子ども時代が反映された、自伝的な物語ともなっている。

　チムのシリーズは、本書から最終巻『チムもうひとつのものがたり―コックのジンジャー』（1977年）までの11巻となっている。

（福本由紀子）

ちゃいろいつつみ紙のはなし

アリソン・アトリー / 作　松野正子 / 訳
殿内真帆 / 絵
福音館書店　2015(1962)年　40p

絵本

キーワード：イースター、家族、クリスマス、包み紙、プレゼント、郵便配達

わたし、ぼうけんの旅にでるのよ

　なんと、主人公はつつみ紙というこの作品は、小さな新聞屋の棚で、茶色い紙が買われるのを待つところから始まる。クリスマス前にようやく買われた紙は、おばあさんへのプレゼントをつつんで「ぼうけんの旅」にでた。

　つつみ紙を大事に残しておいたおばあさんは、今度はイースターに孫へ贈るプレゼントをつつむ。こうして元の家に戻ってきたつつみ紙には、とてもうれしい出来事が待っていたのだ。最後の使われ方に共感してくれる子どもは多いだろう。また、届いたプレゼントのつつみ紙を丁寧に扱ってひきだしに片づけておくおばあさんの所作や、つつみ紙がひきだしの隙間からのぞいた台所の様子、行事にあわせて大切な人へ心をこめたプレゼントを贈りあうことなど、作品の随所で、物を大切にする生活や、離れて暮らす家族への思いやりを感じさせてくれる。幼児期は、身の周りのモノを命あるものとして感じる能力を持っている。この作品は、そのような幼児の心性をうまくとらえて書かれている。

　半世紀以上前にイギリスで発表された作品だが、古さは感じさせない。「蝋で封をする」や「イースター」など子どもたちには馴染みのない言葉や風習に触れることで、異なる文化へ関心をもつきっかけになればと思う。また、小包を模した表紙に茶色の遊び紙、切り紙や紙版画をコラージュした挿し絵など、モダンな装丁にも紙への思いがあふれている。工作が好きな子どもにも楽しめそうな1冊だ。

　イギリスの農園で育った著者には、農村の動物たちが活躍する『グレイ・ラビットのおはなし』(岩波書店)、「おめでたこぶた」シリーズ(福音館書店)など、その暮らしぶりや思い出を反映した豊かな物語作品が多い。

(木下裕美)

時計つくりのジョニー

エドワード・アーディゾーニ / 作　あべきみこ / 訳
こぐま社　1998(1960) 年　48p

絵本

キーワード：　鍛治屋、器用、手作り、時計、歯車

どうしても、大時計をつくりたいんです

もの作りが大好きな少年ジョニーは自力で大時計を作りあげ、「時計つくりのジョニー」と呼ばれるようになる。とはいえ、もともと恵まれた環境にいたわけではない。本を百回近く読んで時計作りに憧れ、身の回りの材料でゼロから取りかかる。だが両親には大反対され、学校の先生には「おばかさんね」とつっぱねられ、周りの子どもたちには悪口を言われていじめられる。

子どものまっすぐな思いを周りがここまで否定するのかと、読者としては冒頭からショックを受ける。だが、ジョニーは決してあきらめない。味方になってくれる友だちや、手を貸してくれる大人も現れる。友だちのスザンナは「ぜったいできるわよ」と励まし、かじやのジョーさんは足りない材料を揃えてくれる。ジョニーに寄り添い的確なアドバイスをするスザンナの存在は読者にとっても心強く、ジョーさんの何もかも与えるのではなく、一緒に作ろうと声をかける姿は大人にとっても印象的である。そしてジョニーは、大時計を完成させた後、両親をはじめ反対していた人たちにも快くその時計を見せる。そこにも、最後まで彼らしさがみられる。

軽やかな筆致で描かれた線画と水彩画、吹き出しの中のセリフが絶妙なバランスで1冊の絵本を作り出している。『チムとゆうかんなせんちょうさん』（福音館書店）など他の作品でも、アーディゾーニは子どもの自尊心を描いている。誰が何と言おうと自分の信念を貫き通す主人公の姿、それはイギリスで挿絵画家としての誇りをもって生き抜いてきたアーディゾーニの生き方とも重なり合う。

ジョニーはおそらく6歳くらい。難しいのではと躊躇せず、子どもの力を信じて一緒に読んでみてほしい。（鈴木穂波）

中田くん、うちゅうまで行こ！

さえぐさひろこ / 文　佐藤繁 / 絵
童心社　2009年　32p

絵本

キーワード：　学校、公園、再婚、友だち、悩み

スペースシャトルの　においや

子どもたちだって、大人と同じように、それぞれがそれぞれに悩みを抱えて生きている。しかし、学校では、自分の内面を悟られないようにするので、精一杯だ。『中田くん、うちゅうまで行こ！』には、そんな状況に置かれている、小学校中学年くらいの女の子と男の子が登場する。

　高橋さんは、自分の声が小さくて、言いたいこと言えないのが悩み。せっかく予習して正解を答えても、先生は声の小ささを注意するので、落ち込んでしまう。そんな彼女はのんきな中田くんがうらやましい。しかし、高橋さんは、公園で中田くんの真新しい手袋を拾ったことで、彼の秘密を偶然知ることになる。中田くんは最初、この手袋をあげるというが、新しいお母さんの作ったものだと聞いた高橋さんが、「そんなん　あかん」と言って、片方ずつ交換することになった。高橋さんは、そんな中田くんを見て、「こんどお母さんになる人に半分ぐらいしかよう近づかんのかもしれへん。」と気持ちを察するが、なんと声をかけたらいいのかわからず、ブランコに誘うのだ。「いまから　うちゅうまで行こ！」

　この作品は、子どもの目線にたって、子どもなりの事情が、鮮明に描かれている。そして、大人になったら見ることのできない世界へと、誘ってくれる。

　さえぐさひろこには『ねんね』（アリス館）や『トンチンさんはそばにいる』（童心社）などの作品がある。子どもたちのやりとりは、出身地である大阪にちなんだ関西弁であり、この作品にアットホームな雰囲気を醸し出している。「うちゅう」から無事に帰ってきたふたりは互いに問題を完全に解決できたわけではないけれど、心は晴れやか。そして、彼らの日常の1コマをのぞいた我々も読み終わったあとに、ぽっと心が温かくなる。（黒川麻実）

ねずみのとうさん アナトール

イブ・タイタス / 文　ポール・ガルトン / 絵
晴海耕平 / 訳
童話館出版　1995(1956) 年　32p

絵本

キーワード：　お父さん、仕事、チーズ、ネズミ、パリ、夜

ぼくの自尊心は　どうなるの？ ぼくのほこりは？　ぼくのめいよは？

　とうさんねずみのアナトールはパリのちかくのネズミ村に住んでいる。アナトールは夜になると友だちのガストンと一緒に、家族のために自転車でパリへ向かう。人間の家に行って食べ物を見つけるためだった。ある夜、とある家の台所で食べ物を探していると、人間からねずみの悪口を聞かされショックを受ける。ガストンに相談しても「人間は人間、ねずみはねずみ」と諭される。アナトールはあきらめきれず、人間から軽蔑されたり嫌われたりせずに食べ物を受け取る方法を考えるようになった。

　それからは夜になるとチーズ工場に行き、試食用のチーズの味見をして「さいこうにおいしい」「あまりおいしくない」などの味の評価とともに、作り方のアドバイスをカードに書く。その代わりにチーズを家に持ち帰ることにした。社長のデュバル氏がそのアドバイス通りにチーズを作ると、デュバル社は大繁盛に！

　子どもはみんなお手伝いが好きである。小さなねずみが自分よりも大きな存在の人間のためにできることを考え、実行し、認められる。アナトールの活躍は読み手の子ども達の、自分も役に立ちたいという気持ちを応援し、実行の後押しをしてくれるだろう。そして、本書で大切なのはデュバル氏の存在である。デュバル氏はアドバイスに従いチーズを作り、感謝のしるしとしてチーズ以外の食べ物をお礼に用意し、働く仲間として受け入れる。身近な存在である大人が、自分の考えを聞いてくれる、受け入れてくれるという経験は子どもにとって安心感につながるのではないだろうか。

　青い上着と赤いスカーフが印象的な絵は、昔話絵本でよく知られるポール・ガルドン。洒落たタッチでフランスの雰囲気をよく伝えている。

（赤松 忍）

ねぼすけはとどけい

ルイス・スロボドキン／作　くりやがわけいこ／訳
偕成社　2007(1962)年　40p

絵本

キーワード：　王様、スイス、時計屋、寝坊、鳩時計

もしかすると、あのはと、とけいの中で、ぐっすり ねむってしまってるんじゃないの。

　スイスの山奥の小さな村の小さな時計屋さんは、はとどけいでいっぱい。時計が鳴るのと同時に、中のはとがいっせいに飛び出して鳴く。その中でいつも遅れて鳴く一羽のはとは、村の子どもにもお客さんにも愛されている。

　ある時、暑い国からやってきた王さまが店中の時計を買おうとするが、遅れる時計があると知るとやめてしまう。時計屋のおじいさんは、明日の朝までにはなおすと約束したものの、遅れる原因が分からない。皆が心配する中、一人の女の子が、はとがねむっているのではと言い出す。あれこれ試して困り果てたおじいさんがはとが出てくる小さな扉をそーっと開けてみると、女の子の言葉どおり、ぐっすりねむっているはとが。さて、おじいさんはこのねぼすけなはとを、時間通り鳴かせることができるだろうか。

　「ねぼすけなはと」をとがめるのではなく微笑ましく見守る、そんなあたたかな村の空気が王さまによって脅かされる。だが、「柔よく剛を制す」という言葉のように、柔らかくしなやかな、幼い女の子のアイディアが権威に打ち勝つ。その背後にあるのは、村というコミュニティのゆるぎない心の結束といえるだろう。

　『ルイージといじわるなへいたいさん』（徳間書店）でも、理不尽な目にあってもユーモアをもって対抗し、乗り切ろうとする姿がある。また、『ピーターサンドさんのねこ』（あすなろ書房）では、人間の身勝手さを声高に批判するのではなく、愛情ある視点で描いている。バラエティ豊かなスロボドキン作品が、刊行されて半世紀以上たっても次々と翻訳出版されているのは、そのユーモアとあたたかさ、そして人を見るまなざしの確かさが、幼年文学として求められているからではないだろうか。

（鈴木穂波）

歯いしゃのチュー先生

ウィリアム・スタイグ / ぶんとえ　うつみまお / やく
評論社　1991(1982) 年　32p

絵本

キーワード：　患者、キツネ、ネズミ、歯医者

チュー先生は、はしごをのぼると、ゆうきをだして、キツネの口の中に入りました。

　ネズミのチュー先生は、腕利きで評判の歯医者さん。自分と同じ大きさの患者は普通に治療するが、少し大きい動物は、口まで掛けたはしごに登って治療する。もっと大きいウシなどの患者は、奥さんが、滑車とロープを使った装置で先生を宙づりにし、患者の口まで届ける特別な方法で治療する。手先が器用なチュー先生が口の中に入って治療をしてくれるので、大きな動物には特に人気がある。でも、ネズミだから、もちろん危険な動物の治療はしない。看板にもちゃんとそう書いてある。

　ところがある日、キツネの紳士が痛む歯を押さえてやってきた。すぐに断ったが、キツネが「すごくいたいんです！」とポロポロ泣くので、先生は奥さんと相談し中に入れてやることにした。床に座らせ、はしごに登り、口の中に入って治療をすすめる。だがその時、キツネは気づいてしまったのだ。おいしそうなネズミがたった今、口の中にいることに……。キツネの口がヒクヒク動く。「口をあけたままで！」と叫ぶチュー先生。緊迫する空気の中、先生は口につっかえ棒をし、歯を抜いた。初日の治療は何とか終えた。でも次回、新しい歯を入れた後、食べられずに済むだろうか？　その晩、先生と奥さんは深刻な面持ちで話し合う。

　ユーモアたっぷりの物語と絵。読者は冒頭で、宙づりになって大きな動物を治療するチュー先生に度肝を抜かれ、キツネの登場以降は物語から目が離せなくなる。チュー先生を口の中に入れたまま、食べるのを我慢するキツネの間抜け面と、必死の形相のチュー先生夫妻の対比が愉快だ。身の危険を感じながらも、父親から受け継ぐ誠実な医者魂でキツネの治療を成し遂げようとするチュー先生が、実に魅力的。

（代田知子）

ハリネズミと金貨

ウラジーミル・オルロフ / 原作　田中潔 / 文
ヴァレンチン・オリシヴァング / 絵
偕成社　2003年　32p

絵本

キーワード：　金貨、友だち、ハリネズミ、冬ごもり、ロシア、分け合う

たっぷりめしあがって！　その金貨は、くつにつかうといいわ。おじいさんのは、もうぼろぼろだもの。

お話はソビエト連邦時代からクリミヤ地方で活躍した児童文学作家・詩人・劇作家による作品だが、絵は日本版のために描き下ろされたオリジナル。現代ロシアを代表するアニメーターに、特に田中潔が依頼して実現したという。柔らかい色あいで季節感豊かな風景や小さな草木や物を丁寧に描く絵が、思いやりのある動物たちのお話とぴったり合っている。

道に落ちていた一枚の金貨をハリネズミのおじいさんが拾うところから、物語は始まる。冬ごもりのしたくに必要な干しキノコに金貨を使おうとするが、買えるキノコが見つからない。困っていると、リスが自分のキノコをただで分けてくれ、金貨はぼろぼろの靴を新しくするために使うといいと言う。

ハリネズミはその後も、さまざまな相手に会い、金貨を使おうとするが、みな金貨は受け取らず必要なものを分けてくれる。やがて、冬ごもりに必要なものをすべて手に入れたハリネズミは、道ばたに金貨を置いて家に帰る。「だれかの役にたつかもしれんしな！」と言って。

この物語の背景には、20世紀の大半にわたって市場の働きが弱かったロシアの社会事情があるという。お金があっても店に品物がなければ必要なものを得られないことから、困ったときには身近なつながりの中で助け合ってきた伝統を、このお話から読み取ることもできる。現在、お金でおどろくほど何でも買うことができるような日本社会の状況にあって、ここに描かれた金貨の行方から考えられることは、多いのではないだろうか。

また裏表紙の絵では、登場人物たちがそろってテーブルを囲み、お茶を飲んでいる。その中心に置かれたロシアの湯沸かしサモワールにも、地域の伝統文化がうかがえる。

（内川朗子）

ピーターラビットのおはなし

ビアトリクス・ポター / さく・え
いしいももこ / やく
福音館書店　1971(1902) 年　55p

絵本

キーワード：　いたずらっこ、ウサギ、追いかけっこ、畑

ピーターったら、この2しゅうかんのうちに、うわぎを2まいと、くつを2そくも なくしてきたのです！

　子どもの手に合うように小さく作られたこの絵本は、それだけで秘密めいている。そっと開くと、たっぷりの余白に囲まれた、作者が見せたい場面だけを景色全体から抜きとった絵がある。読者は、特別なフィルターを通して、普段は見ることの出来ない動物たちの生活をのぞいた気分になる。洋服を身につけ2本足で歩くウサギの絵が、人間的でなく小動物のウサギに見えることもその理由だ。現実のウサギを詳細に観察し、解剖学的構造を踏まえて描かれた絵は、ふわふわした温かい感触まで伝えている。

　起きた出来事を淡々と伝えるだけで、子どもに媚びることなく語りかけてくる文章も、読者と物語世界を良い距離に隔てている。作者は文章にしていない情報を、絵の中に描き伝えているので、それらもあわせて楽しみたい。

　4匹の子ウサギ、フロプシー、モプシー、カトンテール、ピーターは、お母さんウサギと木の下に住んでいる。ある朝、お母さんは遊びに行く子どもたちに、お父さんが肉のパイにされたマクレガーさんの畑には行ってはいけないと話す。フロプシー達はくろいちご摘みに行くが、ピーターはマクレガーさんの畑に行き、命からがらの大冒険を繰り広げる。

　忠告を守らず危機に瀕したピーターと、寝込むピーターを尻目においしい晩ご飯を食べる「いい子」のフロプシーたちを比較して読む子もいる。だが、ピーターは母親から怒られていない。これは自由な冒険をしたい子どもたちへの応援メッセージなのだ。無謀な冒険をする子を悪い子として描いていないことが、長年読み継がれてきた理由だろう。シリーズ全24冊の他に作品を横断して動物たちが交わす手紙も発表されており、物語の世界を深く楽しめる。

（中川理恵子）

ふとんやまトンネル

那須正幹／作　長野ヒデ子／絵
童心社　1994年　31p

絵本

キーワード：外遊び、友だち、取りちがえ、ファンタジー、ふとん、夜

もぐって、もぐって、もぐって、もぐって……。

以前、『ハリー・ポッター』の本や映画が大人気だったころ、幼年でも読めるファンタジーはないかとたずねられたことがあった。

ファンタジーとは何か。ファンタジーでは、ふつうの世界とふしぎな世界が切り分けられ、ふつうから、ふしぎへ移り渡るときには、何らかの手つづきが踏まれる。『ハリー・ポッター』のシリーズなら、「9と3／4番線」からホグワーツ魔法学校にむかうというふうに。ふつうとふしぎを区別する意識がなく、ふつうとふしぎが混在する昔話の世界などとはちがって、ファンタジーは、近代的な文学なのだ。

こう考えると、幼年の子どもたちに手渡せる絵本や物語にも、ファンタジー作品があることに気づく。『ふとん山トンネル』も、その一つだ。

ケンちゃんは、ふとんにもぐるのが大好きだ。もぐってもぐって、トンネルができる。これが、ふとん山トンネル。ケンちゃんがトンネルの入口から、となりの部屋を見ていると、とうさんが「こら、ケンジ、もう　ねなさい。」とふすまを閉めてしまう。つまんないなあ。ケンちゃんはふとんの中で向きをかえて、反対のほうにトンネルを掘る。トンネルが別の世界への通路になるのだが、もぐってもぐっていくと、さあ、どこに出るだろう。

あっとおどろく結末が楽しい。結末を明らかにするわけにはいかないけれど、作者ならではとだけ記しておこう。那須正幹は、『ぼくらは海へ』などの小説的な作品でも、『ズッコケ三人組』シリーズのようなエンターテインメントでも、児童文学の決まり切ったあり方を疑いつづけてきた作家だ。長野ヒデ子の絵も、ケンちゃんの冒険のわくわくを引き立てる。

（宮川健郎）

ホイホイとフムフム たいへんなさんぽ

マージョリー・ワインマン・シャーマット / 文
バーバラ・クーニー / 絵　福本友美子 / 訳
ほるぷ出版　2018(1975) 年　48p

絵本

キーワード：　オポッサム、散歩、友だち、のんびり、道草

こっちの　あしを　だし、つぎに　こっちの　あしを　だして　すすむ。それが　さんぽ

散歩が好きなホイホイと、家で過ごすのが好きなフムフム。ある日、ホイホイは、友だちのフムフムを散歩に誘うが、フムフムは、なかなか外へ出かけようとしない。そんなフムフムに付き合って、ホイホイは、一緒に家で過ごすことにした。お茶を飲んで、しばらくのんびり過ごした2匹は、重い腰を上げて、ついに散歩へと出かける。最初は鼻歌を歌いながら陽気に歩くホイホイに対して、草の上に寝転んで休憩をし、散歩の楽しさがわからずにいたフムフムだった。だが、歩き続けるうちに……。

この散歩には、特別に大きな事件が起こるわけでも、劇的な展開が待っているわけでもない。それでも読んだ後に他人を受け入れる寛容さと心地よい余韻が残る。性格も行動もまるで正反対の2匹が、異なる考え方を相手に押し付けるのではなく、歩き続けることで、お互いの価値観を認めていく。その過程がなんともユーモラスで微笑ましい。自分の世界にこだわりすぎるのではなく、たまには流されてみるのもいいかも知れないな、とふと気づかせてくれる。

著者は、「ぼくはめいたんてい」シリーズ（大日本図書）で人気の児童文学作家で、名探偵と相棒が繰り広げる冒険は世界中で翻訳されている。本書で2匹の考え方が入れ替わる鮮やかな展開に、一つのことを違う視点で見ることの面白さを描いてきた、シャーマットらしさが読み取れる。クーニーのペン画はモノクロなのに、春の柔らかな草地やいい空気の色が見えてくるかのよう。

「これぞ　じんせいだね！」に始まり、「これぞ　じんせいだね！」で終わる彼らの散歩は、友だちの意義や価値観、人生哲学を力まず描いていて、上質なユーモアに包まれている。

（木村なみ恵）

もりのかくれんぼう

末吉暁子 / 作　林明子 / 絵
偕成社　1978年　40p

絵本

キーワード：　秋、隠し絵、かくれんぼ、動物、ファンタジー、森

どうだい、もりのなかまたちと、かくれんぼしないかい。

生け垣のトンネルを抜けるとそこは異世界だった、というファンタジー仕立ての物語絵本。「かくれんぼしたくて　たまらなかったのに」とつまらない気持ちでお兄ちゃんと家に帰るけいこ。途中お兄ちゃんを追って通った生け垣のトンネルの先で、見知らぬ森に迷い込む。金色に煙ったような秋の森。一瞬で不思議な世界へ。そこへ枝や木の葉と同じ色をした妖精のような男の子「もりのかくれんぼう」が現れ、動物たちと一緒にかくれんぼをして遊ぶことになった。最初は、けいこがおに。かくれんぼうや動物たちはどこに隠れたかのな?

ページをめくると、森の木々や草むらの中に動物たちが巧みに隠れている。パッと眺めただけでは、森が見えるだけ。じーっと目を凝らすと、隠れた動物たちが見えてくる。巧みな隠し絵が、子どもたちを絵本に釘付けにして楽しませるだろう。けいこが見つけた動物たちは、次のページでどこに隠れていたか分かるように姿を現わしてくれる。探す楽しさと、読者が正解に満足できる構成は見事。隠れた動物たちが体をのばしたり、まあるくなったりしながら、美しい秋の森と違和感なく一体化している。林明子の絵に、画家の筆力の高さを実感する。もりのかくれんぼうが、「あんたが、このもりにはいってきたときから、おいら、すぐそばに、こっそりかくれていたんだぜ。」と言うくだりがある。えっ、本当に? けいこがはじめて森の入口に立った絵を見返してみると、確かに! 子どもたちを楽しませる絵本には、そうした画家や作家の隠れた挑戦があるのも気が抜けない。

けいこの気持ちを弾むようなセリフで表現し、楽しい遊びの中に、土地の記憶や自然への思いを潜ませた豊かな物語性も本作の魅力である。

(石井光恵)

ラマダンのお月さま

ナイマ・B. ロバート / 文
シーリーン・アドル / 絵　前田君江 / 訳
解放出版社　2017(2009) 年　24p

絵本

キーワード：　イード、家族、月、ムスリム、ラマダン

こんどは　いつ　きてくれる？

一人の少女の目を通して、ラマダン月の始まりの高揚感と、ラマダン月の始まりから終わり、そしてイードまでの日々が、詩のように綴られている絵本。

ラマダンの間、人々は夜明け前に食事を済ませて祈り、日中は寄付をしたり、モスクに行ったりしながら過ごし、日没後に食事をする。満月になると、ラマダン月の中日となる。少女は欠けていく月を見ながら、ラマダン月の終わりが近づくことに寂しさを覚える。新月の日にラマダンが終了し、朝になるとイードの祭が始まる。イードでは、家族や友だちとパーティーをし、翌日からは日常に戻り、次のラマダンを思う。このようにラマダンとは、ムスリムとしての誇りと喜びを実感する、宗教行事であるということが作品から伝わってくる。

この絵本で描かれる、人々の思いやりの姿やおもちゃや食べ物の中に、自分たちにも馴染みのあるものがたくさんあることを、子どもたちは発見し、遠い世界を身近に感じることができる。それによって、文化の違いに気づき、受け入れやすくなるのではないだろうか。

ムスリムの人々が、日常的に使っているであろう布や紙を、コラージュ手法で用いることで、奥行きを感じる絵となっている。そのことで、ムスリムの人々が空腹の辛さを通して、共感や思いやりの心を育んでいる様子を、具体的に想像することができる。絵本の中で銀色の紙で大きく描かれる月は、ラマダン期間、ムスリムの心の中で、いかに大きな存在であるかを象徴するかのようだ。そして、ラマダン月を心待ちにしている人々の静かな喜びが伝わってくる。

著者はムスリム女性のためのライフスタイル雑誌をイギリスで創刊し、絵本やYA向けの著作も多い。

（中村由布）

ロバのシルベスターとまほうの小石

ウィリアム・スタイグ / 作　せたていじ / 訳
評論社　改訂新版 2006（1969）年　35p

絵本

キーワード：　石、家族、変身、魔法、ロバ

ほんとのぼくにもどりたい！

ロバのシルベスターは、かわった色や形の小石を集めるのが好きだった。ある日、シルベスターは、赤く光るきれいな小石を拾う。これは魔法の小石で、手に持って願いごとをすると願いがかなうという。うれしくなったシルベスターは、何を願おうかとあれこれ考えていたら、ライオンに会ってしまう。シルベスターはとっさに「ぼくは岩になりたい」といってしまう。無事にライオンからのがれたが、岩のままだと赤い石を手に取ることが出来ず、声を出すこともできない。両親は一生懸命シルベスターを探すが見つからない。夏が過ぎ、冬になり、春になってもシルベスターは岩のままだ。

5月のある日、両親はピクニックに出かけ、息子のシルベスターの岩の上に弁当を広げた。父さんは、かたわらの赤い石をなんとなく岩の上に置き、母さんは「シルベスターがいてくれたら、どんなにうれしいでしょう」とつぶやく。そのとき、シルベスターが思わず心から願ったとたん、魔法が解けて、みんなすっかり幸せになった。

作者のスタイグはニューヨーク生まれで漫画も得意。この絵本も、ドレスを着たロバの母さんや、シルベスターを探すたくさんの犬の絵など、幼い子でも十分楽しめる。スタイグはこの絵本でアメリカのその年度の最高の絵本に送られるコルデコット賞を受賞した。その受賞スピーチで、子どもの頃「ピノッキオ」の話が好きだったと語っている。いろいろ悪の道に走ったピノッキオがおじいさんの愛情で改心するように、この絵本も両親の愛情にあふれている。スタイグの他の絵本、無人島に流されたネズミの話『アベルの島』（評論社）や猛吹雪に立ち向かう『ゆうかんなアイリーン』（セーラー出版）もぜひ読んでほしい。

（柴村紀代）

わにのスワニー
しまぶくろさんとあそぶの巻

中川ひろたか / 作　あべ弘士 / 絵
復刊ドットコム　2016(2001) 年　32p

絵本

キーワード：　絵日記、かくれんぼ、だるまさんがころんだ、ナンセンス、フクロウ、ワニ

しまぶくろさん　なにしてあそぶ？

隣どうしで住んでいるという、子わにのスワニーとしまぶくろさんことしまふくろうの愉快でとぼけた日々と遊びの話。笑えておかしい話が満載で、スワニーがしまぶくろさんと電話でかくれんぼする話の「スワニー　でんわをする」と、しまぶくろさんがスワニーとお茶をしたくて、スワニーの家に自分で自分を宅配便で届けにくる「しまぶくろさんのおとどけもの」、スワニーとしまぶくろさんが「だるまさんがころんだ」遊びをする「だるまさんがころんだであそぶ」の三編が入っている。わにのスワニーとしまふくろうのしまぶくろ。そこからしてしょうもない駄洒落でくすっと笑ってしまうが、ふたりの毎日はもっとナンセンスな笑いに満ちている。電話でかくれんぼをしようなんて、きっとこのふたりしか思いつかないに違いない。男同士（1匹と1羽）、わにとふくろう、子どもとおじさんといった奇妙な取り合わせで、しかもおかしなことで遊んでばかり。

でも、絵日記を書いてその日を振り返って考えるのは偉い！　絵日記では、子わにのスワニーは「しまぶくろさんは、すごいおじさんだけど、ぼくよりも、こどもなんじゃないかって　おもえるときがある。」「しまぶくろさんは、おもしろすぎる。」などと述懐するし、しまぶくろさんもまた「スワニーとあそぶのは、ひとまかせはにできん。わしが　あそぶ。そういうものも、よのなかにはあるんじゃのお。」と感慨深げ。お互いのほのぼのとした絆が微笑ましい。

バカなことをしているようで、その実ばかばかしいだけではない。生きる上で大切なユーモア、ともに生きる人がいるという「絆」について、また通じ合える遊びの豊かさを語ってくれている本である。

（石井光恵）

ありこのおつかい

いしいももこ / さく　なかがわそうや / え
福音館書店　1968年　40p

絵本

キーワード： 悪態、アリ、おつかい、かんちがい、食物連鎖、道草

ぺろり…のみこんでしまいました。「くるしい！」「ばかあ、ばかあ！」

ちょっぴりシュールで、ありの子ありこのおてんばぶりに大いに笑える話。ある日、ありこはおかあさんにおばあさんのところへとおつかいを言いつかる。赤い帽子をかぶって昔話の赤ずきんみたいに出かけ、あちこち道草ばかり。草と間違えて、カマキリの足を引っ張ったからさあ大変！「なまいきだ！」とカマキリに、ぺろりと飲み込まれてしまう。でも、負けないありこ。「ばかあ、ばかあ！」とカマキリのお腹のなかで大騒ぎ。それを聞きつけた椋鳥のむくすけが、馬鹿とは何だとばかりに勘違い。カマキリを飲みこんで「とんちきめ！」、カマキリを飲み込んだむくすけを山猫のみゅうが飲み込んで「わるものお！」、その山猫を熊のくまきちが飲み込んで……。くまきちを待っていたおかあさんに、「くるしい！」「ばかあ！」「とんちき！」「わるものお！」とお腹の中の声が叫んだので、「わるいこ」と、くまきちはおかあさんにお尻をポンポンたたかれる。すると、山猫、椋鳥、カマキリ、ありこが次々に飛び出し、ありこが「ごめんなさい」と謝って一件落着。

昔話のもつ繰り返し・ユーモア・不思議さを兼ね備えた、無駄がない骨格のしっかりした構成で、子どもたちを物語の世界へ引き込む。次々と飲み込まれてどうなるのだろうと、ドキドキハラハラだが、最後にはくまきちの誕生日をみんなで祝い、ホッと安心する地点へ着地。物語のシンプルな基本パターンとリズムのある文章が、勘違いのおかしさを増幅して笑いを誘う。彼らの悪態が、またおかしくてたまらない。象徴的な事象を記号化して示したデザイン性のある、繊細でかつ大胆な筆さばきと優雅な色彩で描かれた絵。物語と絵のそのギャップも絵本の魅力となっている。

（石井光恵）

エルシー・ピドック ゆめでなわとびをする

エリナー・ファージョン / 作
シャーロット・ヴォーク / 絵　石井桃子 / 訳
岩波書店　2004(1937) 年　44p

絵本

キーワード：おばあさん、得意なこと、なわとび、不思議議、三日月、妖精

アンディ、スパンディ、さとうのキャンディ、アマンド入りあめんぼう！

　エルシー・ピドックは、ケーバン山のふもと、グラインド村に生まれました。3つになると、お父ちゃんのズボンつりを使ってなわとびをしたので、両親も「この子は生まれながらのなわとびじょうず」と認めました。そして、背たけにあったなわとびを作ってもらってからは、1日中なわとびをし、腕を上げていき、ついには、ケーバン山に住む、なわとび上手の妖精たちにも知られることになったのです。

　妖精たちのなわとびの師匠アンディ・スパンディは、エルシーのなわとびの技に驚き、教えられるかぎりのことを教えることにしました。ところが、その後、荘園の領主が代わり、ケーバン山でなわとびができなくなります。

　エリナー・ファージョンの『ヒナギク野のマーティン・ピピン』（岩波書店）という物語の中で、吟遊詩人が少女たちに語るおはなしの一つがこの絵本になりました。あたかも、ストーリーテラーが聞き手の様子を見ながら語っているようで、おはなしの世界へ引き込まれていきます。おどるような線で描かれたヴォーグの絵も、このおはなしにぴったりで、ケーバン山が本当にそこにあるようです。

　ある時、ストーリーテリングを聞く機会があり、幸運にも、このおはなしに出会うことができました。

「アンディ・スパンディ　さとうのキャンディ　アマンド入りあめんぼう！　おまえのおっかさんのつくってくれる　晩ごはんは　パンとバターの　それっきり！」このフレーズは、その人の声とともに、しあわせな思い出として今でも記憶に残っています。

　この絵本をきっかけにして、ファージョンの作品集に出会ってほしいと思います。

（越高一夫）

ひみつのいもうと

アストリッド・リンドグレーン / 文
ハンス・アーノルド / 絵　石井登志子 / 訳
岩波書店　2016(1973)年　28p

絵本

キーワード：きょうだい、寂しさ、自由、スウェーデン、想像上の友だち、ファンタジー、森

あたしには、ふたごのいもうとがいるのです。このことは　ないしょ！

バーブロには、彼女だけにしか見えない双子の妹がいる。イルヴァ・リーという名の妹は庭の隅っこにあるバラの茂みに隠された地下で暮らしており、バーブロのことを「だいすきな　おねえちゃん」と呼んでくれるかけがえのない存在だ。

発達心理学では、イルヴァ・リーのように本人にしか見えない存在を「想像上の友だち」と呼ぶ。バーブロの場合、「おとうさんは　おかあさんがいちばんすきだし、おかあさんは　この春に生まれたおとうとがいちばんすきです。でも、イルヴァ・リーは　あたしだけがすきなんです」と語られているように、母親に見放されているのではないかという強い不安を抱えている。イルヴァ・リーは、バーブロのことだけを愛し、彼女の不安を和らげてくれる存在で、この「想像上の友だち」は、子どもが母親との分離不安などを乗り越えるクッションとして重要な役割を果たしているのである。

興味深いことに、バーブロの空想世界には、「ブキミアナ」にふたりを放り込もうとする「イジワル」たちが棲まう「ブキミガモリ」がある。一方、プードル犬やうさぎの世話ができる居心地の良い家や美味しいお菓子をくれる「ヤサシイ」たちのすむ原っぱ、馬に乗って駆け回る自由もある。バーブロの心の光と陰が見事に描かれているのである。

リンドグレーンは、力持ちで自由奔放な女の子の活躍を描いた『長くつ下のピッピ』（岩波書店）の著者として知られている。外向的なピッピと内向的なバーブロは対極にあるようでいて、孤独を抱えつつも、常識から自由に行動する姿は共通している。だからこそ、リンドグレーンの作品は、ままならない現実を生きざるをえない子ども読者から支持され続けているのだろう。

（目黒　強）

ビロードうさぎ

マージェリィ・ウィリアムズ / 文
ウィリアム・ニコルソン / 絵　いしいももこ / 訳
童話館出版　2002(1922)年　48p

絵本

キーワード:　ウサギ、子ども部屋、ぬいぐるみ、魔法、妖精

でも、それは、まちがいなく、あのうさぎだったのです。

　子どもの頃、大事にしていたお人形やぬいぐるみはなかったかな?

　ぼうやがクリスマスプレゼントにもらったのは、ビロードのうさぎだった。子ども部屋の他のお人形たちは、値段が高かったり、機械仕掛けだったりで得意そうだったので、ビロードのうさぎはいつも部屋のすみで小さくなっていた。でも、そのうち、ぼうやはビロードのうさぎを気に入り、寝るときも外で遊ぶときも、いつも一緒だった。ビロードのうさぎが庭にいると本物のうさぎがやってきて「これは、うさぎなんかじゃないや。」と馬鹿にして行ってしまった。ビロードのうさぎは泣きそうになって「ぼくは、ほんとうのうさぎだよ!」と言ったが、うさぎたちは戻ってこなかった。

　ある日、ぼうやが重い病気になって、ようやく快方に向かったとき、医者はバイキンのついたおもちゃやお人形をみんな燃やしてしまうように命じた。焼かれることが決まって袋に入れられたうさぎの前に子ども部屋の妖精が現れて、うさぎを本物のうさぎにしてくれた。

　ビロードのうさぎには最後まで名前が付いていない。その距離感もこの作品にふさわしく感じる。みっともなくなればなるほど、おもちゃは本当のものに変わるという。古典的な物語だが、幼年期独特のぬいぐるみとの結びつきの深さが、物語の不思議に表現され、読者に響く。

　妖精の魔法で本物のうさぎになってから、ビロードのうさぎはぼうやと出会う。直接に言葉を交わさなくても、ふたりの出会いに読者はほっとするだろう。物言わぬものたちの気持ちを細やかに綴ったお話を、存分に味わいたい。

　『かしこいビル』(ペンギン社)などで知られるニコルソンの絵は、少ない枚数ながら強く印象に残る。

(柴村紀代)

まんげつの夜、どかんねこのあしがいっぽん

杧木祥／作　片岡まみこ／絵
小学館　2016年　32p

絵本

キーワード：　歌、寂しさ、集会、友だち、ネコ、満月

どかんねこになったのも、そう悪いことじゃなかったな。

ひとりで山のねぐらに暮らしていたノネコは毎日、料理を作ってはお客を待っていた。でも誰も来ないので、いつも自分ひとりで料理を食べていたが、食べても食べても満腹にはならないような気がしていた。そしていつの間にか狸のようになってしまった。淋しくてたまらなくなったノネコは、ある春の日、山を下りてみた。途中、狸の三倍もある犬に出くわしたノネコは、慌てて土管に身体を押し込んだ。犬が去って、さて土管から抜け出そうとしたが、はまって出られない。しっぽの先と前足が片っぽ出るだけ。そこに猫が次々とあらわれたが「やせれば、やがて、ぬける」、「喰わねば、やがて、やせる」と、誰も助けてくれない。

まんげつの夜、猫の集会が開かれると、ノネコのはまっている土管こそがひのき舞台だった。猫たちが「まんげつのよーる！　どかんねこのあしがいっぽん！」と踊り歌えばノネコもだんだん愉快になり、やがてすっぽんと、ぬけた。そうして猫たちが山の上までノネコを訪ねてくるようになり、食べ過ぎることもなくなった。

ノネコが土管にはまり、集会に集まった猫たちに腹を立てたり、「どかんねこのあしがいっぽん♫」と踊る姿に楽しくなったりするやりとりが面白い。集会に集まった猫たちに救われ、狭いところから飛び出したことが、孤独からの解放につながる。その場面の祝祭性に子どもたちも高揚感や開放感を味わうだろう。総ルビや読みやすいレイアウトなど、工夫した本づくりもなされている。

『かはたれ』（福音館書店）、『彼岸花はきつねのかんざし』（学習研究社）、『あひるの手紙』（佼成出版社）などの作品で数々の賞を受賞している著者の絵童話。様々な猫の姿を描いた版画も魅力的で物語を一層、ひき立てている。（近藤君子）

みどりおばさん、ちゃいろおばさん、むらさきおばさん

エルサ・ベスコフ / さく・え　ひしきあきらこ / やく
福音館書店　2001(1918) 年　32p

絵本

キーワード： イヌ、おじさん、おばさん、家族、きょうだい、くじびき、孤児、スウェーデン

世の中にはちゃいろおばさんみたいな、やさしい人もいるんだなあ

小さな町の小さな家に、みどりおばさん、ちゃいろおばさん、むらさきおばさんが住んでいます。ある日、散歩の途中で犬のプリックが行方不明となり、探しているうちに、ちゃいろおばさんはみなしごのペッテルとロッタに出会います。裸足で歩き養母の仕置きに怯える兄妹は、親切にされ、お礼にプリックを救出し、お茶に招かれます。「すきなだけ、めしあがれ」と、生まれて初めていわれたふたりは、おばさんたちの仕事を手伝ってほしいと一緒に暮らし始めました。

1918年出版の本シリーズでは、眼鏡をかけたみどりおばさんは庭仕事、ふっくらしたちゃいろおばさんはお菓子作り、ストールを巻くお洒落なむらさきおばさんは刺繍と、「衣食住」の勤労の喜びを象徴する3人に、勉強や道徳はあおおじさんに教わりながら、兄妹が慈しまれ安息を得る温かい家庭が描かれます。デビュー作『ちいさなちいさなおばあちゃん』（偕成社）のように、畳句とリフレインが言葉のエンジンとなり、聞いて面白く、一人で読んでも難なく読み進められます。また、可愛がられたいという子どもの願いが、最後のペッテルとロッタのシーンに昇華され、子どもに寄り添うとは、家族とは、と発見の尽きぬ作品です。

1874年生まれのベスコフは、本シリーズのモデルとも言われる叔母2人が運営するエレン・ケイの教育方針による小学校、さらに共学校でエレン自身の薫陶を受けます。エレンは『児童の世紀』などで知られる、婦人解放、学校教育に強い影響を与えた人物です。牧師と結婚したベスコフは6人の男の子を育てながら、79歳まで40冊近く出版。アール・ヌーヴォーの影響を受けつつ、写実的で自然豊かな温かみのある画風で、たくさんの作品が読み継がれています。（山脇陽子）

ゆきひらの話

安房直子／作　田中清代／絵
借成社　2012年　48p

キーワード：　おばあさん、記憶、食べ物、鍋、病気、冬、雪、りんご

ええ。ぼくは、おなべのゆきひらです。ちょっと、ここのとだなを、あけてください。

この本に出てくるゆきひら鍋はステンレスや琺瑯のお鍋ではありません。土で出来ているお鍋です。強い火でジャンジャンとお料理をするものではなくて小さな火でコトコトと煮込むのが得意です。おばあさんはゆきひらの存在をすっかり忘れていたのですが、熱を出して寝込んでしまったある日、なんとゆきひらが戸棚の奥の奥から出てきて「おばあさん、どうですか。あったかいおかゆなんか。」と言います。おばあさんは「ああ、りんごのあま煮が、わたしは、ずうっとまえからたべたかった。」と言うと、うとうとと眠ってしまいました。

眠ったおばあさんはとても懐かしく幸せな夢を見ます。それは子どもの頃のおばあさんとお母さんが出て来る夢でした。「ゆきひら」は美味しい味も記憶も全部染み込んだ土鍋だから、おばあさんのところにやってきて、おばあさんが子どもの頃に大好きだったりんごのあま煮をこしらえてくれたのでしょう。おいしい味というのは懐かしい記憶と一緒に残り、伝わっていくものなのでしょうね。

我が家で使っていた土鍋は20年くらい使っていたもので、ふちが欠けた年季の入ったものでした。いつだったか私が「もうそろそろ新しいのを買ったら?」と言うと、母はびっくりした顔をして「なんで!?このお鍋やから美味しいのができるのに。今まで食べた美味しい味がぜ～んぶ染み込んでるんやに」と言ったのです。

安房直子さんのお話は、日常のすぐ隣にある不思議を見せてくれます。小さな男の子みたいなゆきひらの表情や「ゆきひら　ゆきひら　ゆきのなか」という歌声が連れてくるいい夢が、柔らかな鉛筆のタッチで描かれ、透明感のある安房さんの言葉にぴったりです。

（鈴木 潤）

Column 5

名作童話の絵本

宮川健郎

宮沢賢治の童話の絵本が、いろいろな版元から数多く出版されている。ミキハウスの『宮沢賢治の絵本』シリーズは、すでに20作品以上も刊行された。ただ、賢治童話の絵本化には、むずかしい問題もふくまれている。

賢治童話をはじめて絵本の世界に引き込んだのは、1956年に創刊された月刊絵本『こどものとも』(福音館書店)の第2号『セロひきのゴーシュ』だ。絵は茂田井武。『こどものとも』は、1953年に刊行がはじまった『岩波の子どもの本』とともに、物語絵本(1冊の絵本で一つの物語を語る形式)を日本に定着させていく。

『こどものとも』以前は、挿絵のある賢治童話集が刊行されていた。小穴隆一の挿絵による羽田書店版『風の又三郎』(1939年)などである。

『こどものとも』版『セロひきのゴーシュ』の編集をした松居直は、茂田井武から原画をうけとったときのことを、こう語った。──「これがもう、本当に息が止まるような作品でした。(中略)絵から音が聞こえてくるのです。」(『松居直自伝』ミネルヴァ書房、2012年)この『セロひきのゴーシュ』が茂田井武の遺作になった。

松居は、「宮沢賢治には申訳ないけど、絵本の分量に収めなければならないので、文章を佐藤義美さんにダイジェストしていただきました。」という。『こどものとも』版には、宮沢賢治・原作、佐藤義美・案と記されている。佐藤義美は、「いぬのおまわりさん」などの童謡詩人だ。

『セロひきのゴーシュ』冒頭の第六交響曲の練習の場面について、原作と『こどものとも』版をくらべてみる。

「トランペットは一生けん命歌っています。

ヴァイオリンも二いろ風のように鳴っています。

クラリネットもボーボーとそれに手伝っています。

ゴーシュも口をりんと結んで眼を皿のようにして楽譜を見つめながらもう一心に弾いています。」

これが宮沢賢治の原作である（引用は宮川健郎編『名作童話　宮沢賢治20選』春陽堂書店、２００８年による）。

佐藤義美によるダイジェスト、再話は、こうだ。

「とらんぺっとは、ぷーぱ　ぷーぱ　ぷぱ、くらりねっとは、ぼーぼー、ばいおりんは、ぎーご　きーこ。

ゴーシュは、セロを、ごうごう、ごうごう、いっしょうけんめいに　ひいて　いました。」

賢治童話には、オノマトペ（擬声語・擬態語）があふれている。オノマトペは、現実の模写ではなく、一種の「見立て」ではないか。賢治の「どんぐりと山猫」の一節「まわりの山は、みんなたったいまできたばかりのようにうるうるもりあがって」ならば、山のようすをことばで写したのではなく、山は「うるうる」盛り上がるものと見立てられたと考えたい。つまり、オノマトペが、あるいは、ことばが、新しい現実を創り出すのだ。

「セロ弾きのゴーシュ」には、案外オノマトペが少ない。音楽の話なのにどうしてだろう。佐藤義美は、オノマトペをおぎなっているが、読んでいて音楽が聞こえてくるのは、再話ではなくて、原作のほうだと思う。佐藤のオノマトペは、楽器の音を思い浮かべた模写に終わっている

「絵本の分量に収めなければならないので」――松居直はそう述べるが、佐藤義美の再話の採用は、賢治童話の「絵本化」の試みだった。松居は、『セロひきのゴーシュ』を絵が語り、ことばは手助けという「絵本」にしようとしたのだ。

ところがそれから10年後、１９６６年に福音館書店から刊行された単行本『セロひきのゴーシュ』は、茂田井武の絵はそのままだが、本文は賢治の原作に差し替えられた。ことばで新しい現実を創り出すという点で、再話より原作がすぐれているけれど、『こどものとも』が「絵本」だったのに対して、単行本は、大きな挿絵のある「絵童話」になった。

現在、各社から刊行されている賢治童話の絵本の本文は、みな原作そのままだ。だから、画家たちは、それを「絵本」にできるかどうかで格闘している。視覚的、聴覚的なイメージの豊かな賢治童話が「絵本化」へとかり立てるのだろう。そして、賢治の魅力は、子どもたちを読み物の読書へと引っぱり込むにちがいない。

あまんきみこや安房直子の童話の絵本、椋鳩十やリンドグレーンの作品の絵本もある。これらも、読み物への橋渡しになるのではないか。

（付記）宮川健郎「賢治童話の「絵本化」をはばむもの」（『絵本ＢＯＯＫ　ＥＮＤ』２０１３）と内容が重複することをおことわりします。

思い出すままに

―「よんで、よんで」の時間―

あまん きみこ

幼かった娘や息子に「よんで、よんで」と言われ、繰り返し読んだ絵本や本が「本の小部屋」の片隅に、今もひっそり並んでいます。色は褪せ、染みだらけで、小さい娘や息子が描いたいたずら描きも、そのままです。

この前、やってきた娘が、これを見つけて、少しあきれたように少しうれしそうに言いました。

「まだ、この本、残してるの？」

『まりーちゃんとひつじ』『じてんしゃにのるひとまねこざる』『ぞうさんババール』『ねずみとおうさま』。他に『くまのプーさん』『ホビットの冒険』など、母子で楽しんだ世界でした。

子どもの本は、自分で読む喜びがもちろんありますが、読んでもらううれしさは、また格別です。

二十年ほど前、昭和の初期の絵本「桃太郎」「一寸法師」「猿蟹合戦」「かぐや姫」「かちかち山」「舌切雀」「浦島太郎」「花咲爺」の復刻版がでました。それを手にして懐かしく体の温まる思いで「かぐや姫」を読んでいた時のこと、絵本を読む若い母の声が後ろから聞こえてきて、はっとしました。

「おじいさんは、いそいで家にもどって、おばあさんにいいました。

『わたしが朝となく夜となくみている、竹のなかにいた子どもだ。きっと神さまからのおくりものだよ。』

おばあさんも、かわいい女の子をみて、にっこりしていいました。『そうですとも。子どもがいないわたしたちですもの。』……」*

ゆったりと読む声。その時、わたしは、母の膝に腰かけて「かぐや姫」の絵を見ながら聞いていました。絵本を読む母の温かな息が、わたしの片方の耳にかかります。本を開いているわたしの小さい手に、母の白い手が重なって見えました。
（いつも膝に腰かけていた。それで後ろから声が聞こえるのね）
なんと六十年も過ぎてから、幼い日の喜びがわたしの中に感覚として、ありありと甦ったのでした。

「あまんきみこ童話集」ポプラ社

一人っ子のわたしは体が弱く病気ばかりしていたので、母や叔母たちに本をよく読んでもらいました。さぞ「よんで、よんで」と言ったことでしょう。作者もタイトルも覚えていず、内容だけの世界ですが、賢治や未明やアンデルセンの作品があったと大人になって気づきました。

また、小学校の先生にも本を読んでいただきました。低学年の時は短編、六年生になって『子供の四季』『路傍の石』『真実一路』などの長編を少しずつ分けて読まれました。

T先生はいつも読む本を私たちと反対側の小脇に隠すように抱えて教室に入ってこられました。目ざとい子が気づいて「本よ」とささやくと、ささやき声は教室中に広がり、私たちは、そわそわしだします。「起立」「礼」が終わると、みな、こらえられない笑顔になって声をあわせました。

「よんで、よんで、よんで……」先生は笑顔でどうしようかというふりをされ、やがて隠していた本を教卓に置いて開かれると、私たちは「うわあっ」と喜びの声をあげながら授業に備えて出していたものを机の中にもどし、しいんと静まって姿勢をただし、先生のほうを向きました。読む声を待つ、その瞬間、高い空を吹いている風の音さえ聞こえた気がします。

ふり返ると「よんで、よんで」の思い出は、どれも陽だまりの中にいたような至福の時間、うれしいプレゼントでした。こうした喜びはささやかでも消えるものではなく、心の底に深く沈んでいるように思われてなりません。

（児童文学作家）

＊『かぐや姫』（新・講談社の絵本）織田観潮／画 千葉幹夫／文・構成 講談社 2001年

4章

知りたい気持ちを応援する

ノンフィクションの本

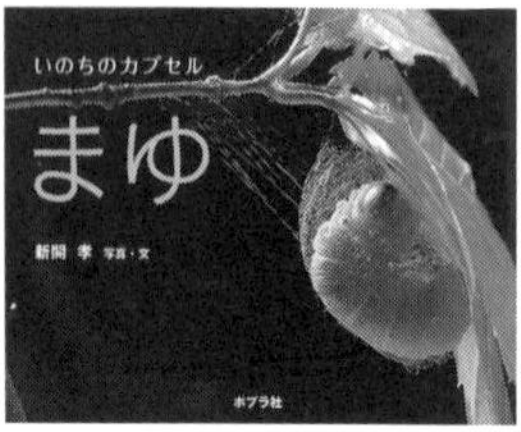

いのちのカプセル まゆ

新開孝 / 写真・文
ポプラ社　2008年　35p

絵本

キーワード：　いのち、ガ、写真絵本、生態、変身

パッカン！ かたい まゆの てんじょうが ひらいたよ。

表紙は、まゆをつくっている幼虫の大きな写真。葉っぱの裏にいる緑色の幼虫のまわりには細い糸がめぐらされ、最初のひと重が体をうすく覆っている。虫が苦手という子どもも、一瞬その美しさに目を見張る。表紙を開くと、見返しに一面にちらばるまゆ。不思議な形や、まあるいだ円、きれいな緑、黄緑、黄色、うす茶色。虫が出てきたのだとわかる穴がある。

ヤママユガ、ウスタビガ、イラガなどのまゆが紹介され、ページによってコマ送りの写真を使うことでそれぞれの幼虫のまゆづくりを伝える。写真には「まゆは、さなぎを　やさしく　つつんで　まもってくれる　いのちの　カプセル」といった、幼い子がその年齢できちんと理解できることばが選ばれているため、集団で楽しむことも、ひとりでページをめくってゆっくり楽しむこともできる。

絵本の中で、まゆの中にいても鳥に食べられたり、ほかの虫に寄生されたりして、いくつもの命が消えていくこともわかる。そのなかで、とうとう、まゆから成虫の蛾が姿を現し、はねを広げて飛び立ち、卵を産み命をつないでいく。

昆虫写真家である新開孝氏には、子どもたちに身近なセミやバッタの誕生をとらえた、大判の写真絵本『うまれたよ！セミ』（岩崎書店）など、たくさんの作品がある。近年は虫こぶや食べ跡やフンなどにも目を向けて、様々な切り口で生き生きしたいのちの姿を見せてくれる。

大人の中に虫は気持ちが悪いもの、排除するものという傾向が強くなり、虫が嫌いと口に出す子どもも多い。だからこそ出会ってほしい絵本。昆虫の造形のみごとさ、色合いの多様さ、存在の不思議さ。大人も子どもも一緒に、自然ってすごいと感じられるだろう。（東谷めぐみ）

いろいろいっぱい
ちきゅうのさまざまないきもの

ニコラ・デイビス / 文　エミリー・サットン / 絵
越智典子 / 訳
ゴブリン書房　2017(2017) 年　33p

絵本

キーワード：　植物、食物連鎖、絶滅、地球、動物、微生物

すべての　いきものが　ふくざつに　からみあって、ひとつの　おおきくて　うつくしいもようを　おりあげて　いるようだ。

「ちきゅうには　なんしゅるいの　いきものが　いるとおもう?」という問いで始まるこの絵本。本当に地球には、何種類の生き物がいるのだろう。象にはアフリカゾウとアジアゾウの2種類がいる。その辺はすぐに分かるけれど、きのこには今のところ10万種類が見つかっていて、微生物はスプーン一杯の土に5000種類もいるらしい。人間は、今までに200万種類の生き物を見つけたという。200万種類、凄い数だが、それもほんの一部で、まだまだ何百万種類もの知らない生き物がいるらしい。毎年、新しく数千種類の生き物が見つかっているのだという。

　実は、地球の生き物は種類が多すぎて数えきれないのだそうだ。それらすべての生き物が複雑に絡み合って、つまりみんな繋がってひとつの大きくて美しい模様を織り上げているのが、私たちの住む地球だという。壮大な生命の宝庫が地球であることを、この絵本はじっくりと感じさせてくれる。

　それは、幼い子どもたちにもよくわかることだ。なぜなら、エミリー・サットンの絵が、文章に従って、一つひとつの生き物を素朴な筆致で丁寧に分かりやすく、生き生きと描き出してくれるからだ。生き物の多様性とそれらが同一画面上におさまって調和する姿を、美しい色と構図で見せてくれる。人間の愚かな行為が、生態系を損なうことへの警告も忘れてはいない。この絵本の他に、ニコラ・デイビスとエミリー・サットンの絵本には、目に見えない小さな生き物の大きな仕事を描いた『ちいさな　ちいさなーめにみえない　びせいぶつのせかいー』がある。いずれも、自然への驚きとともに、じっくりと生命の神秘に向かい合うことのできる秀逸な科学絵本である。

（石井光恵）

うまれたよ！ダンゴムシ

皆越ようせい／写真　小杉みのり／構成・文
岩崎書店　2011年　32p

絵本

キーワード：　いのち、写真絵本、生態、成長、ダンゴムシ

ちょんと　さわると……　くるん！

都会の日常生活では自然に触れる機会が減り、わけもなく虫を嫌がる子どもたちでも、ダンゴムシはまだ身近にいる。公園や道路の落ち葉や石をひっくり返して見つけ、ちょんと触るとくるんと丸くなる、おなじみのダンゴムシを大きな写真で紹介する。

おなかに黄色いたまごを抱えたダンゴムシのお母さんは丸くならない。やがてたまごから孵化してダンゴムシの赤ちゃんがお母さんのおなかのまくから出てくる。赤ちゃんはおとなと同じかたちをしているが、色は薄い黄色。おとなと同じようにからを脱ぐ（脱皮）。脱皮の様子も面白い。おしりがわの半分を脱いで、次にあたまがわの半分。

2回の脱皮が終わるとおとなと同じ14本の足を持つ。ごまつぶほどの大きさだった赤ちゃんは、枯れ葉をもりもり食べて1ヶ月たつと米つぶぐらいになる。そのあと何回もからを脱いで1年後には一人前のダンゴムシになる。最後の見開き2ページいっぱいにこちらを見つめるダンゴムシの写真は大迫力。

接写で大写しされたダンゴムシの生態は遠目が効き、読み聞かせにも良い。説明の言葉も短く、低学年の子どもにもわかりやすい。巻末の「ダンゴムシをしろう」のページには、ダンゴムシの成長や分類、土壌の分解者としての働きなど、生物学的な説明があり参考になる。土壌生物の写真を多く撮っている著者ならではの素晴らしい写真の数々。子どもたちもダンゴムシがますます好きになるだろう。

この「よみきかせ　いきものしゃしんえほん」シリーズは、モンシロチョウやザリガニなど、学校でも観察することの多い身近な生き物を取り上げている。いずれも誕生からおとなになるまでの成長の姿を紹介し、人気がある。

（福田晴代）

おかしなゆき
ふしぎなこおり

片平孝／写真・文
ポプラ社　2012年　36p

絵本

キーワード：　結晶、氷、写真絵本、冬、水、雪

つめたい　くうきが、みずを　いろいろな　かたちに　つくりかえる。

車にのったぺちゃんこのパンケーキ、小さな小屋にかぶさった重たそうな帽子、氷のシャンデリア、山の斜面に現れるアイスモンスターの行進。どれも、雪や氷が作りだした、ふしぎな景色だ。

本書は、「ふしぎいっぱい写真絵本」シリーズの1冊で、積もった雪や氷に焦点をあてて撮影されている。写真からは、その時の気温、風の吹き方、斜面をコロコロと雪が転がるスピード、ポタポタとたれる水や波しぶきが氷になっていく瞬間、水面にふる雪の音のない世界などが、見えてくるようだ。それぞれの写真には、比喩を用いた短い文章が添えられていて、低学年でも雪や氷ができる自然現象を理解しやすい。

雪がたくさん降る地域や、高い山に行かないと見られない景色が多いが、葉っぱについた霜や、地面の霜柱など、寒い季節に身近にみられるものもある。雪が降りそうな日や、降り始めた頃、また冬休みの前などに、ぜひ読んであげてほしい。雪を見たことのない子どもたちは、雪に憧れを抱くだろうし、雪が降る地方に住む子どもたちは、地面の上、木の上、水の上、建物の上に、おかしな雪の形を探してみたくなるだろう。

巻末には、水が固体・液体・気体に変わること、雪と氷のふしぎな形は、水や水蒸気が固体になった時に見られるすがたなのだということが説明してある。また、雪が生まれる理由や、雪の結晶についてもわかりやすく説明しているので、本文とあわせて紹介したい。

著者は写真家で、雪と氷の世界などをテーマにした本として、『雪の一生』（あかね書房）、『雪と氷の大研究』（PHP研究所）などが出版されている。また、塩や砂漠をテーマにした写真を掲載した著作も多い。

（大澤倫子）

かき氷 天然氷をつくる

細島雅代 / 写真　伊地知英信 / 文
岩崎書店　2015年　36p

絵本

キーワード：　かき氷、氷、写真絵本、長瀞、氷室(ひむろ)、冬

水のおいしさが、氷に閉じこめられるのだという。

かき氷は夏の代表的なおやつだ。表紙を見て、思わず「おいしそう！」とつぶやきたくなる。けれどもおいしいのは、かけた蜜《みつ》だけではない。今では珍しくなった天然氷《てんねんぴょう》を使ったかき氷だ。この天然氷を作っている埼玉県長瀞の製氷業・阿左美冷蔵の仕事を紹介している。

秩父の山あいの日かげのところを見つけて池を作ったのは阿左美冷蔵のおじいさん。宝登山《ほどさん》からの伏流水をパイプで池に引き入れ、秋の深まるころ表面から少しずつ氷ができていく。毎日、何回も池にふる落ち葉をていねいに掃除し、厚さを測る。氷が厚くなってくると、コンクリートの池が氷の膨張でこわれないように池の周囲2辺のふちの氷を割る。雨や雪で氷がとけると、氷は柔らかく白くなるので使えないため捨てて、初めからやりなおしになる。年の暮れ、氷の厚さが10センチメートルを越えると、天候を予測しながら採氷（切り出し）だ。近所の人たちにも手伝ってもらって、回転のこぎりで70×50センチメートルの大きさの直方体に切り出し、池から引き上げてトラックで氷室に運ぶ。1個は50キログラム近くもある。池と氷室を何回も往復して一日に運び出す氷は30トン。こうした作業に使う昔ながらの道具も紹介していて興味深い。2月初旬までに3回の切り出しをして、氷室がいっぱいになると池の水を抜く。

自然の寒さ、豊かさと人間の手作業でつくる天然氷の透明なこと。それを見つめる阿左美さんのご両親の笑顔。１００年以上も続く伝統の天然氷がいつまでも食べられるようにと願う。まっ白なかき氷にかける色とりどりの蜜も、ほうじ茶やきな粉、みかんやぶどうジュースとこれも自然のもの。読み終えると子どもたちの目がいっそう輝く。

（福田晴代）

かわ

加古里子／作・画
福音館書店　1966(1962) 年　27p

絵本

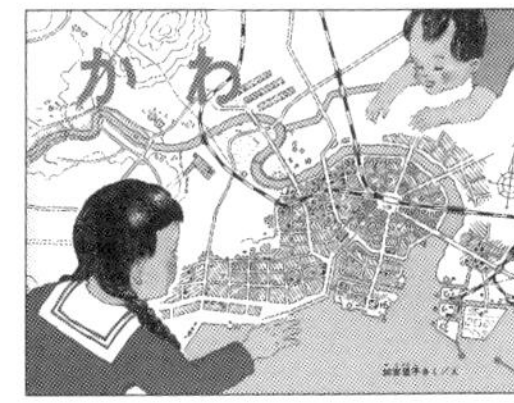

キーワード：　田舎と都会、川、暮らし、地図、地理、水

うみ！
かわは　とうとう　うみへ　ながれでました。

「子どもたちが、自分の経験から思い浮かべる川のイメージは、川のほんの一部分でしかなく、川上から川下までの流れを考えることは、むずかしいようです。」といい、『かわ』を「川の伝記」と呼んだ人がいる（山辺昭代『かわ』『日本の絵本100選』）

　それなら、最初の場面「たかい　やまに　つもった　ゆきが　とけて　ながれます。やまに　ふった　あめも　ながれます。みんな　あつまってきて、ちいさい　ながれを　つくります。」は、川の誕生だ。第二場面では、谷川となって山をくだり、第三場面では、いったんダムにせき止められる。やがて、川は、山から平野に出る。ゆるやかになった流れは、人里に近づき、田んぼをうるおす。川のまわりには、人々のさまざまな暮らしや仕事がある。山から切り出された材木は森林軌道で運ばれ（第三場面）、貯木場でいかだに組まれて流され（第五場面）、川の流れによって仕事もつながっていく。

　『かわ』は、科学絵本の代表的な作者の2冊めだが、はじめ、月刊絵本『こどものとも』の1冊として刊行された。その後の『かがくのとも』創刊（1969年）の告知には、「五才ころになると原因から結果を考える、結果から原因を推理するというような科学的な思考が芽生えてきます。この時期からしっかりした科学の本を与えはじめることが必要だと私たちは考えています。」とあった。『かわ』は、雪がとけて↓流れになるというふうに、原因と結果を重ねることによって、川のはじまりから海に出るまでを描く。裏表紙から表紙につづく地図によって、絵本のなかを流れていた川と、その周辺を俯瞰できるのも、おもしろい。この絵本をもとにして、『絵巻じたて　ひろがるえほん　かわ』も刊行された。

（宮川健郎）

きゅうきゅうばこ
新版けがのてあてのおべんきょう

やまだまこと / ぶん　やぎゅうげんいちろう / え
福音館書店　2017年　28p

絵本

キーワード：　応急処置、救急箱、けが、手当て

あっ!! けがしちゃった どうすれば いいのかな？

すり傷・切り傷、やけどや鼻血など、日常的によく起こるちょっとした子どものけが。その応急手当てについて、子ども自身が絵を見ながら学べるようになっているのが本書である。旧版が出たのは1989年。この30年でけが・傷の処置の方法もずいぶん変わったが、最新の考えに基づいてリニューアルされているのが特徴だ。

クローズアップされている一つが〈うるおい療法〉と呼ばれるもの。けがに際しての3原則に、昔とは正反対の〈消毒しない〉〈ガーゼを当てない〉〈乾かさない〉が掲げられている。いわく、傷口の汚れや雑菌は水道水で洗えば十分であり（消毒液は皮膚を傷つける）、ガーゼを当てない状態の方が自然治癒を促進させ（ガーゼは新しい皮膚をはぎ取る）、乾かさずジュクジュクした湿った状態が、治癒に必要な細胞を増大させる。傷口を乾かさないために用いるのがハイドロコロイド被覆材。市販の救急絆創膏のなかで、〈ハイドロコロイド〉と書かれているものを選べばよいと言う。

こうした事例がわかりやすい図で説明されている。大きな判型に親しみやすいシンプルな絵。解説もコンパクトだが要を得てまとめられている。傷の応急処置の正しい方法を子どもたちに知らせるのに最適の1冊といえよう。

他にも、蜂に刺された、猫にひっかかれた、耳に虫が入った、トゲやたんこぶなど、さまざまなケースの応急処置が紹介されている。いずれも、子どもたちによく起こる身近なけがばかり。応急処置について学ぶとともに、子どもが自分のからだに目を向けるきっかけとしたい。

大人も子どもとともに確認し、正しい方法を学ぶことができる。

（遠藤 純）

しずくのぼうけん

マリア・テルリコフスカ / さく
ボフダン・ブテンコ / え　内田莉莎子 / やく
福音館書店　1969(1965) 年　24p

絵本

キーワード：　雨、自然、旅、冒険、ポーランド、水

わたしは　ダイナマイトかも　しれないわ
ばくはしたのよ　いわを　こなごなに　したのよ!

ある日、ひとしずくの水がバケツから飛び出して、冒険の旅に出た。すぐにほこりだらけになってしまったので、きれいにしてもらおうとせんたくやさんへ。ところが、ドライクリーニングだから無理、と断られてしまう。確かにしずくはいつも濡れているから、乾いてしまったら大変だ。それからしずくは、次々と災難に出会う。水に落ちておぼれそうになり、お日さまに照りつけられて空に昇ったかと思ったら、今度は雨になって地面に逆戻り。岩の割れ目に落ちた後は、寒さで凍りついてしまった！　でも、しずくの旅はまだまだ続く。

水から水蒸気、雨、氷としずくはどんどん姿を変えて冒険の旅を続けていく。ときには、氷のかけらとなってバンとはぜ、力強く地面を割る、まるでダイナマイトのように。そんなしずくの冒険を、子どもはドキドキハラハラしながら、読み進めるだろう。手足を持った、ちょっととぼけた顔のしずくの姿、手書き風の文字が、冒険の旅の様子を楽しく、テンポよく伝えてくれる。「しずく」を擬人化してユーモラスに描き、日常生活の中にある「水」が温度や、自然のさまざまな条件により、気体、液体、個体に姿を変えて存在していることを、子どもに分かりやすく教えてくれる。1969年に翻訳出版されて以来、ずっと読み継がれてきたロングセラーの科学絵本だ。

幼い子どもが「自然って面白い、楽しい」と気づき、身の回りにある当たり前のものに目を向けて、その不思議を探す、そんなきっかけにもなるだろう。

絵本はポーランド人の作家と画家による。ボフダン・ブテンコの絵本はポーランドでは数多く出版されているが、現在日本語で入手できるのは『しずくのぼうけん』の1冊のみである。

(汐崎順子)

しょうたとなっとう

星川ひろ子、星川治雄 / 写真・文
小泉武夫 / 原案・監修
ポプラ社　2003年　36p

絵本

キーワード：　おじいさん、写真絵本、大豆、納豆、農業、変身

なっとうはよ、おおむかしっからある まほうの　たべものだかんな

ホカホカの炊きたてご飯の上に納豆がのっている表紙の写真を見て、納豆好きなら「おいしそう！」となるところだが、しょうたは納豆がだいきらい。「てについた　なっとうが　かおや　かみのけにひろがり、からだじゅうが　ネバネバになって　きもちわるいのなんの…。」

そんなしょうたをおじいちゃんは畑にさそう。しょうたが青大豆をまいて何日かすると芽が出てきて、少しずつ大きくなり、花が咲いてやがて枝豆ができた。秋になると大豆は葉を落としてさやだけに。中から丸く太った青大豆を取り出してむしろに広げておひさまにあてて、乾燥させてとっておく。それはみそやしょうゆ、とうふに変身するけれどそれだけじゃない。

大きなおかまでゆでた大豆をイネのわらづとに入れ、もみがらの山にうめて2日後。わらづとをあけると、そこにあったのは納豆！「この納豆ひとつぶにはよ、地球に住んでる人間とおんなじぐらいたくさんの納豆菌がいるんさ」とおじいちゃん。ドキドキしながらおもいきって納豆を口に入れたしょうたは「うまい！　ぼく、納豆がこんなにうまいってしらなかったよ」とにっこりする。

最近は健康食として見直されているが、納豆が苦手な子は案外多い。しょうたを納豆好きにさせたのは、おじいちゃんの農業への情熱と孫への愛情だ。おじいちゃんの優しい笑顔がそれをよく表している。大豆の種まきから成長、収穫、そして納豆作りの過程を丁寧に描いており、大地に根ざす農業も含めた日本の文化を伝える1冊。著者のそうした大きな眼差しは『となりのしげちゃん』（小学館）、『みえないってどんなこと？』（岩崎書店）などハンディキャップのある人へも向けられている。

（福田晴代）

なんでもあらう

鎌田歩／作
福音館書店　2014年　32p

絵本

キーワード：　洗う、安全・整備、電車、道路、飛行機

町の中って、よくみると、いろんなものをあらってるんだね

　汚れたスニーカーに汚れた自転車。おかあさんやおとうさんに、そろそろ洗おうかと声をかけられたけんちゃんだったが、早く遊びに行きたいので「ぼく、きにしないからいいよ」と出かけてしまう。途中、大きなモップにバケツを抱えたおじさんと出会い、「きたないままだとあぶないぞ」と諭され、きれいにしてもらった。洗うのは「安全のため」と教えられたけんちゃん。おじさんについてさまざまなものを洗う場所に連れて行ってもらう。

　まずは道路。水をまく散水車、ごみを吸い込むスイーパー、ごみを運ぶダンプトラックが一組となって作業し、機械ができない箇所は人の出番。すっかりきれいになった道路を見て、道が汚れていると人も車もまっすぐ進めなくて危ないということをけんちゃんは知る。道路の次は電車だ。電車を洗う専用の線路に来たけんちゃんも少しお手伝い。作業を終えたふたりが駅に戻ると、通路をみがく人、ビルの壁を洗う人などがいる。私たちの日常は、いろんなものをきれいにしてくれる人がいて成り立っているのだ。

　最後にやってきたのは夜の飛行場。そう、巨大な飛行機の洗浄だ。1機洗うためには、家で使うひと月分くらいの水が必要という。汚れたままでは故障が見つからず、整備ができないことを聞かされ、けんちゃんもまたお手伝い。洗い終わったころには夜が明けていた。

　何かを「洗う」ということの意味を、日常さほど意識することはない。しかし、本書は道路やビル、電車や飛行機など、私たちが身近に利用しているものを「洗う」仕事が、日々の安全・安心な暮らしを支えていることを教えてくれる。従事する人たちの思いや誇り、さらに洗うという営みの本質的な意味を考えさせるところも大切だ。

（遠藤 純）

みえるとかみえないとか

ヨシタケシンスケ / さく　伊藤亜紗 / そうだん
アリス館　2018年　32p

絵本

キーワード：　宇宙人、感じ方、視覚、障がい、違い

いままで　いろんなほしに
いろんな「あたりまえ」が　あったなあ……

宇宙飛行士のぼくが、いろんな星に調査に行くところからお話が始まる。今回、到着した星は、3つの目を持つ宇宙人がいる星で、前も後ろもいっぺんに見えるらしい。ぼくは2つの目しか持っていないので、「不便だね」「かわいそうだから、背中の話はしないであげようね」と気を使われ、ヘンな気持ちになる。そこで、2つの目でしか見られない宇宙人と意気投合したり、全く見えない宇宙人と話をしたりして、「見える」とか「見えない」ことって何だろう？ 「見える」ことでできることもあれば、「見えない」ことでできることもあるんだなと、考えていく。

本作は、伊藤亜紗著『目の見えない人は世界をどう見ているのか』（光文社）を、ヨシタケシンスケが絵本という器に落とし込んだものだ。光文社版では、目の見えない人へのインタビュー、目の見えない人とともに絵画作品を鑑賞するワークショップなどを著者が体験しながら、身体論として「見える」とはどういうことかを考察している。絵本では、目の見えない人の空間認識の仕方など、光文社版で書かれていることが絵で表現され、より具体的でわかりやすくなっている。

「あたりまえ」に思っていることが、それぞれの人によって違う、ということの例として、「見えない」ということを取り上げているのが絵本版の特徴だろう。「障害」を機能の「違い」のひとつとして、乗り物の違いで表現しているところなど、子どもの肌感覚に訴えかける秀逸な説明だ。〈ぼく〉が、いろんな宇宙人や人と対話し、自分の思いを素直な言葉にしているのもいい。困ったり、怖かったり、緊張したりしてもいいから、自分と違った人とも関わってみよう、と思えることが、バリアフリーってことなんだなと、実感できる。

（ほそえさちよ）

もぐらはすごい

アヤ井アキコ / 作　川田伸一郎 / 監修
アリス館　2018年　36p

絵本

キーワード：　自然、地面の下、生態、モグラ

もしきみが もぐらと おなじくらい ちからもち だったら、こんなことが できるかも？

もぐらの生態について取り上げた科学絵本。だれもが知っている動物ながら、その生態やくらしについては謎が多いもぐらについて、居場所や巣穴、からだや感覚、食べものやその探し方、天敵や巣を作るまでの様子など、現状知り得る情報をわかりやすい絵で解説している。

まず紹介されているのが居場所。森や林、畑や田だけでなく、公園や学校の中庭などの地面の下にも住んでいるという。ふだんあまり目にしないだけで、もぐらは私たちのごく身近な場所に生息・共存しているのだ。食べ物は、みみず、こおろぎ、けら、蛾のさなぎなどの虫。暗闇でもエサを探し当てる能力に秀でており、毛やしっぽ、耳や目などのからだや器官はすべて、地下に住み、穴を掘り続ける生活に適したものになっている。

その代表的なものが「アイマー器官」。鼻先にある小さなつぶつぶのことで、微かにふれただけでそれが何かわかるだけでなく、地面の揺れや微かな空気の動きまで感知するという。

こうしたものを含めて、科学的な絵本にありがちな実写・写真の掲載が一切なく、すべてが絵で描かれているのが本書の特徴だ。本来見えないはずの土の中や断面図などを敢えて絵で表現することで、幼年向けの科学絵本としてたいへん見やすく、わかりやすい紙面を作っている。

作者のアヤ井アキコは動植物の生態に関心をもち、描き続けている画家で、本書が初の自作絵本。監修を務めるのはもぐら博士と言われる川田伸一郎。日本だけで合計8種の固有種がいると言われているが、その生態に迫った意欲作だ。本来難しい内容でも、工夫された絵や文章を通して子ども読者が十分楽しめるものとなっている。

（遠藤 純）

夜空をみあげよう

松村由利子 / 文　ジョン・シェリー / 絵
渡部潤一 / 監修
福音館書店　2016年　32p

絵本

キーワード： 田舎と都会、家族、国際宇宙ステーション、星座、夏、 夜空

ふうん……。宇宙って、ふしぎだね

夜空を眺めた時に見える、あの星は何だろう。夕暮れ時に、いちばん星を見つけたはるかは、その日から夜空を見あげるようになる。毎晩、空を見ているうちに、月の見えない夜は、星がよく見えること、星にも色があること、なかなか消えない流れ星が、実は国際宇宙ステーションだったこと等を知っていく。本書は、はるかが星や空に興味を持ち、夏休みに家族でペルセウス座流星群を見にキャンプへ行くという、物語仕立てになっていて、絵本のページをめくりながら、星や宇宙の不思議を、一緒に体験することができる。

星座の探し方や月の満ち欠けの仕組み、都会の空で星を眺めるコツも丁寧に解説されており、子ども達の「知りたい」という気持ちを上手に引き出してくれる。夜空への興味を持つきっかけになる1冊である。

ベランダでの星空観察に始まり、マンションの屋上、山の上にあるキャンプ場と、夜空を観察する場所が徐々に家から遠くなっていくことで、宇宙の広がりが感じられる仕掛けになっている。時間によって変化する空の様子や都会から自然への風景の対比も、細部まで描き込まれていて、一つひとつの絵をじっくり眺めてみるのも楽しい。身近な装備で手軽に星を観察できることや色々な場面での夜空の楽しみ方も教えてくれるので、実際、この本を持って夜空観察に出かけるのもいいかも知れない。どんな場所でもそれぞれにあった観察方法がある、ということを提示してくれる本書は、何よりも星や宇宙を楽しむ醍醐味を教えてくれる。

著者は『風の島へようこそ』（福音館書店）、『チャールズ・ダーウィン、世界をめぐる』（廣済堂あかつき）など科学絵本の翻訳も手がけている。

（木村なみ恵）

アイちゃんのいる教室

高倉正樹／文・写真
偕成社　2013年　48p

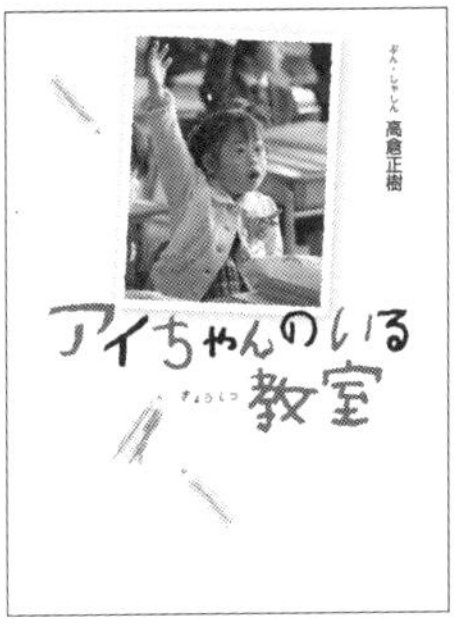

キーワード：　1年生、学校、障がい、ダウン症、友だち、2年生

先生、あしたもがんばっていいですか。

女の子が前を一心に見て、右手を高々とあげている写真が印象的な表紙――この子が主人公のアイちゃん。1年1組のアイちゃんは背の順で並ぶといちばん前で体は小さいが、いつも元気いっぱいのがんばりやさんだ。本書はこんなアイちゃんとクラスメートの子どもたちとの日常を丁寧に追った記録――読売新聞宮城県版に連載された記事をもとにまとめたものである。

アイちゃんはダウン症である。でも、特別そのことには触れずに、淡々と子どもたちの学校生活を綴っていく。担任の先生もことさらアイちゃんの障がいについて説明はしなかったそうだ。理屈ではなく一緒に過ごすことで、体ごと理解していく。得意なことも苦手なこともある、自分たちと変わらないひとりの女の子として、子どもたちはアイちゃんのことを知っている。どこの学校でも、いや社会のさまざまな場面でこのクラスの日常が当たり前の光景になるといいな、と思う。

店頭で表紙を見せて置いていると、子どものほうが自然と本に手を伸ばすことが多い。同じくらいの年齢の子どもの顔に興味を示すのか？ 何の予備知識もなく手にする様子を見てうれしくなる。

幼い子どもの方が「障がい」に対して偏見がないのかもしれない。柔軟にものごとを受け入れる子どもはすごいなとも思う。世の中にはいろいろな人がいることを年少のうちに体験することは、大切。リアルな体験ができずとも、本書を通してアイちゃんと友だちになってほしい。

本書の姉妹編として、その後のアイちゃんの様子を綴った『アイちゃんのいる教室3年1組』『アイちゃんのいる教室6年1組にじ色クラス』がある。あわせて手にしてほしい。

（菅原幸子）

森からのてがみ ①②③

ニコライ・スラトコフ／文　松谷さやか／訳　あべ弘士／絵
福音館書店　2000、2002（1987、1988）年
45p、53p、54p

キーワード：　自然、生態、動物、得意なこと、森、ロシア

森にはいろいろな生きものがくらしていて、それぞれがじぶんのとくいなしごとをしています。

「子リスが大きくなって、どんなしごとをするのかきめるときがきました。森では、はたらかないと生きてはいけません。さあ、どんなしごとがいちばんいいでしょうか？」

「子リスのしごと」では、こんな風にお話が始まる。子リスはいろんな動物に何の仕事をしているのか聞いてみる。キツツキは病気の木を治すお医者さん、アナグマはトンネル掘り、ウタツグミは壁ぬり屋、クモははたおり、イノシシは地面をたがやすお百姓……。どれも子リスにはできそうにないけれど、「何でもできる」というビーバーの話を聞いたとき、とうとう子リスは自分の仕事を見つけたのだ。さあ、それは何だったと思う？

「スラトコフおじさんのどうぶつ記」と副題のついたこの3冊シリーズには、動物を主人公とした9編の物語が入っている。20世紀前半に活躍し、ロシアのシートンとも言われるビアンキに教えを受けたという著者は、森の動物たちを丁寧に観察し、彼らが一生懸命に生きる様子を、まるで人間のように語っている。しかし、動物たちが厳しい自然の掟の中で生きていることを忘れない。

幼児から低学年くらいの子どもたちにゆっくりと読んであげるなかで、「かわいい動物」ではなくて、ともにこの地球に生きる仲間として動物を見ている著者の視線を、子どもたちにも感じてもらえるかもしれない。各ページを彩る、あべ弘士のカラーの挿絵が、真剣に生きる動物たちをあたたかく描く。

『北の森の十二か月』『北から南へ』（共に福音館書店）などの自然誌、動物誌へとつなぐ本として、本シリーズや『ことりのゆうびんやさん』（福音館書店）などを紹介したい。

（飯田寿美）

お姫さまのアリの巣たんけん

秋山あゆ子 / 作
福音館書店　2007(1997)年　40p

絵本

キーワード：　アリ、お姫様、地面の下、生態、仙人、探検、変身、虫

なんだね、アリのことが知りたいのかね。それなら教えてやらんこともないが

虫が好きなお姫さまは、毎日、裏庭で友だちと一緒に虫の観察をしている。今日みんなで見ているのはアリ。「どうしてアリは行列を作るのか」「アリが出入りする穴の中はどうなっているのか」など知りたいことが次々とでてくる。確かめてみたくなって、アリの巣の入り口を掘り返すと、「自分の部屋を壊された」と仙人を名乗る老人が現れた。老人は怒って部屋を直すように言い、お姫さまたちをアリと同じ大きさに小さくしてしまう。

この本は人間以外の何かになってみたいという願いをかなえてくれる。アリと同じ大きさになったお姫さまたちは、アリの巣の中を探検する。自分たちの疑問を仙人に質問し、答えを教えてもらい、それを自分たちの目で体験して確認していく。コマ割りの絵を使って、親しみやすくかつ、わかりやすく、アリのことが丁寧に紹介され、本を読み終わるころには、アリの基本的な生態が学べるようになっている。

お姫さまが小さくなって冒険する物語は、お話として読んで面白く、またそれぞれに付いている解説を読めば、アリについての知識を深めることもできる。物語が好きな子、科学が好きな子、様々な子どもたちが楽しめる絵本になっている。

「むかしむかしあるところにとても虫がすきなお姫さまがいました。」の冒頭から、平安時代に書かれた『虫愛づる姫君』を思い出す人もいるかもしれない。虫愛づる姫君が自分の意見をはっきりと言い、したいことをするように、この物語の主人公のお姫さまも、平安時代の男の子の衣服を着て、友だちに虫の名をあだ名につけて、元気に外へ出かけていく。お姫さまの行動力は、子どもたちが自分の好きなものを大切にする気持ちを後押ししてくれるだろう。

（赤松 忍）

新おはなし名画シリーズ
若冲のまいごの象

狩野博幸 / 監修、西村和子 / 構成 - 文
博雅堂出版　2011年　32p

絵本

キーワード：　絵、江戸時代、画家、植物、伝記、動物

そして動物も　だいすきな若冲少年が、この象の行進を　見のがす　でしょうか？

伊藤若冲といえば、江戸中期に活躍した「奇想の画家」。虫めがねで見たような細かい筆遣いと風変わりな想像力で、動植物の絵を多数残している。私は大人になってから美術館で出会った。現実にあるものが描かれているのに異世界に引き込まれるようで目が離せなかった。こんな絵と、子どものとき出会ったらどんな気持ちになるだろう？　ふと、そう思ったのは、若冲の絵に、関心あるものをじーっと見続ける子どもの目と、どこかに笑いを含んだ面白さを感じたからだ。

さて、若冲と子どもをどう出会わせるか？　という課題に本気で取り組んだのが本書である。まず大きな牙を突き上げた白象と、大きすぎて一部しか見えない、せびれのある（！）鯨の屏風を見せる。そして、美術館に収められているこの屏風のほかに、行方知れずのまいごの屏風があることを告げる。これが、どうして大事なのだろう？この疑問はそのままにして、若冲の年齢を追いながら絵を紹介していく。

人間の目を超越した細かさで描かれた「群鶏図《ぐんけいず》」、六千個もの升目でできた「白象《はくぞう》群獣図《ぐんじゅうず》」、ひとつひとつの野菜をていねいに描いた「果蔬涅槃図《かそねはんず》」など。その一方で、あるエピソードを通して、若冲が筋金入りの真摯で優しい心の持ち主であったことが語られる。ものの一つひとつに注がれる細やかな視線は、そのあらわれなのだ。「象と鯨の屏風」は、若冲晩年の作だという。となると、まいごになっている屏風のことが気になってくる。見つかれば、若冲の生き方や絵の秘密が、また一つ解かれるかもしれない。

絵と出会うことは、ものの見方やとらえ方、人の生きざまと出会うこと。そんな体験のきっかけが、この本には潜んでいる。

（森下みさ子）

ぼくは発明家
アレクサンダー・グラハム・ベル

メアリー・アン・フレイザー / 作
おびかゆうこ / 訳
廣済堂あかつき　2017(2017) 年　32p

絵本

キーワード：　音、聞く(聴覚)、障がい、伝記、電話、発明、耳

どうして、ぼくの耳には、音が聞こえるんだろう？

本書は「電話の父」として知られている、アレクサンダー・グラハム・ベル（アレック）の伝記絵本である。

１８４７年、スコットランドに生まれたアレックは、父親が視話法という特別な声の出し方を生徒に教えたり、母親の耳があまり聞こえなかったりしたことから、音や声が伝わるということに興味をもっていた。

少年時代には、母親の額に話しかけ、音の震えで声が伝わることを試したり、兄と「おしゃべりマシン」を発明したりと、いろいろなことに挑戦していた。兄弟を結核で亡くした後、両親はカナダへ、アレックはアメリカへ渡り、聴覚障害児に、手話や読唇術、視話法などを教えていた。カナダに住む両親との手紙のやりとりに、時間やお金がかかったことから、もっと楽に連絡をとれる方法を発明しようと考える。アレックは、電気技師のトマス・ワトソンとともに実験をくりかえし、人の声を電流に変えて送信するしくみを考えつく。

文中の所々に囲みがあり、難しい言葉の意味、音が聞こえるしくみや時代背景、発明の品々を写真やイラストで説明していて、内容を理解するのを助けている。また、見返し部分には、アレックの発明した液体送話器から、コードレス電話までが紹介されていて、電話の変遷を知ることができる。

アレックは電話を発明した後も、飛行機やレコード盤など数多くの発明をしたことが巻末に書かれていて、面白いと思うこと、人の役に立つことを追及した人生だったことがうかがえる。あとがきには、ヘレン・ケラーとの親交について書かれた本なども紹介されている。伝記や福祉について学ぶ時に、関連づけて手渡すこともできるだろう。

（大澤倫子）

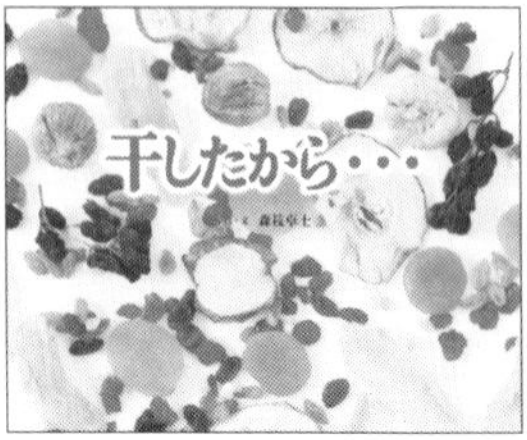

干したから・・・
ふしぎびっくり写真えほん

森枝卓士／写真・文
フレーベル館　2016年　34p

絵本

キーワード：　乾物、写真絵本、多文化、食べ物、保存

でも、どうして干すのだろう？

干した野菜や果物がカラフルに並ぶ表紙、裏表紙には稲、魚、そして「これなぁに！　カエル？」。思わず中を開けたくなって見返しを広げると生の野菜と干した野菜が並んでいる。『干したから…』こんなに姿が変わるのかと興味が広がる。著者は「干したもの」を世界中の市場でもたくさん見つけたと、次々に写真で紹介する。「カエルの干物」はラオスのいなかで見つけたのかぁ！　えっ！　ネズミやコウモリの干物まで？と驚くばかりだ。

そして、「どうして干すの？」、「干したらなにが変わるの？」と問いかけ、渋かった柿が甘くなる渋柿や、干した大根の重さ比べ、水分がぬけることでくさりにくくなるという「干す」ことの不思議について写真で分かりやすく説明している。

家の台所にもたくさんある「干したもの」は電気がなかった頃、食べものがくさらないように「干した」のであり、また一度に取れたり、採れ過ぎた魚や野菜を少しでも長く食べられるように工夫した方法が、「干す」ことだったという目的が写真からわかる。

アフリカのサハラ砂漠や、モンゴルの草原、ベトナムの海辺の市場、そしてまだまだ電気がない、冷蔵庫がない暮らしをしている地域など、世界中の国々の「干したもの」も写真で紹介している。そして人々が太陽の光や、風など自然の恵みを工夫しながら知恵を生かし、人の手で干したから私たちが美味しい煮干しやかつおぶし、米やそうめんを食べられるのだと伝えている。巻末の「やってみよう！」では、干す場所や干すときに気をつけて作る方法を説明している。

世界各地で人と食の関係を長く取材してきた著者は、『食べているのは生きものだ』（福音館書店）などの写真絵本も手がけている。

（近藤君子）

わたしのひかり

モリー・バング／作　さくまゆみこ／訳
評論社　2011(2004)年　34p

絵本

キーワード：　エネルギー、風、石炭、太陽、電気、発電、水

わたしは、金いろの星。ひかりをはなつ太陽という星です。

蒼い闇を明るく照らす、鮮やかな黄色い「ひかり」、が印象的な科学絵本。「わたし」という太陽が、宇宙から光や熱を送り、そのエネルギーが何をなしとげているかを、一人称で語っている。

この本を読むと、太陽が電気の多くを生み出してきたことが理解できる。太陽の熱は水を循環させ雨を降らし、風を起こす。また、太陽の光は、生き物を育て土に戻し石炭に変える。そのようにして太陽から生まれた力や物質を、人間は、水力発電、風力発電、火力発電、ソーラー発電に利用してきた。その大きな流れを、はっきりした色使いと簡略化したイラスト、詩的な文章で表現している。

作者のモリー・バングは、アメリカの絵本作家で、自宅につけたソーラーパネルに興味をもち、太陽電池について調べたことがこの本につながっている。巻末には、太陽という光や熱を生み出す星について、発電の仕組みについて、4ページにわたって詳しく解説している。また、本文には触れられていない雷のエネルギー利用、木材発電、太陽が源になっていない原子力発電、地熱発電についても書かれているが、どの発電方法にも短所と長所があり、エネルギーの消費量を減らすことの重要性が書かれている。

この本が日本で刊行されたのは、東日本大震災直後の2011年で、エネルギーについて関心が高まっていた時期である。これから、エネルギーをどう生み出していくのか考えるきっかけにもなるだろう。理科のエネルギー分野の学習や環境学習の動機づけなど、機会を逃さず手渡したい本である。

姉妹本として植物と太陽の関係を描いた『いきているひかり』、海の生き物と太陽との関係を描いた『海のひかり』がある。

（大澤倫子）

農家になろう 1
乳牛とともに 酪農家 三友盛行

みやこうせい / 写真　農山漁村文化協会 / 編
農山漁村文化協会　2012年　36p

絵本

キーワード：　牛乳、仕事、写真絵本、乳牛、北海道、酪農

まず牛になること。つまりそれが、牛飼いのいちばんの仕事というわけだ。

北海道・中標津町で牧場を営む三友さんは、この道50年のベテランの牛飼い。この三友さんの仕事ぶりを豊富な写真で紹介している。

生きもの相手の仕事だけに365日、休みはない。牛を牛らしく飼うことを基本とする姿勢は、放牧中心の酪農スタイルに表れている。朝は、日の出とともに起き、牛と対話する。牛が気持ちよく過ごせるように気を使う。それは、子牛を生んだ母牛が、子牛を育てるために出す乳をわけてもらうのが酪農だという思いがあるから。「草は土に、土はふん尿に、乳牛は草に、人は乳牛に支えられています。この『循環の環』の中に参加できるのが酪農家です。」という三友さんの言葉の通りだ。酪農は牛の世話だけではない。牛の食べる草を育て、しぼった乳でチーズを作り、畑もする。多岐にわたる仕事は、三友さんの言葉を借りれば「自分で一日をつくるおもしろさ」なのかもしれない。

本書はふだんわたしたちが食べているものがこのような仕事をする人があってこそ、という当然と言えば当然のことを教えてくれる。子どもでもスーパーやコンビニなどのお店で気軽に食べるものを買える時代だからこそ、そもそものカタチを知ることは大切だと思う。また実直な三友さんの姿を通して「働く」ことの大変さだけでなく、楽しみや美しさも感じ取ってくれたらと願う。写真はどれも生き生きと働くさまをとらえており、文章量もほどよく読みやすい。巻末に詳しい解説も付してあるので、酪農の仕事をより深く知ることができる。

一人の農家を取り上げ、その仕事ぶりを丁寧に紹介している「農家になろう」シリーズ。この本が、本当に「農家になりたい」と思う子どものきっかけになれば……と思わずにおれない。

（菅原幸子）

ライオンのこども
サバンナを生きる

ガブリエラ・シュテープラー / 写真・文
たかはしふみこ / 訳
徳間書店　2016(2008)年　47p

絵本

キーワード：アフリカ、子ども、サバンナ、写真絵本、成長、ライオン

こうしてこどもたちは、遊び、力比べをして、自分たちの生きる世界を知っていくのです。

表紙のライオンのふさふさとした毛並み、黒々とした目から、ライオンの息づかいも聞こえてきそうで、手に取ってみたくなる作品である。動物図鑑を愛読書としている子どもたちにおすすめしたい。

著者のガブリエラ・シュテープラーは、野生動物の写真や文章で国際的な賞を数々取っている動物写真家である。ケニアのマサイマラ国立保護区で、10年以上、あるライオンの群れを追い続け、あるがままの姿に近い動物の生態をレポートしている。

『ライオンのこども』では、出産後まもない母ライオンとこどもたちが、スイギュウの大群に取り囲まれるところから始まる。倒れた木の根っこに子どもたちを隠し、いったん、その場を離れた母ライオンが、夜遅くになってやっとこどもたちのところに帰ってくる。写真からは、スイギュウの堂々とした風貌とこどもたちを守る母ライオンの必死な形相がうかがえる。しっかり歩けるようになると母ライオンはこどもたちを連れて群れに戻り、共同で狩りや子育てをしていく。こどもたちは、群れの掟を知り、遊びながら、狩りの仕方を覚えていく。そして成長しておとなの体に近づくと、追いたてられ、攻撃され、群れから去る。

「サバンナを生きる」シリーズは、『ライオンのこども』の他に、キリン、ゾウ、カバ、シマウマ編があり、巻末にその動物の生態がコンパクトにまとめられている。また、どの巻にも、雨季と乾季が繰り返す豊かで過酷なサバンナという地で、生まれたばかりのこどもが群れの中で成長していく過程が書かれている。

自分で読むなら小学校中学年以上が対象だが、写真を見ながら大人に読んでもらえば、低学年でも楽しめるだろう。

（矢田純子）

カモのきょうだい クリとゴマ

なかがわちひろ / 著
アリス館　2011年　144p

キーワード：　いのち、家族、カルガモ、飼育、自然、生態、成長

カモはカモとくらす。人間は人間とくらす。

2羽のカルガモと、生き物好きの作者一家のひと夏を描いたノンフィクション作品。６月のある日、作者の家に突然やってきた6つのカルガモの卵。大雨で巣が流され、お母さんガモがいなくなった田んぼから、息子のゲンが助け出してきたのだ。このまま放っておくわけにはいかない。ひよこ電球で卵を温め、温度と湿度に気をつけながら、ときどき卵をひっくり返す。約3週間後、カルガモのひなが卵の殻をやぶって出てきた！　この時、人は手を出して助けてはいけない。ひなは自分一人の力でこの大仕事を乗り越えなくてはないのだ。無事に生まれて成長したのは2羽の雄。見た目はそっくりだけれどそれぞれ個性がある。お兄ちゃんのクリはあまえんぼう、弟のゴマはくいしんぼう。好奇心いっぱいの2羽と暮らす毎日に、次々と思いがけない事件が起きる。

最初は「世界で一番かわいい生き物は、カルガモのひな」と思ったが、とんでもない。やんちゃで、きかんぼう、そしてフンはとってもくさい！　それでも家族と2羽の間には確かな信頼関係と暖かな愛情がある。しかし、野鳥を飼い続けることはできない。夏休みも終わる日曜日、お別れの時がやってきた。

画家で児童文学作家、翻訳家でもある著者が、ノンフィクション作品を書いた理由を後書きに書いている。「クリとゴマがみせてくれた、さまざまな不思議、そして命のきらめきは、たくさんの読者、とくに子どもたちにしらせたいと思うほど、まぶしくて魅力的なものでした」と。沢山の写真と、作者自身のイラストが、カルガモの兄弟の成長を生き生きと伝える。命の大切さ、愛おしさ、自然の中で暮らすことの意味、人と動物とのふれあいのあり方を教えてくれる。（汐﨑順子）

ファーブル先生の昆虫教室

奥本大三郎 / 文　やましたこうへい / 絵
ポプラ社　2016年　175p

キーワード：　自然、生態、虫

思いこみはいけないんだね。自分の目でよく確かめないと。

文章と絵で構成された見開きが1節分という、読みやすくわかりやすい本。昆虫が苦手な人も親しみを持てる絵で実験の様子がわかりやすい。またマンガのような吹き出しがあり、ファーブル先生のつぶやき等も楽しめる。

今より100年以上も前にフランスの昆虫学者ファーブルが、約30年の月日をかけて出版した『昆虫記』全10巻が本書の原作だ。ファーブルは当時では珍しく生きた昆虫を研究し、科学的な実験や観察の記録を自身の私生活の様子や私情を含んだ思い出と共に綴った。その自然理解の姿勢は現代でも支持されている。

本書は、『昆虫記』全10巻の完訳を手がけた奥本大三郎が作者だ。奥本は、ファーブルの著述に、観察者の心の動きが描写されているなど「文学と科学の幸福な調和」があることを評価しており、本書にもその精神は引き継がれている。

奥本は、ファーブルを現代に甦らせ語らせることで、彼の考えを子どもたちに伝えようとしている。「さて、ここで私からきみたちに問題。」「じゃあね、こう考えてみよう。」「私は最初こう考えたんだ。」といったセリフで、観察と仮説、実験と考察により、昆虫の生活の真実を明らかにしていく過程を丁寧に伝えている。

また、本書の中のファーブル先生は、日本でもなじみ深い昆虫の話や、ヨーロッパと日本の昆虫の違いなども語っている。「日本とフランスのクワガタ」や「日本のセミの鳴き声」などの節は原書にはない本書独自のものである。

ファーブルが実際に過ごした部屋や見ていた風景などの写真ページもあり、昆虫の秘密だけでなく、特異な存在のファーブルについて興味を持つこともできる。続編も出版されており、『昆虫記』へとつなぐきっかけにもしたい。（中川理恵子）

Column 6

幼年文学を読み始めたら絵本は卒業？

土居安子

そんなことはありません。絵本は、大人まで楽しむことのできるメディアです。

絵本は絵とことばの調和によって物語が紡がれ、ページをめくることによってストーリーが展開します。一方、幼年文学は、挿絵はあっても基本は文によって物語が展開します。とはいえ、その境界ははっきりと区切られているわけではありません。絵本の中にも文字なし絵本のように絵が中心の作品から、文が中心の作品まであり、幼年文学にも「おさる」シリーズ（いとうひろし作　講談社）のように絵が文と分かちがたい関係で描かれている作品もあれば、あまんきみこや神沢利子の作品のように、文章だけで物語がイメージできる作品もあります。

絵本でストーリーの楽しさを知る

文字を読むのに抵抗がある、文字だけの本や分厚い本を読みたくないと思っている子どもにとって、文字が読めるからといっていきなり幼年文学を手渡しても拒否感がつのるばかりです。

そんな時には絵本から始めることをお勧めします。多くの絵本は16ページか32ページで構成されており、1冊を読み切る達成感を得られます。同時に絵を読む楽しさがあり、絵が文の理解を助けます。

ことば遊び絵本やモノづくしの絵本などを読みながら、少しずつストーリー性のある絵本に移行し、ストーリーの楽しさが理解できたら、今度は文章量の多い絵本に挑戦します。そうして、長い文章が読める自信がつけば、幼年文学が充分読める力がついています。

絵本ならではのおもしろさ

とはいえ、冒頭で書いたように、絵本は文学とは異なるメディアであり、絵

赤ちゃんから大人向けまで幅広い年齢対象の作品が出版されています。

絵とことばのギャップが大きければ、それを埋める想像力が必要で、読者に抽象的思考を促します。たとえば、『かようびのよる』は、夜の町をたくさんのカエルが空を飛ぶという不思議な絵に、分単位まで書かれた時間を刻むことばが合わさることによって、「あり得ないけれども本当にあったかもしれないできごと」ということを読者に読み取らせます。

『かようびのよる』デヴィッド・ウィーズナー / 作・絵
当麻ゆか / 訳　徳間書店

絵本では、恋愛や死などのテーマを描くことも可能であり、それらはヤングアダルト絵本と呼ばれて年長者に楽しまれています。このように読み物と同様に、絵本についても、テーマや表現方法によって読者対象が異なります。

絵本で科学の楽しさを知る

また、絵本のジャンルの一つとして、自然・社会科学や伝記の絵本があります。小学校低学年ぐらいの子どもの中には、物語よりもさまざまな科学的事象に深い興味を持つ子どもがいますが、写真や図を使った絵本は彼らの知的欲求を満足させることができます。文章が難しくても、写真や絵が魅力的であれば、まずは、ビジュアルだけで楽しみ、大人に読んでもらい、だんだん自分で読めるようになるというように、幅広い年齢で楽しむことができます。

また、このような絵本の中には、『お姫さまのアリの巣たんけん』（121ページ）のようにストーリー仕立てになっている本もあります。物語好きな子どもにも、虫好きな子どもにも満足できる要素があり、異なるジャンルを楽しむきっかけにもなります。

最近は、伝記絵本も増えています。伝記文学を読むのは難しくても、伝記絵本によって世界のさまざまな人物の成し遂げたことを知ることができます。そして、もっとその人物について知りたいと思えば、読み物に移行することができます。

以上のように、絵本は、幼年文学を支える役割も果たせば、独自の面白さも持っているということが言えます。興味を広げるもの、様々な表現を体験するものとして、文学と並行して楽しみ続けて欲しいと思います。

巻末にたっぷりお話を楽しめる絵本のリストを掲載しています。ぜひ、参考にしてください。

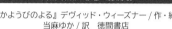

5章

語り継がれ、読み継がれてきたお話の力

昔話、神話、落語などの本

イードのおくりもの

ファウズィア・ギラニ・ウィリアムズ / 文
プロイティ・ロイ / 絵　前田君江 / 訳
光村教育図書　2017(2007) 年　24p

絵本

キーワード：　イスラーム文化、イード、家族、トルコ、プレゼント

ゆび4ほんぶんは、みじかくしないとね

イードとは、ラマダン月（イスラーム暦第9月）が明ける祝いの祭のこと。この絵本はトルコ民話をもとに書かれ、インドで出版された。

靴屋のイスマトは、イードの前日、仕事を終えると買い物にでかける。おかみさんにはスカーフつきの上着であるハムザ、母親にはショールのようなドゥパッタ、娘のマフジャビンには腕輪、そして自分のためには、ズボンを買う。ところが買ったズボンは、イスマトには「指4本分」丈が長すぎた。そこでイスマトは、おかみさん、母親、娘それぞれにプレゼントを渡しながら、ズボンの裾を詰めることを頼むが、みんなからイードの準備で忙しいと断られる。やむなく自分で裾直しをするのだが、イスマトが出かけた後、おかみさんはズボンの裾を指4本分切り落とし、丈を詰める。そのあと、母親と娘もやってきて……。

本書は、多くの色を使いながらも色調や絵はシンプルで、時代に左右されない楽しさがある。物語には、日本ではなじみのない民族衣装や料理の名前が出てくるが、それぞれのページにそれらを表す絵や解説があり、どのようなものか想像できるよう工夫されている。

小学生に読み聞かせすると、裾直しを断られる度に、聞いている子どもの表情はさみしそうに沈んでいく。だが、家族がやってきて、裾上げしていく場面では、切られる長さがリアルにイメージできる分、面白がる子と心配そうにする子とに分かれる。そして、最後のモスクに向かう後姿を見ると、一様にほっとする。

なじみの少ないイスラームの文化を描いている絵本だが、相手に良かれと思って行動する、自分も体験し得る家族とのやり取りに、親近感を覚える子どもたちも多いのではないだろうか。（中村由布）

きつねのホイティ

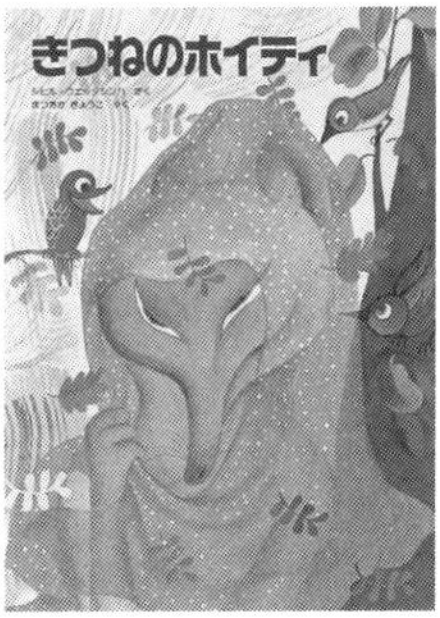

シビル・ウェッタシンハ / 作　まつおかきょうこ / 訳　絵本
福音館書店　1994年　44p

キーワード：キツネ、失敗、スリランカ、知恵、伝統的な暮らし、花嫁衣裳、変身

ホイティ　トイティ　このおれさまは　なンと まあ　あたまがいいんだろ

スリランカはインドの近くの島で、赤道直下の暑い国だ。これはスリランカ生まれの作者が、スリランカを舞台に描いた楽しい絵本だ。

その国の小さい村にアンゴウ、マンゴウ、ウンゴウという名前の元気なおかみさんたちが住んでいた。森にはお腹を空かせた、くいしんぼうきつねのホイティがいる。ある日、ホイティはせんたくものを盗んで女の人に化けて、おいしいごはんを村にもらいに行った。ホイティはすっかりおかみさんたちをだましたとおもって、得意になった。ところが、おかみさんたちはだまされたふりをして、今度はものほしざおに美しい花嫁衣装のサリーをかけておいた。そうとは知らず、そのサリーを身につけてやってきたホイティを、おかみさんたちはさんざんからかって追い出した。ホイティは逃げながらぬごうとするが、サリーが体にまとわりついてすぐにはぬげない。あっちこっちの木の枝にひっかかりながらほうほうの体で逃げっていった。

表紙には薄くきれいなピンクのサリーをまとった目つきの鋭いホイティが描かれている。でも、おかみさんたちはホイティよりももっと頭がよくてたくましい。ホイティをだましてやったと大笑いする三人の横では、ネコまで楽しげに踊っている。見返しには白黒のイラストで、スリランカの女の人たちの生活の様子が、興味深く描かれている。穀物を臼でつぶして、ひいて、かまどで炊いて……と、都会では考えられない作業が楽しそうに描かれている。

同じ作者の『かさどろぼう』（徳間書店）も、おじさんの様子がユーモラス。どちらの絵本もリズミカルな文章が絵にあっていて楽しい。伸びやかに描かれる植物や村の暮らしが興味深い。　（柴村紀代）

ごちそうの木
タンザニアのむかしばなし

ジョン・キラカ / 作　さくまゆみこ / 訳
西村書店　2017(2009) 年　30p

絵本

キーワード：　木、木の実、タンザニア、ティンガティンガ・アート、動物、名前、ノウサギ、日照り

ソトゥングル・メンゲニエ

日照りでお腹をすかせた動物たちは、高い木から熟した実をとろうとするが、どうしても実は落ちない。そこで動物たちはかしこいカメに聞きに行く。ゾウ、サイなど、使者としてカメの元を訪れた動物は、「木の名前を唱えればいい」と教えてもらうが、みな帰り道で木の名前を忘れてしまう。最後に一番小さいノウサギが聞きに行き、覚えた名前を唱えると、実は雨のように降ってきて、動物たちはごちそうにありつく。

　幼いころより昔話を聞いて育ったというジョン・キラカは、タンザニアの昔話を収集し、ティンガティンガ・アートを発展させた手法で絵本を創作した。洋服を着た動物たちの自由でカラフルな絵は楽しい。ティンガティンガ・アートは背景から順に描いて乾かし、色を重ねていく独特の手法で、タンザニアの自然や動物、人々の暮らしが多く描かれる。

「ものの名忘れ」の話は日本でも「だんごどっこいしょ」などがあり、聞き手を楽しませてきた。アフリカにも多くの類話があり、南アフリカの絵本として、『ふしぎなボジャビのき　アフリカのむかしばなし』（光村教育図書）が同じ訳者で出版されている。

　『ごちそうの木』では、一番小さなノウサギが、大きな動物にできなかったことを成し遂げる。小さいものの力でごちそうにありつける結末は、子ども読者の共感をよぶだろう。また、木の名前は「ン」から始まり、日本人にはなじみのうすい面白い発音だ。この呪文のようなリズミカルな言葉、我が家では小学校1年生の子どもが最初に覚えて披露し、姉や父母、祖母にまで広がって3世代の合言葉になった。あなたも木の「びっくりするほどすばらしい」名前、唱えてみませんか。

（林　美千代）

さるのひとりごと

松谷みよ子 / 文　司修 / 絵
童心社　2000年　32p

絵本

キーワード：　出雲、海、カニ、孤独、サル、独り言

海は　ええなあ　かぜは　ぶうぶう　ふくなり
なみは　どんどと　うつなり

「むかしが　あったげな」と語り始められる、出雲の昔話の再話である。

1ぴきのさるが山から海へ行ってみようと思って出かける。海について松にのぼるといい気持ちだ。

さるは木の上でひとりごとを言う。「海はええなあ……」するとどこかで小さな声が「うん」と返事をするのだ。声をたどっていったさるは小さなかにを見つけ、「なんでかってにへんじした」と言ってかにをたたきつぶしてしまう。もう一度「海はええなあ……」と言ったさるは「しんとしとる」ことに気づき、何度かひとりごとを言ううちに「さるはきゅうにさびしゅうなっ」て、つぶしたかにをまるめてだんごにして、ちゃんと座らせた。すると、そのだんごが「海はええなあ」に再び返事をするのだ。さるは喜んで何度も言うた。

絵本の見開きのページが見事である。右側に線描きで、さるの様子が示され、左側のページには絵の具で広がりのある風景が描かれている。どのページも同じ構成で、読者はその二つのタッチの違う絵を同時に見ながら、さるの目の前に広がる世界を味わうことができる。

子どもたちとこの本を読んだとき、「かにがかわいそう」という感想と「さるがかわいそう」という感想が出るという。昔から伝わってきた話だが、類話がなく、孤独を感じやすい現代人、現代の子どもの心に響くところがある。読んだ後、かにをつぶしたさるの思い、だんごになっても返事をした、かにの思いを想像し、一言二言感想を言ったり、黙って考えてみたくなる余韻のある絵本である。

著者は『ちいさいモモちゃん』（講談社）などの創作や、民話の採録、再話などを通して、子どもたちに豊かな物語を手渡してきた。民話を基にした長編童話に『龍の子太郎』（講談社）がある。（成田信子）

ジェイミー・オルークとおばけイモ
アイルランドのむかしばなし

トミー・デ・パオラ / 再話・絵　福本友美子 / 訳
光村教育図書　2007(1992) 年　32p

絵本

キーワード：　アイルランド、じゃがいも、怠け者、妖精

けっきょくおれは、それほどおおばかものでもなかったってわけさ

この昔話は、アイルランド人のおじいちゃんがアメリカで生まれ育った作者に語り伝えたお話である。

ジェイミー・オルークは、アイルランドいちのなまけもの。なんだかんだと言っては仕事をせず、おかみさんのアイリーンがずっと畑仕事をしてきた。ところがある日、とうとうアイリーンが腰をひねって寝込んでしまった。仕方なく教会の神父さんに相談にいったジェイミーは、途中で伝説の妖精レプラコーンに遭遇する。ジェイミーは、レプラコーンに会ったらつかまえて、自由にしてやるかわりに、金貨のつぼのありかを聞くという言い伝え通りにする。

しかし、レプラコーンもなかなか賢く、金貨の代わりに世界一大きなジャガイモができる種だけ渡してあわてて逃げる。ジェイミーがこの種をまくと、巨大なジャガイモができ、村の道をふさぎ、村の人はジャガイモばかり食べるはめになる。その上、ジェイミーが取っておいた芽でまた、おばけイモを作ろうとするので、村人は慌てて、芽を植えなければ、ジェイミーにごちそうを届け続ける約束をする。なまけものが偶然を幸運に変え、のんきに強くしたたかに生きていく昔話らしいお話である。

絵本でありながら、テキストはたっぷりあるので、読み物へと移行する時期に勧めたい。パオラの明るく温かくユーモラスな絵は、お話に書かれた出来事を丁寧に追っていて読者の理解を助けている。

続編に『ジェイミー・オルークとなぞのプーカ』があり、こちらもジェイミーののんきさが楽しめる。他に、不思議なお鍋が印象的な『まほうつかいのノナばあさん』（ほるぷ出版）や、作者のおじいちゃんとの思い出を描いた『トム』（光村教育図書）などがある。

（武田育子）

ふしぎな銀の木
スリランカの昔話

シビル・ウェッタシンハ / 再話・絵
松岡享子・市川雅子 / 訳
福音館書店　2017(1991)年　56p

絵本

キーワード：王様、王子、木、きょうだい、結婚、スリランカ、旅、勇気、夢

むすこたちよ、どうか広い世界へ旅にでて、あの木をさがしだしてきてほしい。

神秘的に微笑む銀の乙女の表紙を開くと、スリランカのむかしむかしのお話が始まる。

ふしぎな夢をみた王さまは、むすこたちを集める。夢に出てきた銀の花が咲き、銀の実がみのる、世にも美しい銀の木を持ち帰った者をつぎの王にするというのだ。3人兄弟に試練が与えられ、末っ子が成果を持ちかえる形は、昔話でよくみられるものだが、この兄弟には、どのような冒険が待っているだろうか。

1番目の王子はバナナに「たべて…たべて!」と言われるままに食べて頭に角がはえ、2番目の王子は池の水に「のんで…のんで!」と言われるままに飲んでカエルになる。一方、末の王子は隠者から助言とアイテムを得て、父のために恐ろしい試練に立ち向かう。知恵をもとめるかしこさ、試練に挑む勇気、自ら考え行動する姿は、まさに主人公《ヒーロー》だ。洞窟では愛した乙女を手にかけねばならない。だが、その後すぐに再生するという奇跡には、ダイナミックな自然の生命力を感じる。最後は弟を陥れた二人の兄もゆるされ、人々は歌い踊り喜びを分かち合う。

ドラマチックなお話は、絵にも支えられている。登場人物ののびやかな表情、はねて踊りだしそうな動植物、一転しての静謐な絵。子どもたちは、初めて聞く「隠者」という単語に首をかしげつつ、挿絵を見て納得すると同じポーズをとり、兄王子たちの変身した姿に笑い声をあげる。絵本としてはテキストが長いのだが、物語と絵が一体となって、読者をふしぎな世界へと引き込んでいく。

著者には『きつねのホイティ』(徳間書店)など、スリランカの昔話を元にした絵本も多い。幼少期を綴ったエッセイ『わたしの中の子ども』(福音館書店)も年長者から大人におすすめだ。

(渡邊紀美子)

まのいいりょうし

小沢正 / 文　飯野和好 / 画
教育画劇　1996年　28p

絵本

キーワード：　秋、獲物、幸運、鉄砲、下手、猟師

ほんとに　まったく、なんて　まが　いいんだろ

日本にはたくさんの民話が昔から語り継がれてきている。「むかし、むかし、あるところに……」と始まる中には、昔の人々の知恵や教訓が含まれている話もあるが、『まのいいりょうし』は、そういう意味では、教訓性の少ない楽しい民話だ。

お話の主人公は、「どんべえさん」という、鉄砲の撃つのが下手で一度も獲物に当たったことが無いという、猟師としては致命的な短所を持つ人物である。しかし彼には、そんな短所をものともしない強みがある。彼はとても「まのいい」りょうしなのだ。鳥を撃とうとしてイノシシを生け捕りし、綱にしようとふじつるを引っ張ると、大量の栗を拾うことになる。

鉄砲を撃つのが下手でも獲物は次々と手に入り、危ない場面も、彼にかかれば、へっちゃらだ。そして、最終的には、長者どんのむすめと結婚するのである。全ては「まのいい」彼の成せる業だ。

「まのいい」どんべえさんのお話は、民話の特徴でもある、テンポの良いフレーズを繰り返しながら、進んでいく。同様に幸運を重ねていく話に「わらしべ長者」があるが、大人が読むと「そんな都合のいい話があるものか」と思うことだろう。また、正直者だとか、心優しいという設定も特にないが、目の前の出来事を淡々と受け入れて歩いていく主人公に、「ああ、こんなこともあるんだな」と、子どもと一緒に笑いながら、読み進められる。

文章は『目をさませトラゴロウ』（理論社）を手がけ、シュールな物語を得意とする小沢正、絵は『妖怪図鑑』（童心社）で人気の飯野和好である。民話『まのいいりょうし』には他にも再話絵本が存在するが、このペアによる、コミカルな文章と迫力のある絵は、子どもたちをたちまち虜にし、作品世界へと誘ってくれることだろう。

（黒川麻実）

カンガルーには、なぜふくろがあるのか
アボリジナルのものがたり

ジェームズ・ヴァンス・マーシャル／再話
フランシス・ファイアブレイス／絵　百々佑利子／訳　絵本
岩波書店　2011(2008)年　61p

キーワード： アボリジナル・アート、ウォンバット、オーストラリア、カモノハシ、カンガルー、神話、世界の成り立ち

世界がつくられ、生きものたちが地上にあらわれたときのものがたり

世界の多様性に触れることができる1冊である。オーストラリア大陸に最初に定住した人間は「アボリジナル」と呼ばれている。本書は、アボリジナルの人々の中のヨータ・ヨータ部族が語り継いできた神話や伝説10編を英語に翻訳して、書きおこした物語絵本である。

最初に紹介されるのは、「虹ヘビ」と呼ばれる大きなヘビの創世神話。オーストラリアの大地の下で眠っていた虹ヘビは、あるとき乾燥した大地にうんざりして雨を降らせる。雨は長く降り続いて、やがて池や泉となり、これをきっかけに自然や動物が地上で生きるようになる。

原書のタイトルは*Stories from the Billabong*である。乾いた大地にできた水のたまり場をアボリジナルの人々は「ビラボン(billabong)」と呼ぶ。「虹ヘビ」の神話の他にも、カンガルーが有袋動物になった経緯や、アボリジナルは空腹でもカモノハシだけは食べない理由など、ビラボン発祥の物語が、幼い子どもたちにも楽しめるように、納得しやすい言葉で語られている。

10編のお話はどれから読んでもよい。いずれにも、深みある色彩で描かれた不思議な形象の絵が添えられている。ヨータ・ヨータ部族出身の芸術家、ファイアブレイスが岩絵の具を用いて描いたものだ。特に、ドット・ペイントと呼ばれる点描技法による絵は、生命力に満ちている。巻末には絵を読み解くヒントも掲載されている。アボリジナルは文字を持たず、語りや絵で情報を伝えあってきた。そのため、絵には様々な意味が隠されている。

本書を通じて、子どもたちは自然や動物を敬って生きてきたアボリジナルの人々の、人間中心ではない考え方と出会うだろう。

（今田由香）

白い池 黒い池
イランのおはなし

リタ・ジャハーン＝フォルーズ / 文
ヴァリ・ミンツィ / 絵　もたいなつう / 訳
光村教育図書　2015(2010) 年　47p

絵本

キーワード： イラン、おばあさん、毛糸玉、素直、頼みごと、変身、継母

人は、思ったことを素直にいうとは限らない。

このお話は、日本から遠く離れたイランが舞台となっている。作者であるリタは、イランの生まれであるが、イスラエルに移住し、そこで国民的人気歌手となった人物である。そんな彼女が、小さい頃から母親から聞き伝えられたものを再話したのが、この『白い池　黒い池』である。なお、翻訳は『ヨナタンは名たんてい』（光村教育図書）など、ヘブライ文学の訳書を多く手がけている母袋夏生が担当している。

主人公のシラーズは、継母達と一緒に暮らし、いじめられる日々を送っていた。ある時、亡き母の残した毛糸玉を、近所の家の庭に落としてしまう。毛糸玉を返してもらうため、庭の持ち主である不気味なおばあさんの頼みごとを引き受けることになる。おばあさんの頼んだ用事を「彼女なり」にすませて家に帰ると、不思議なことに、シラーズは王女のように美しくなっていた。うらやましく思った継母は、実の娘であるナルゲスに、同じ家に行くように言う。シラーズと同じように不気味なおばあさんに会い、頼み事を「その通り」にこなしたナルゲスは、本人とは気づかれないほど貧相な顔立ちになって帰ってきたのであった。

意地悪な人が誠実な人の真似をして罰を与えられるという話は、全世界に存在する。しかし、『白い池　黒い池』には、「人の心に寄り添う」というイランらしい考え方が現れている。おばあさんが何を頼み、シラーズとナルゲスは何をしたのか、その答えは、本作品を手に取って確認して頂きたい。また、日本では馴染みの少ない、独特な雰囲気を持つ建物や暮らしぶりを、絵を通して味わうことができる。この本を子どもと共に読むことで、世界の地理や文化を知るきっかけとなるだろう。

（黒川麻実）

ゴハおじさんのゆかいなお話
エジプトの民話

デニス・J・デイヴィーズ / 再話
ハグ・H・モハンメッド・ファトゥーフ、
ハーニ・L・サイード・アハマド / 絵　千葉茂樹 / 訳
徳間書店　2010（2005）年　96p

キーワード：　エジプト、知恵、とんち話、布絵、笑い話

自分が正しいと思うことをするだけさ。ほかの人がどう思おうとかんけいない

彦一さん、一休さん、ホジャといえば笑い話やとんち話の主人公だが、エジプトにはゴハおじさんという人気者がいる。

ゴハおじさんは、ロバに乗って市場へ出かけたり、友だちを訪ねたりするのが大好きだ。あるとき、友だちから新しいロバを買うことを勧められ、自分のロバを市場で売ることにした。ところが、商人がそのロバを売ろうとほめちぎっているのを聞くと、「こんなロバがほしかった」と結局、自分のロバを買ってしまった。

またある日のこと、ゴハおじさんはおくさんとけんかになり、だんまりくらべをすることになった。おくさんは外へ出かけていき、留守番をしていたおじさんは口をきけないまま、どろぼうに入られたり、男の子にスープをかけられたり、ひどい目にあう。何があってもしゃべらずにいた二人だが、とうとう決着がつく。

ちょっと抜けたところのあるおじさんだが、時には頭を働かせて強盗から逃げたり、ひどいことをした人たちをこらしめたりする。町に賢者がやってきたときには、だれにも答えられないような難しい質問に見事に答えることもする。

15の短い物語に添えられた絵は、様々な色の布を縫い合わせて作られている。エジプトでは古くから、天幕に絵や模様を描く職人たちがいて、ゴハおじさんの話もそこに描かれ、時を超えて人々に伝えられてきた。困ったことが起きても、頭を使って切り抜けたり、前向きに受け止めたり、国や時代が違っても変わらない生きるための知恵がつまっている。

とんちやユーモアはある程度の年齢以上でなければわからないところもあるが、大人に読んでもらうことで、幼い子も楽しめる。1話が5ページ程度の長さで読みやすいため、本を読むのが苦手な子どもにも手渡したい。

（佐川祐子）

はじめての古事記
日本の神話

竹中淑子・根岸貴子 / 文　スズキコージ / 絵
徳間書店　2012年　128p

キーワード：　神、神話、天地創造、日本

やがて天と地がわかれると、天の高天《たかま》の原《はら》に、この世のはじめの神さまがあらわれました。

私たちが暮らす世界や国の始まりを伝える歴史書『古事記』は、712年に完成した。その1300年後となる2012年に、小学校低学年の子どももひとりで読めるように、また、読んでもらっても楽しめるように、書き直して出版されたのが本書、『はじめての古事記　日本の神話』だ。

原典の『古事記』は3巻に分かれている。上巻では神々の物語が、中・下巻では神武天皇から推古天皇まで人の世の歴史が語られるが、『はじめての古事記』で扱われるのは、上巻の神話だけである。

はなしは、「むかしむかし、大むかし。この世のはじめには、天もなく地もなく、ただ、もやのようなものがうずまいているだけでした。」と始まる。何もなかったところから、天と地がわかれ、はじめての神様「アメノミナカヌシノカミ」が登場する。その後、続々と神々が現れたのち、若い男神イザナキノミコトと女神イザナミノミコトが登場し、地上の国づくりに取り掛かる。

二人の書き手は、図書館司書として経験を積んだのちに「子どもの本研究所」をたちあげ、子どもの本や読書について研究するようになった。本書の出版にあたっては、原典を声に出して読んで作品の特性をとらえることから始め、自分たちの書いた文章も繰り返し音読して、耳で聞いて楽しめるかどうかを確かめたとあとがきに記している。

絵を担当したのは、絵本作家としても活躍するスズキコージ。神々は、驚くほど自分の気持ちに率直で、大胆に行動する。豪快な物語に驚いたり戸惑ったりする読者もいるだろうが、エネルギーに満ちた、摩訶不思議な絵が理解を助ける。読み聞かせる際にも絵を見る時間を充分に取りたい。

（今田由香）

はじめての北欧神話

菱木晃子／文　ナカムラジン／絵
徳間書店　2014年　160p

キーワード：　神、巨人、小人、神話、　世界の成り立ち、北欧、魔法

世界にはなにもなくて、ただ大きながらんどうが、ひろがっているだけでした。

北欧神話とは、現在のスウェーデン、デンマーク、ノルウェー、アイスランドに伝わる、厳しい自然とのたたかいのなかで育まれた壮大な物語である。

　世界の始まりは何もない大きながらんどうだった。そこから巨人族と神々が生まれ、さらに「人間の国」「神の国」「巨人の国」、「氷の国」、そして世界の中心である「宇宙樹」がそびえる世界ができたという。語られる巨人族や神々のエピソードは、荒々しくも親しみ深い。最高神オージンはいずれ来る巨人族との戦いをおそれ、片目と引き換えに知恵を得る。雷神トールは花嫁に扮して巨人族を出し抜く。魔法道具を作る小人族や、ふしぎな動物たちも登場する。巨人族出身でありながら神々に交じるロキは、好計を用い、時に神々を裏切る。ロキの策略で「ほろびの日」を迎えた巨人族と神々は壮絶な戦いを繰り広げ、その炎は人間の国も含めすべての世界を焼き尽くす。神話は生き残った神々と新たな人間のはじまりを語り、巨人の行方については誰も知らない、と結ぶ。

　この本では、低学年の子どもが、ひとりで読んだり、読んでもらったりするために、神々の名前や原語特有の言葉が発音しやすく、耳で聞いても聞き取りやすい日本の言葉に置き換えられている。また、複雑な神話の世界が、理解しやすい時系列の章立てでまとめられている。初めて北欧神話に出会う子どもも、戸惑うことなく神話の世界を楽しめるだろう。

　あとがきでは、北欧神話の成り立ち、ヨーロッパの文化への影響や、日本のゲームやマンガにも言及し、より詳しい北欧神話の読み物や解説書が紹介されている。この本を子どもに手渡す大人にとっても、役立つ内容になっている。

（石田麻江）

ときそば

川端誠／作
クレヨンハウス　2008年　24p

絵本

キーワード：　江戸時代、お金、ごまかし、時間、そば、落語

「一つ、二つ、三つ、四つ、五つ 六つ、七つ、八つ、いまなん時だい？」「へえ、九つで」

落語で有名な「ときそば」の絵本である。1ページ目の話の枕には、子どもたちにもわかる大きな時計の絵が描かれている。丸い掛け時計の文字盤は今の1時から12時だが、外側には江戸の昔の時が示されている。12時の外側には九つとある。「3時のおやつ」の語源は「時の八つ」だと解説されて、子どもたちにも親しみがわくような仕掛けである。

1ページめくると屋台のそば屋さんとお客の絵になる。寒い夜に一杯16文《もん》のそばを求めて屋台のそば屋に来た客が、江戸っ子の言葉の調子で小気味よくそば屋と問答する。例えば、「このちくわ、あつくきったねえ!! ふつうは……ふをつかってんだが、ありゃあいけません。」などと続くところを縦割りの場面でお客の表情の変化を描くことで、読者も思わず、その話術に引き込まれてしまう。

会話の最後で「このおきゃくさん、うまい、うまいと、そば屋をおだてあげ…」と落語でも一番有名な勘定の場面につないでいくのだが、その様子をわきで見ていた男が、次の日真似をするが、そば屋の名前やら、どんぶりやら、はし、ふ、そばに至るまでことごとく前の日のようにはいかない。そしてオチである。「いまなん時《どき》だい？」に「へえ、四つで」と答えが返り、勘定はどうなる？　というところで終わる。落語のオチの面白さを子どもたちも受け取ることができる。

江戸の町並みや暮らしぶり、登場人物のキャラクターなどをしっかりと描くことで、なじみの少ない落語の時代背景を伝え、語りに浸れるのが、本シリーズの特徴といえよう。著者は落語絵本の他、「お化け」シリーズや『槍ヶ岳山頂』（共にBL出版）などで、表現方法を工夫しながら、子どもたちに世界の広がりを見せてくれている。

（成田信子）

あやとりひめ

森山京／作　飯野和好／絵
理論社　1998年　66p

キーワード：　あやとり、危機、孤児、創作おとぎ話、知恵、やまんば

わたしがお前にのこしてやれるものは、この五色の糸だけだよ。

母親が病気で亡くなる前に、アヤに残した緑、赤、紫、黄、青の五色のあやとりの糸が、危機に陥ったアヤを救ってくれる。あやとりというキーワードでつないだ物語。

孤児になったアヤは、名主の屋敷で奉公するが、欲深い名主の弟に命を狙われる。逃げるときに緑の糸であやとりをして山を作って投げると、本物の山ができて、助かる。やまんばに追いかけられた時は、赤い糸でつり橋を作って逃げた。その後も、大蛇や大鷲の危機からあやとりで逃れる。そして、ケガをして動けない若い武士をあやとりで作った青い船に乗せて助けたが、じつはその武士は若殿で、最後は奥方になって幸せに暮らしたというハッピーエンドの物語。

大鷲にさらわれた赤んぼを助けるためにあやとりではしごを作って大木に登り、若い武士を助けるために青い小舟を作って急流をくだるなど、どんなときにも前向きに立ち向かっていくアヤの姿が心に残る。昔話風の物語だが、女の子が自らの勇気と行動力、強くやさしい心で幸せをつかむところが新鮮。

最初にアヤが母親の前で披露した5つのあやとりが伏線になっていて、5つの短いお話がつながっている。構成がしっかりしていて、読みやすい。「三枚のお札」などの昔話を取り入れていて、昔話に親しんでいる子どもにはおすすめの作品。

巻末にアヤが作ったあやとりの遊び方が、わかりやすいイラスト付きで紹介されていて、子どもといっしょに楽しんでみたくなる。

著者は、他に『きいろいばけつ』などの「きつねの子」シリーズ（あかね書房）や『パンやのくまちゃん』（同）など、動物を主人公にした多くの幼年文学を執筆している。

（小松聡子）

カエルになったお姫さま

お姫さまたちの 12のお話

アニー・M・G・シュミット / 作
たちもとみちこ / 絵　西村由美 / 訳
徳間書店　2014(2008)年　216p

キーワード： 王様、お姫様、オランダ、カエル、創作おとぎ話、魔法、遊園地

カエル王のしわざです。カエル王の魔法です！

本作には、オランダの国民的作家であるシュミットによる12編の創作おとぎ話が収録されている。ここでは、表題作の「カエルになったお姫さま」を紹介しよう。

ある日のこと、王様が自らの美しさにうぬぼれて鏡ばかりを見ている娘の様子に腹を立て、城の外に追い出す。そこで出会ったカエルの緑色の美しさに目を奪われたお姫様がカエルの皮で帽子を作るよう命じたところ、同族の危機を知ったカエル王の魔法により、姫の顔はカエルのマスクに覆われてしまう。変わりはてた容貌に絶望し国を出奔したお姫様は、隣国の目の見えない王子様に本を読んで聞かせる仕事につく。王子様のことを気の毒に思った彼女は、カエル王に彼の目を治してくれるようお願いして聞き入れられる。自らの醜さを知られることを覚悟していたお姫様であったが、元の顔に戻っており、王子様と結婚するに至る。

男性に見初められて女性の素顔が露わになるという展開は『御伽草子』所収の「鉢かづき姫」の鉢を被ったお姫様を想起させるが、カエル王のあり方は田に水の恵みをもたらす昔話である「猿婿入り」の猿のような自然神を想起させる。『グリム童話』の「カエルの王子様」では魔法使いにより王子様がカエルになっているが、この作品ではカエル自らが魔法を操っているからだ。本書収録の「そしてそれから……みんなカエルになりました」でも、超常的な力を有するカエルのような小人が登場していた。キリスト教の伝播に伴い、民間で信じられていた自然神は駆逐されていったという。「カエルの国」と呼ばれることもあるオランダだからこそ、カエルは古の姿を取り戻すことができたのかも知れない。

読み聞かせてもらっても自分で読んでも楽しい童話集だ。

（目黒 強）

ふしぎな八つのおとぎばなし

ジョーン・エイキン／文　クェンティン・ブレイク／絵
こだまともこ／訳
冨山房　2012(1994)年　192p

キーワード：　怪獣、創作おとぎ話、呪い、魔女、魔法

一週間に一度、日曜日になるたびに、その人がピンクのヘビに変わりますように。

日曜になるたびにピンクのヘビに変わる呪いをかけられる「メリシューナ」。彫刻がしたいために村の大事な木を切り倒したら、朝一番に触れたものが木に変わってしまうようになってしまった男の話「冬の夜にさまよう」。文句ばかり言っている魔女のニクタラシ夫人が、新しく作った魔女のほうきでやっつけられてしまう「燃えろ、燃えろ、かげぼうし」。8本足の馬に乗る旅人を崖から突き落としてしまったために、何か恐ろしいことがおこりそうな「怒りの山」。

こんな昔話のようなお話から、火星から送られたかいじゅうたちをやっつける方法を火星に電話して教えてもらう「リコリスの木」。ボールは惑星、ゴールは星座という壮大なサッカーのゴールキーパーの聖イカロスが、実は人類の初めのアダムだったという「落ちていく世界をつかまえろ」のような、宇宙規模のファンタジーまで、奇想天外な8つのお話が並ぶ。

「ダイドーの冒険」シリーズ（冨山房）など、わくわくする冒険物語をたくさん残したエイキンの想像力が紡ぎ出したこれらの短編には、どれもどことなく不気味な雰囲気がただよう。ロアルド・ダールの作品でおなじみのブレイクの挿絵もぴったりで、読者を不思議な世界にどんどん引き込もうとする。

小学校低学年から中学年くらいの少しずつリアルな世界に気づき始めている子どもたちなら、おそるおそる分け入って、怖いけれども人間くさい昔話の世界や、想像を超えるファンタジックな世界を楽しむだろう。『ウィロビー・チェースのオオカミ』（冨山房）などもすすめたら、お気に入りになるかもしれない。少し明るい雰囲気の短編集『しずくの首飾り』（岩波書店）の美しい表紙や挿絵もぜひ見てもらいたい。

（飯田寿美）

狐

新美南吉／作　長野ヒデ子／絵
偕成社　1999年　36p

絵本

キーワード：　キツネ、下駄、古典、母親、不安、祭り

もし、僕が、ほんとに狐になっちゃったらどうする？

「狐」は、「ごん狐」や「手袋を買いに」で有名な新美南吉の晩年の童話作品である。並べてみると、〈狐〉というモチーフに共通性も感じるが、他の二作とは異なり、直接的な形で〈狐〉は登場しない。

物語は、月夜の晩に小さな村の子どもたちが、半里ばかりはなれた本郷へ祭りを見に行くところから始まる。甘えん坊の文六ちゃんの下駄を買おうとしたとき、そこに居合わせたお婆さんに「晩げに新しい下駄をおろすと狐がつくというだに」と言われたことで、子どもたちは不安を植えつけられてしまう。

祭りという非日常の中で見た人形の三番叟が、まるで生きている人間のように感じられると、もうすべてが恐ろしく思えてしかたがない。「コン」と小さな咳をした文六ちゃんを、今日はだれも家に送ろうとはしない。親切にする心の余裕がないのだ。

寝床で文六ちゃんは、お母さんに下駄屋でお婆さんに言われたことを伝え、何度も問いかける。「ほんと？」「嘘だよ、そんなこと。昔の人がそんなことをいっただけだよ」「嘘だね？」「嘘だとも。」「きっとだね」「きっと。」と、言葉が積み重なっていき、「もし、僕が、ほんとに狐になっちゃったらどうする？」という仮定の話にも、お母さんが「いっしょに狐になるね」と答えることで、現実味が与えられていく。ここで展開される二人の会話は、「親子」という関係を突き詰めて語っているのだが、絵はそれをわかりやすく補完してくれる。読者である子どもも、文六ちゃんの不安から始まった想像の世界に引き込まれていくことだろう。

村に帰ってきてから文六ちゃんに寄り添っていた語り手は、最後にはむしろお母さんに寄り添い、双方向から親子の愛情を表現している。

（宮田航平）

宮沢賢治のおはなし１

どんぐりと山ねこ

宮沢賢治／作　高畠純／絵
岩崎書店　2004年　70p

キーワード：　秋、古典、裁判、どんぐり、はがき、森、山猫

おかしなはがきが、ある土曜日の夕がた、一郎のうちにきました。

かねた一郎さま　九月十九日
あなたは、ごきげんよろしいほで、けっこです。
あした、めんどなさいばんしますから、おいでんなさい。とびどぐもたないでくなさい。
山ねこ　拝

まったく、おかしな葉書だ。「山ねこ拝」の署名があって、ていねいなようだが、言い回しは少しずつおかしい。でも、葉書をうけとった一郎はうれしくて、翌朝は、いそいでごはんを食べて、谷川にそった道をのぼっていく。くりの木や笛ふきの滝やきのこやりすに、山ねこの行方をたずねるけれど、東だの西だの南だの、まちまちな答えがかえってくる。ことばの約束を踏みはずしたような葉書にまねかれてきたのだから、日常の外に迷い出てしまったにちがいない。

それでも、一郎は、まっ黒なかやの木の森のむこうの、山ねこと馬車別当（馬丁）のいる美しい黄金いろの草地にたどり着く。どんぐりたちが、いったいだれが一番えらいのかと争っていて、「めんどなさいばん」のはじまりだ。こまった山ねこ判事に一郎が判決の提案をする。——「このなかでいちばんばかで、めちゃくちゃで、まるでなっていないようなのが、いちばんえらいとね。」

物語世界にリアリティをあたえるのが、たくさんのオノマトペ（擬声語・擬態語）だ。「山ねこのにゃあとした顔」「たくさんの白いきのこが、どってこどってこどってこと、へんな楽隊をやっていました。」——山ねこも、きのこの楽隊も、そこにはっきりとある。オノマトペがあふれる文章は、声に出して読んでも、読んでもらっても楽しい。

賢治の絵童話の1冊。高畠純の絵が、この世界の実在を飄々と表す。（宮川健郎）

グリムの昔話
(1)野の道編

矢崎源九郎、植田敏郎、乾侑美子 / 訳
童話館出版　2000年　336p

キーワード：　古典、知恵、ドイツ、不思議、魔法

なにをくれる？ おれが、わらをつむいで 金にしてやったら。

グリム童話はヤーコプ・グリムとヴィルヘルム・グリムの兄弟が編纂した昔話を指し、原題『子どもと家庭のメルヒェン集』として全2巻(1812年、1815年)が出版された後、差し替えや修正が行われて1857年に7版が出版され、約200編の昔話が収められた。本書は、7版を底本としている。

ドイツの古い法律や文学、言語等を研究していた二人ならではの採集力と昔話への理解に加えて文学的素養のあった弟ヴィルヘルムの書き直しによって、個人の語りの記録が文学まで高められ(批判もされるが)、世界中で翻訳されて読み続けられている。

本書は全3巻からなり、1巻は小学校低学年から、2巻は中学年からと対象年齢が上がっている。1巻には「赤ずきん」「おおかみと七ひきの子やぎ」「いさましいちびの仕立てやさん」「ブレーメンのおんがくたい」「金のがちょう」などの有名な話に加えて王子が幸せをつかむ物語(「みつばちの女王」「三まいの鳥のはね」)や動物物語(「おおかみときつね」「きつねと馬」)など、30編が収められている。昔話ならではの繰返しと口調のよさがあり、失敗や成功、知恵や魔法が描かれ、姫や王子、小人や魔女、口のきける動物などが登場する。そして、読者は、弱い者や貧乏な者が努力や正直さや運によって幸せをつかんだり、権威あるものが打ちのめされたりすることによって、物語の結末に満足する。少し長い物語をたっぷり楽しみたい幼年期にふさわしい。

また、フェリックス・ホフマン、モーリス・センダック、リスベート・ツヴェルガー、エロール・ル・カイン、クヴィエタ・パツォウスカーなど、世界の代表的な絵本画家がグリム童話の絵本化を手がけている。

(土居安子)

子どもに語る
アンデルセンのお話

ハンス・クリスチャン・アンデルセン / 著　松岡享子 / 編
こぐま社　2005年　219p

キーワード：　古典、デンマーク、不思議

夢で、どうしたらお兄さまたちみんなの魔法がとけるか、それがわかればいいのだけど！

H・C・アンデルセンは1805年にデンマークで生まれ、1835年に最初の童話集を出版する。それ以来約150編の童話を発表し、「マッチ売りの少女」「みにくいアヒルの子」「雪の女王」などが、世界中で訳され、愛されている。それは、愛や死をテーマにしたドラマチックな展開、幻想的な世界の美しい描写、ユーモアのセンスなどの特徴が挙げられる。すべてが幼年向けではないが、昔話と地続きの世界でありながら、豊かな感情や描写があることによって、独自の世界を形成している。そして、アンデルセン自身が子どもたちに語っていたと言われるように、語りの文学と文字の文学の橋渡しの役割を果たしている点で幼年文学として楽しめる作品が数多くある。

本書はアンデルセン生誕200年を記念して書店教文館「子どもの本のみせナルニア国」の企画として行われたおはなし会を元に編集された。「おやゆび姫」「野の白鳥」「豚飼い王子」など、9編の童話が入っており、読みやすく、耳で聞いても楽しめる。続巻があり、「人魚姫」など有名な8作品が所収されている。

自分で読む童話集としては、挿絵が豊富な『アンデルセンどうわ』（大畑末吉訳　堀内誠一画　のら書店）がある。これ以外にも高学年以上向けの完訳本も複数出版されているが、子どもから大人までが楽しめる豪華な挿絵本としては『アンデルセン童話全集』全3巻（ドゥシャン・カーライ、カミラ・シュタンツロヴァー絵　天沼春樹訳　西村書店）がある。

また、『小さいイーダちゃんの花』（田中清代文・絵　大久保ゆう原文訳　フレーベル館）やマーシャ・ブラウン、スベン・オットー、エロール・ル・カイン、ヨゼフ・パレチェク、安野光雅などの絵本も読み応えがある。

（土居安子）

昔話・民話の本の楽しみ

宮川健郎

昔話は、文字をもたない庶民が語り伝えてきたものだ。「むかしむかし……」というようなことばからはじまり、「どっとはらい」「これでいっちごさっけ」「とんぴんぱらりのぷ」といった締めくくりのことばで終わるという形式をもっている。「むかしむかし、あるところに、おじいさんとおばあさんが……」というふうに語られ、時代も場所も人物も特定されない。それに対して、場所や人物などが固有名をもって語られるのが伝説である。各地にのこる弘法大師の事績を語る伝説などなどである。「昔話」「伝説」「世間話」（子どもたちに身近な現代の「世間話」は学校の怪談だろう）を合わせて、「民話」ということが多い。

文字をもたない文化ともつ文化を、それぞれ「声の文化」と「文字の文化」と呼ぶのは、W・J・オング『声の文化と文字の文化』（1982年）である。口頭による表現は、語るそばから消えていくので、くりかえしが必要だし、短いエピソードをつぎつぎと語っていくことはできても、長い物語をずーっと語ることはむずかしい。短いエピソードを連ねていって、結果として長い物語になることはあるにしても。だからといって、「声の文化」が「文字の文化」より劣っているわけではない。それは、ただ別の文化なのだ。「声の文化」が生み出す口承のテクストの特徴は、それが固定的なものではなく、あくまで可変的なものであることだ。関敬吾が編んだ『日本昔話大成』全10巻・別巻2（角川書店、1978〜80年）をひらくと、収録された昔話一つひとつの全国における分布が記されている。そして、同じ昔話でも地域によってバリエーションがある。

たとえば、「団子聟」。いわゆる「だんごどっこいしょ」である。記載されているのは、高知県香美郡の話だけれど、この話は、鹿児島県から青森県まで、全国に広く分布している。高知県香美郡の話で、聟は「だんごだんご」とおいしかったものの名前を唱えながら帰るが、途中で小さい谷を渡るときに「やっこらしょ」といったために、唱えることばが「やっこらしょ、やっこらしょ」になってしまう。ところが、この掛け声は、大分県速見郡なら「ひょっとこせ」、佐賀県東松浦郡なら「うんとこしょ」、福岡県久留米市なら「どっこいしょ」というふうにちがいがある。さらにいえば、同じ地域で語られる同じ話でも、語り手によってちがいがあるだろう。昔話は、語り手と聞き手のあいだで、いつでも作り変えられる可能性をもっている。

昔話にかぎらず、「声の文化」が可変的なものであることは、落語のことを考えるとよくわかる。落語も、師匠から弟子に伝承される「声の文化」である。弟子は、師匠が演じる噺を、メモをとったり、録音をしたりせず、ひたすら聞くのが本来である。

上方落語の四代目桂文我さん（口さばきのきれいな噺をなさる方だ。「おやこ寄席」の活動でも知られる）と、ある仕事をとおして知り合いになったばかりのころ、以前から疑問だったことをお聞きしてみた。――「落語家が噺をおぼえるとき、師匠の語る一言一句をそのままそっくり覚えるんですか」文我さんは、「いえ、そうではありません。噺の骨組を覚えるんです」とおっしゃった。なるほど。文学研究のことばでいえば、「噺の骨組」はプロットだ。E・M・フォースター『小説とは何か』（1927年）は、「王が亡くなられ、それから王妃が亡くなられた。」がストーリー、「王が亡くなられ、それから王妃が悲しみのあまり亡くなられた。」がプロットだとする。ストーリーが事柄の羅列であるのに対し、プロットは、事柄相互の因果関係を明らかにしていく。落語のけいこの場で、弟子は「噺の骨組」＝プロットを体得して、噺の肉付けは独自の工夫をしていく。その結果、師匠から教わった噺も、弟子に独特の味わいをそなえていくことになるのだ。昔話だって、プロットが伝わっていくのだろう。

昔話の本にしろ、落語の本にしろ、もとは一回的で可変的な「声の文化」を、典型化し、固定的な「文字の文化」に置き換えたものである（絵本なら、絵が語り、ページをめくっていく仕組みもともなう）。もとにした話によっても、再話者によっても、その文字テクストは変わってくるけれど……。昔話の本や落語の本は、まずは、「声」で音読してほしい。

生と死、親と子、男と女……昔話の世界では、人間にとってずいぶん大事な問題が象徴的なお話として語られる。昔話は、これから大きくなる子どもたちの根っこを太らせる。お話を聞き、読み、楽しんだ子どもは、自分でも話をする力をもらうだろう。

6章

短いお話を少しずつ

短編集いろいろ

ありのフェルダ

オンドジェイ・セコラ / さく・え　関沢明子 / やく
福音館書店　2008(1936) 年　128p

キーワード：　アリ、チェコ、なんでも屋、冒険、虫

ぼくは、ありのフェルダです。なんでも屋です。家もたてるし、修理もするし、配達もします。

「陽気で、明るく、親切で、そのうえ器用で、仕事もはやい。ちょっとお調子者だけど、いつも前向きで、みんなの人気者」というフェルダは、人間の男の子に捕まり、すぐに逃げ出したものの、そこはすみかから遠く離れた場所だった。ちょうどそこにいたかたつむりに雨宿りを乞うが、不親切に扱われたフェルダは仕返しを企てる。早速ちょいちょいっと馬車を作り、馬の代わりにかたつむりに引かせたのだ。わけがわからず前進するかたつむりの馬車があまりに面白いので、たくさんの虫たちが集まってきて、一緒に行進までする始末だ。

笑い者にされたかたつむりはかんかん。満足したフェルダは、馬車を降り、気に入った場所を見つけ、そこに家を建ててなんでも屋を始めた。

なんでも屋は大繁盛。こおろぎのラジオを修理したり、子だくさんのかめ虫のために遊園地まで作ったりする。一方、てんとう虫の女の子に恋をしたことでフェルダの身に災難がふりかかる。個性的な虫たちの世界で奔走するフェルダの周りは、予測できないことが次々に巻き起こり、波乱万丈、おかしくもシビアに描かれている。

新聞記者や挿絵画家などをしていた作者による『ありのフェルダ』は、1933年にチェコの新聞の子ども欄に掲載されたのが始まりで、続く『とらわれのフェルダ』、『ありづかのフェルダ』と合わせた3部作となっている。映画や人形劇になったり、キャラクター商品にもなるなど、国民的作品として愛されているそうだ。大戦前に生まれ、今もなお世界中で読み継がれているだけあり、洗練されたユーモラスな挿絵、生き生きとした登場人物、スピーディな話の展開が普遍的で、古さを感じさせない。

（右田ユミ）

かさをかしてあげたあひるさん
村山籌子おはなし集

村山籌子／作　山口マオ／絵
福音館書店　2010年　112p

キーワード：　雨、悲しみ、友だち、鳥、母親

かなしくて　はねがびっしょりぬれるくらい なみだをこぼしました。

子どもは経験も知識も少ない。だからこそ、一つ一つの出来事の意味は大きく、大人からみれば些細なことも子どもには重大に感じられる。子どもの喜びは大人のそれよりも輝き、子どもの悲しみは大人のそれよりも深いのである。そんな子どもの心に寄り添った短いおはなしが17編、本書には収められている。

表題作「かさをかしてあげたあひるさん」は、「あひるさん」を主人公として無力な子どもの悲しみを描いたおはなし。ある雨の日、「あひるさん」は、お友だちの「にわとりさん」に傘を貸してと頼まれるが、一本しかない傘は使うからとお母さんに断られ、「かわいそうなにわとりさん」を思って涙を流す。

作品「月謝のふくろをなくしたあひるさん」や「こぐまさんのかんがえちがい」も、擬人化された動物を主人公として、心を痛めて涙を流す子どもの姿を描いている。

とはいえ、どの作品でも、最後に問題は解決し、主人公の心は晴れる。「どんなにうれしかったでしょう」、「あんしんしてください」という語りによって、読者の心も解放される。これらのおはなしは、大人が考える以上に心配事を抱え、悲しみに暮れている子どもたちに、共感体験と癒しを与えるものといえるだろう。

本書のおはなしは、もともと昭和初期に発表されたものであるが、平易な語りで展開し、現代の子どもの読み物として全く支障はない。また、山口マオの木版画も温かみのある絵で親しみやすい。

初出時にはドイツで前衛美術を学んだ夫・村山知義の簡明でデザイン性の高い絵がそえられていて、その洋風な物語世界のモダンな印象がより際立っていた。現在、『村山籌子作品集』全3巻（JULA出版局）で、知義の挿絵とともに童話・童謡などを楽しむことができる。（中地 文）

かわいいゴキブリのおんなの子 メイベルのぼうけん

ケイティ・スペック / 作　おびかゆうこ / 訳　大野八生 / 絵
福音館書店　2013(2007、2008) 年　157p

キーワード：　ゴキブリ、食べ物、友だち、冒険

生きていれば、びっくりすることが、つぎつぎにおこるものなのよね

　ピンクの背景にすてきなイチゴのケーキ、タイトルには〈かわいいおんなの子〉。「主人公はだれかな？」と問うと、「ケーキ！」「ネコ！」「こびと！」と次々に手があがるが、ケーキの上にひょいとのぞいている顔も、タイトルの「かわいい」と「おんなの子」の間に書かれた小さな文字も、なんとゴキブリだ。「メイベル、スープにおちる」「メイベル、お茶会へいく」という二つの冒険談が入っている。

　メイベルの住むピーボディ家に、お客さまがやってくる。キッチンは、ごちそうでいっぱい。メイベルは、どんな味がするのか、なにが入っているのか、気になってしょうがない。好奇心でいっぱいのゴキブリがいるお家で、お食事会の行方やいかに。

　ゴキブリの生きるための掟は人間に見つからないことだ。けれど、うっとりするスープやとろけるようなクリームクッキーを前に、メイベルはじっとできない。メイベルはチャンスがあれば逃さないし、気に入らない友だちだって、いざとなれば助けにいく。読者はメイベルの活躍を、悲鳴をあげつつ応援してしまう。メイベルといっしょに、大人のやりとりを聞き、ゴキブリやハエに右往左往する姿を眺めることで、人間の持つ偏見や矛盾の滑稽さに気づかされる。

　著者が子どものころ、祖母が「ゴキブリのメイベル」のお話をよくしてくれたそうだ。おてんばでかわいいメイベルだけでなく、しっかりものの相棒・ノミのヘンリーやデリカシーはないけど気のいいハエのモーリスも、思い出の中から生まれたのかもしれない。

　「もっとメイベル！」というリクエストには、続刊『かわいいゴキブリのおんなの子メイベルとゆめのケーキ』をどうぞ。

（渡邊紀美子）

くまのつきのわくん

片山令子／さく　片山健／え
理論社　2010年　63p

キーワード：　ウサギ、川、クマ、手袋、友だち、森、ヤマネ

あっ、ひぐまくんだね。みえないけど、そうだね

毎日の生活に欠かせないのが、くらしの中にある楽しみと親しい人との温かいやりとり。この物語は、まさにその心地良さを、くまのつきのわくんと友だち関係の中で形にしてくれている。本書には、「ほたる」「だんろ」「はなのくびかざり」の3話が入っている。

「ほたる」では、つきのわくんが、ひぐまくんからうきわをもらったおかげで、苦手だった川あそびが楽しくなり、遊び続けてうきわのまま川で眠ってしまう。目覚めたときには、まっ暗闇。「まっくろい　つきのわくんは、まっくろい　くらやみのなかに　たっていました。」そんな自分も見えない闇のなか、光のつぶがとんできて、次々とつきのわくんにとまる。光のつぶはほたるたちだった。黒一色の闇の絵のあと、光のつぶをまとった姿が闇に浮かび、絵もストーリーを伝え、場面への理解を助けてくれる。心配してやってきたひぐまくんとふたりの姿が光で浮かび上がるシーンは、目にも心にも焼き付けられる。

2話目の「だんろ」では、やまねくんとあたる暖炉の火のオレンジ色が、3話目の「はなのくびかざり」では、うさぎさんと交換する花の首飾りの鮮やかな色が印象的だ。つきのわくんも友だちもお互いを想いあう、その美しさが色と共に心に沁みる。

夏、冬、春と、それぞれの季節が感じられる場所で、喜びを友だちと共有できることの幸せが、片山令子のシンプルで響きの美しい言葉と片山健の絵で豊かに表現されている。二人は他にも、『もりのてがみ』『たのしいふゆごもり』（いずれも福音館書店）など、いずれも好奇心旺盛で、素直に他者を受け入れることのできる柔軟な心性を「くま」に託し、温かな友だち関係を描いている。

（内川育子）

げんきなぬいぐるみ人形 ガルドラ

モドウィナ・セジウィック／作　多賀京子／訳　大社玲子／絵
福音館書店　2014(1960、61)年　107p

キーワード：　イヌ、川、子ども部屋、人形、ネコ、冒険、森

このままずっとながされていっても、ちっともかまわないな

ガルドラはぬいぐるみ人形。目は、靴についていた黒いボタンで、口は縫いとってあり、髪の毛は黒い毛糸をとめつけてある。体に詰め物がしてあって、ふわふわで軽いから、小さな子どもには扱いやすいお人形だろう。それゆえ（?）、子どもたちは、つい無造作にガルドラを扱ってしまう。おもちゃでぎゅうぎゅう詰めの乳母車の底の方で潰されていたり、遊びに来た男の子に、屋根の上に投げ上げられてしまったり……。本書では、そんなガルドラが思いがけず子ども部屋から外に出て、冒険するお話が4話収録されている。

「星のブローチ」では、川に流されたガルドラが親切なおじさんに助けてもらい、持ち主のメリージェンの元に戻るまでが描かれる。乳母車に乗せられて、外に出かけたおもちゃたちは、小川でメリージェンに置き忘れられ、横倒しになって水の中に浸かってしまう。でも、ガルドラはぬいぐるみで軽かったから、ぷかぷかと流されてしまったのだ。水の中の魚に笑いかけ、トンボや羽虫とおしゃべりするガルドラは、トラブルを楽しみに変える天才。自分では動けないけれど、助けてもらうばかりでなく、知恵と親切心で周りを助ける姿が、なんとも頼もしく、信頼できる。

ガルドラの子ども部屋の外に出たいという思いは、このお話を読んでもらう子どもたちの思いと重なるものだろう。親の目の届かないところでのびのびと過ごしたい、でもちょっと怖い。そんな時、代わりになって体験してくれるガルドラのお話はぴったりだ。

セジウィックは、息子たちのために多く創作し、本作はラジオ番組で放送されたもの。身近な自然を愛おしく描くところも英国作家らしい。

（ほそえさちよ）

子どもとお母さんのおはなし
けんた・うさぎ

中川李枝子／さく　山脇百合子／え
のら書店　1986年　109p

キーワード：あべこべ遊び、いたずら、ウサギ、親子、どろんこ遊び

ぼく、もう　やあめた、あべこべ・うさぎは、やあめた。

けんた・うさぎが自由奔放に遊ぶ姿を見ていると、子どもが子どもらしく自由に発想し遊べる「時」や「ところ」というのは、両親の愛情に守られ、安心して生きていける「時」と「場」が、それに違いないと確信が持てる。

6話構成で、はじめの話「いたずら・うさぎ」では、洋服がだいなしになるから、水たまりには気をつけるようにというお母さんの忠告にも、「ああ、わかっているさ。」と言いながら、わざと水たまりに三輪車で飛び込み泥だらけになる。次の「あべこべ・うさぎ」では、Tシャツのそでに足を突っ込み、ズボンは頭にかぶり、「おはよう」を「こんばんは」というなど、なんでも反対にしてしまう反抗心溢れる所業。「きえた・うさぎ」では自分が消えてなくなったふりをし、「おそみみ・うさぎ」では聞こえないふりをする、といった具合である。それがどれも、3、4歳の子どもなら一度はやってみることであり、一見やんちゃで困った行動に見えても最後はよい子のうさぎになって話が終わる。本作では、どんなに困ったこともおおらかに受け止められているのが特徴だ。

子どもと一緒にこの作品を読んだ母親から、「けんたのお母さんのように、ゆったりと子育てに寛容になれたらいいな」といった読後感も多く寄せられ、子どもを見守る母親の豊かさが印象としてあり、それが作品全体をつつむ暖かい情感を作り出しているのだろう。

この作品は『ぐりとぐら』（福音館書店）でおなじみの中川李枝子と山脇百合子のコンビの本で、他に『三つ子のこぶた』『こぎつねコンチ』などがシリーズとしてある。これらもけんた・うさぎと同じように、子ぶたや子ぎつねに託して、幼い子どもたちのユーモラスな日常が、生き生きと描きだされている。

（石井光恵）

こぶたのピクルス

小風さち / 文　夏目ちさ / 絵
福音館書店　2015年　120p

キーワード：　おつかい、海水パンツ、夏、歯、ブタ、忘れ物

歯が　ドキドキするよ、ああ　ぐらぐら。
歯が　ウキウキするよ、ああ　ドキドキ

この本は何気ないささやかな日常の物語です。その中で、こぶたのピクルスはたくさんのわくわくと小さな冒険に満ちあふれた毎日を過ごしています。

忘れ物をしないために「わすれ物は、ひとつもなし！」と声に出して歩いていくのに、道すがら出会う人に声をかけられるたびに頼まれごとをしてしまい、学校に行くのを忘れてしまったり。お使いで卵を頼まれれば割れては大変と「ぬきあし、さしあし、卵あし」と慎重に歩いてみたり。また、別の日は翌日の海水浴が待ちきれなくて、夜中にお部屋の中で「まげてー　のばす！　まげてー　のばす！」と泳ぎの猛練習。歯がぐらぐらすると「どうしよう。ぼく、歯のないこぶたに、なるのかな」と不安になるのに、大人の歯が生えてくることがわかると、この一大事を誰かに知らせたくて、軽やかに外に飛び出していきます。元気いっぱいで、お手伝いもすすんでして、たまに失敗もするけれどめげたりなんかせず、毎日を生き生きと暮らしています。ほら、まるでだれかさんみたいですね。

親近感たっぷりのピクルスのかわいいお話が4編入っているのですが、歌うような台詞回しが本当に愉快！　挿絵のくるくる変わるピクルスの表情も魅力的！　そんなピクルスを優しく見守る両親の姿も力強く感じられます。

子どもの日常生活からつながるリアリティのある童話は、子どもたちに無理なく新しい世界を見せてくれます。ピクルスはきっと読者の身近な友だちとして、読書の楽しさを教えてくれるとともに、世界を広げるお手伝いをしてくれることでしょう。1編1編は短いお話なので、本を読むのが苦手な子も手に取りやすい。4編読んで、1冊丸ごと読めた達成感を味わってほしいなあ。（兼森理恵）

こぶたのぶうくん

小沢正／作　井上洋介／絵
鈴木出版　2014年　78p

キーワード：　ウサギ、オオカミ 、おばけ、ナンセンス、ブタ

まるはだかのまま　のはらのみちを　どんどこどんどこと　にげだしました。

奇想天外で予測不能、疾走感ある2作品が所収されている。ユニークな擬音語が特徴的で音読するとさらに楽しい。

1作目「ぶうくんとおふろ」は、お母さんにお風呂に入れられそうになったぶうくんが、まる裸のまま外へ逃げ出す話。丘のてっぺんまで逃げた時、追いかけてきたセッケンくんを踏んでつるっと滑って、ふもとにあったおおかみの家のお風呂場へ転がり込む。入浴中だったおおかみに背中を洗うように脅されたぶうくんは、おおかみを泡だらけにしてしまう。怒ったおおかみが怖くなり、家に逃げ帰るぶうくん。けれど、ぶうくんのおかあさんは、追いかけて来たおおかみの体を洗ってあげる。うらやましくなったぶうくんは、おおかみと仲良くお風呂に入る。

2作目「ぶうくんとおばけたいじ」は、ぶうくんがうさぎくんに誘われて、森にお化け退治に行く話。森のお化けが虫歯お化けだとわかったぶうくんたちは、歯ブラシをお化けに投げつける。お化けは、お菓子を投げつけて応戦するが退治されてしまう。お化けのお菓子を食べたぶうくんは虫歯が痛む。

裸で走り回るこぶた。食べるぞと怒ってもすぐ仲良くなるおおかみ。歯ブラシを投げて虫歯お化けと戦うこぶたとうさぎ。そんな行動は、気持ちと身体が直結した幼児のリアルな心象が投影されている。彼らの繰り広げる世界は架空の出来事でも、テンポよいストーリー展開により臨場感をもって楽しめる。擬人化された動物たちは、動物が人間のように描写されているのではなく、登場人物を抽象化するための擬人化だ。このため、読者は自身を同化させて楽しめる。作者は「子どもの自発性を促す『やる気童話』を目指した」という。続編に『こぶたのぶうくんとしりとり』もある。

（中川理恵子）

こぶたのぶーぷ

西内ミナミ / 作　真島節子 / 絵
福音館書店　2014年　127p

キーワード：　アイデンティティー、失敗、働き者、一人暮らし、ブタ

にあわない！　だとすると、どんなのがぼくにふさわしいんだい？

全7作を収録する短編集。〈ぶーぷ〉は、林のなかに一人で暮らしているこぶたである。あわてんぼうでちょっぴりドジだが、くるくるとよく働くぶーぷの日常を、ほほえましいタッチで描く。

いつも、まず起きたら外に出て朝の体操をし、おいしい空気を胸いっぱい吸ってから、紅茶を飲むぶーぷ。クマ、リス、ウサギ、野ねずみなど、友だちが来ることも多く、賑やかな毎日を過ごしている。

第1作は「たいへんな大そうじ」。最近はお茶会、パーティ続きで部屋のそうじをしていなかったぶーぷ。今日はどこにも出かけずそうじの日と決めたものの、失敗続きで洗濯物が増える始末。しかしきれいになった部屋で夕食をとり、落ち着いたぶーぷは「あしたの予定はね、きまってるよ。大洗濯だ！」とつぶやく。

また「ぶーぷには毛皮がない」は、友だちのうさぎから「ぶたには毛がない」ことを指摘され、思い悩む姿を描く。自分にふさわしい姿、自分のありようを求めて煩悶するぶーぷの様子が綴られ、「ぶーぷがぶーぷであることの意味」、そしてありのままの姿を受け入れるまでが語られる。

作品を通して語られる失敗および楽天的なぶーぷの姿は子どもと重なる。そのこぶたの「一人暮らし」に魅力を感じる子どももいるだろう。作者の西内ミナミは『ぐるんぱのようちえん』（福音館書店）で失敗を繰り返しながら、自分をみつめるゾウを描いた。本書も幼年向けに自分とは何か、自分らしくあることの意味を問いかけているといえよう。

その他、「オオカミと七匹の子ヤギ」の話を読み、来訪する友だちをオオカミと勘違いする「オオカミがあらわれる!?」や、災害に備えて必要なものを庭に埋める「災害はわすれたころにやってくる」などを収録している。

（遠藤 純）

こぶたのレーズン

バーリント・アーグネシュ／作　ブローディ・ベラ／絵
うちかわかずみ／訳
偕成社　2012（1965、2006）年　90p

キーワード：　暮らす、小人、知恵、ハンガリー、ブタ

そういうときはどうすればいいか、知ってるかい？……ここにすめばいいのさ！

　小人のマノーはかかしのぼうしの家に住んでいたが、ぼうしが強風で飛ばされてしまい引っ越すことになる。中身がからになった大きなカボチャを見つけたマノーは、このカボチャを新しい家にすることにした。ところがある夜、外からかじられていることに気がつく。家をかじっていたのは、ブドウパンに入っている干しぶどうとおなじぐらい、小さな緑色のこぶた、レーズンだった。あまりに小さく「りっぱなぶたになれない」からと家を追い出されたというレーズンに、マノーはここに住めばいいと家へ招きいれる。こうしてカボチャの家でのマノーとレーズンの暮らしがはじまった。

　マノーの静かな生活は、奔放なレーズンとの同居によって大きく変化する。やんちゃで甘えん坊なレーズンは、家を汚したり、遊んでほしがったり、お話をせがんだりと、マノーを日々振り回す。しかし、忍耐強く賢いマノーは、レーズンを優しく教えさとしてゆく。わがままだが素直なレーズンの姿はまさに子どもそのものであり、親のように、先生のように、また親友のように常に愛情深くレーズンを受け止めるマノーは子どもたちに安心感を与えるだけでなく、大人の読者にも大人としてあるべき姿や思いやりをもって誰かと暮らしていくことのかけがえのなさを教えてくれる。

　原題MAZSOLAは、ハンガリーのことばでレーズンを意味する。縞模様のぼうしをかぶった緑のこぶた「レーズン」は、1963年から放送された人形劇番組のキャラクターで、現在も国民的人気があるという。ハンガリーでは1965年以降、3冊の書籍が出版されているが、本作と同時に刊行された『こぶたのレーズンとおともだち』も、最初の1冊目からの翻訳である。

（柿本真代）

ちかちゃんの はじめてだらけ

薫くみこ / 作　井上洋介 / 絵
日本標準　2007(1994) 年　111p

キーワード： あこがれ、きょうだい、友だち、歯医者、はじめて、美容院

「スチャラカチャン。」でも「ポンポコリン。」でも、なんでもいいんだ。

児童文学の多くの「はじめて」物語が、絵本『はじめてのおつかい』（福音館書店）のように、「初めて〇〇ができた」といった成功体験やうれしい発見などを題材にするのに対して、ここではむしろ、ちかちゃんの失敗や苦い発見が描かれる。

第1話は「はじめての美容院」。今までお母さんにカットしてもらっていたちかちゃんが、美容院に行きたいと言い始め、「誕生日のプレゼント代わりに、美容院に行かせてもらったら」というお姉ちゃんの助言で、初めて美容院に行くことに。前髪を切る時は寝ちゃだめよ、というお姉ちゃんの注意にもかかわらず、つい寝てしまったちかちゃん。すっきりした前髪のおかげで、もっとも隠したい極太の眉毛が露わになってしまう。夜中にこっそり眉毛を剃ろうとして、今度は片方の眉毛を全部剃ってしまったちかちゃん。悲観するちかちゃんを救ってくれたのも、お姉ちゃんだった。

第2話の「はじめての歯医者」は、虫歯が1本もないちかちゃんが、銀歯が取れたゆうたについていき、初めて歯医者にいく話。ゆうたの「歯医者さんにかかるときのこつ」として、なんでもいいから呪文を唱えるんだと聞いて、妙に感心するちかちゃん。そして第3話の「はじめての『スキ』」は、あこがれていたお姉ちゃんのクラスの今井君が、電車の窓から自分に合図しているのを見て、追いかけていく話。ようやく会えた今井君に「人違いだった」と言われ、「あれは今井君のにせもの」と言い張るちかちゃん。

子どもの日常は、いろんな「はじめて」に満ちている。ハードルを乗り越えるように、押し寄せる「はじめて」をかきわけて進む子どもの時間のありようが、「はじめてだらけ」というタイトルに見事に言い表されている。

（藤田のぼる）

ノンビリすいぞくかん

長新太 / さく
理論社　1996(1979) 年　69p

キーワード：　魚、散歩、ナンセンス、不思議

みてちょうだい！うみのギャング！ウツボがここにいるのよお！オエ、オエ、トホホホ

「ピュー」「ペチャ！」「ドタリ」「バキューン！」「ブバババビュー！」

これはみんな、水族館からとび出してきた魚たちの活躍している時の〝音〟である。ちなみに、「ブバババビュー」というのは、タコがスミをはいた音。

常識ある大人たちは、この本を楽しめないかもしれません。どのおはなしも、みんな、ぜったいあるはずのない、ばかばかしいものばかりだから。人間の住む町に魚がノンビリ散歩に出かけるなんて。

しかし、ヒラメも、フグも、エイも、タコも、タカアシガニも、みーんな、「ヒエー」とか、「ヘチャ！」とか叫んで、まじめに大冒険している。読んでいる子どもたちも、ときどき「ウヒョヒョ」とか、「プッ」とか笑い声を出しながら、こっそり、まじめに楽しんでいる。

近ごろ、まじめにナンセンスを書く作家がいないので、子どもたちは困っている。ありもしない、バカバカしい本の中にある、とてつもなく大きな開放感。そう、心の解放が子どもたちには必要なのだ。長新太は、かなりすごい。ぶっとんでる。それが文章だけでなく、絵の迫力も、言葉にできないくらいである。

どのおはなしも短いのだけれど、おはなしの後には、6コマのコママンガがついていて、これがまた、よいバランスになっている。

さて、ジェット・コースターに乗ったカワハギは、「ペリ！」とからだの皮をとばす。うしろにすわっている人は、「ウワハ、ハチャ、ハチャ、ブワハ、ハテナ!?」と叫ぶ。

なんと、このジェット・コースターは世界中の天才が、頭をおにぎりみたいにして、考えたものだ。きっとこの本、書いてるとき、長新太の頭もおにぎりみたいだったんだろうね。

（増田喜昭）

ベルンカとやしの実じいさん
366日のおはなし

パベル・シュルット / 文　ガリーナ・ミクリーノワ / 絵
大沼有子 / 訳
福音館書店　2015(2004) 年　112p

キーワード：幼なじみ、おじいさん、家族、小人、チェコ、日記、冒険、魔法、やしの実

おわりよければ、すべてよし……

すべては、プラハに住む6歳の女の子ベルンカが受け取った郵便小包から始まった。その中には、へんてこな帽子をかぶった小さなやしの実みたいなじいさんが入っていた。ベルンカは、南の国から突然やってきたやしの実じいさんに初めは戸惑っていたが、どこに行くにも一緒に連れていくほど大好きになっていく。ゲームに負けると真っ赤になって怒り、知りたがりやのじいさんは、いつも騒ぎの原因だ。しかし、ベルンカが自転車に乗れずに泣いていると「努力なしには、なにもなし！　だいじなのはあきらめないことじゃ」と励ましてくれる。

　ベルンカはやしの実じいさんのことをみんなに秘密にしていたが、アガタおばあちゃんだけは、なぜか大切に扱ってくれる。そんな中、幼なじみや近所のおばさんは不思議なやしの実の正体を探ろうと迫ってくる。ピンチになったら普通のやしの実に成りすますじいさんは一体何者なのか？　じいさんは本当に魔法が使えるのか？　アガタおばあちゃんは冒険好きで海の向うに消えた恋人と再会できるのか？　なぞ解きのように後半は、一気に読むことができる。

　おばあちゃんが作るバーボフカ（マーブルケーキ）やあんずパンなどのお菓子や、大人も子どもも一緒にスキーやたこあげを楽しむ様子から、チェコの暮らしぶりがわかる。物語は1月から6月、7月から12月の上下巻に分かれ、色鮮やかなイラストと短い文章で構成されている。イラストは、一つの場面で時間の経過がわかるように描かれ、まるでコマ送りのアニメーションを見ているようだ。366日を日記形式で綴っているので、ユーモラスな絵を楽しみながら読んでもらったり、自分で少しずつ読み進めたりするのにピッタリだ。

（湯ノ口佐和子）

アンナのうちはいつもにぎやか

アティヌーケ / 作　ローレン・トビア / 絵　永瀬比奈 / 訳
徳間書店　2012(2007) 年　158p

キーワード：　アフリカ、大家族、多文化理解、伝統的な暮らし

アンナ・ハイビスカスは、アフリカの女の子です。

アンナ・ハイビスカスは、アフリカの都会の女の子。街には大きな道路と高いビルが立ち並び、人々が忙しそうに歩き、道ばたにはプランテーン（料理用バナナ）を売っている人や髪の毛を細かい三つ編みに編んでくれる女の人たちがいる。アンナの家はまわりを塀に囲まれ、たくさんの部屋とバルコニーがいくつもある大きな白い家で、きれいな庭もある。アンナは、この家で、おじいさんとおばあさん、おとうさんとおかあさん、おじさんやおばさんたち、ふたごの弟ムチャとクチャ、大勢のいとこたちに囲まれ、にぎやかに生活している。

家族全員が同じ模様の服を着て教会に出かけ、ゆでたヤムイモとキャッサバとキビを腕がだるくなるまでつぶして、お客を歓迎する料理を作り、旅行に出かけると家族や近所のみんなにお土産を買うなど、大家族の暮らしぶりが親しみやすいイラストと共に描かれている。

いつも面白い事を探しているアンナは、好奇心に溢れていて、その瞳は、今の自分たちの生活を真っすぐなまなざしで捉えている。家族の中で唯一のカナダ人である母親やアメリカで仕事をしているスマイルおばさんの姿を通して、アンナは、アフリカに押し寄せている欧米の文化や価値観に気づき、それに興味を抱きつつも、おじいさんやおばあさんたちが大事にしているアフリカの昔ながらの生活の豊かさにも気づいている。大家族の生活は、家族一人ひとりに役割があり、上手く自分の役割を果たしながら、納得のいく効率的な生活が営まれている。二つの文化の狭間からしっかり社会を見つめ、行動するアンナのたくましさが伝わってくる。

作家はナイジェリア生まれ。自身の子どもの頃の体験が、本作に色濃く反映されている。

（内藤知美）

くまの子ウーフ

神沢利子／作　井上洋介／絵
ポプラ社　2001年　134p　＊1969年同社刊の改定新版

キーワード：　いのち、家族、考える、クマ、友だち、野原

ウーフは、ウーフでできてるんだよ。ね、おとうさん、そうでしょう。

『くまの子ウーフ』は子どものころに何度も読んだ童話の一つ。井上洋介の表紙画がむかし読んだ本と変わっておらず、なつかしい気持ちになった。その当時はウーフが強いはずの「くま」なのにちょっとしたことで泣いたり、はちみつをなめたらまた機嫌をなおしたりすることに、子どもながらに親近感を覚えたが、何よりも神沢利子の母親の声で語りかけてくるような、やさしい文章に惹かれた。その文章を読むと、小さないのちを愛おしむようなあたたかい世界のなかに、自分が包まれている気持ちになった。

　ウーフは、「あそぶこと」や「たべること」と同じように、「かんがえること」が大すきなくまだ。おとうさんやおかあさんと一緒に暮らし、友だちであるきつねのツネタやうさぎのミミと遊んでいるうちに、ウーフは自分の周りにある広い世界に次第に目を向けるようになる。ウーフの驚きは主に、自分がいまここで生きている不思議に向けられている。自分は何でできているのか考え（「ウーフはおしっこでできてるか？？」）、体の大きさとその価値の関係性について悩む（「くま一ぴきぶんはねずみ百ぴきぶんか」）ウーフは、子どもが一度は突き当たる、存在の謎を解き明かそうとしているかに見える。

　私はなぜ私であり、空を飛ぶ鳥や、草むらに立つ木ではないのか。それを考えはじめた子どもは、宇宙のなかにひとり投げ出されたような孤独と出合う。その時の頼りない気持ちと、いつもそばにいてくれる親のあたたかさ、友だちとのやりとりからの思索が、自然なかたちで描かれたこの童話は、子どもの気持ちをあたため、広げてくれる。

　くまの子ウーフの童話集は、神沢利子と井上洋介のコンビで、シリーズ3冊が出版されている。

（辻山良雄）

車のいろは空のいろ
白いぼうし

あまんきみこ / 作　北田卓史 / 絵
ポプラ社　2000(1968) 年　125p

キーワード：　運転手、キツネ、クマ、戦争、タクシー、夏みかん

こたたん山の　くまたちは／人におわれて　人になる／こたたん　こたたん

「車のいろは空のいろ」シリーズは、タクシー運転手の〈松井さん〉が出てくる一連の物語。さまざまなお客さんを〈空いろのぴかぴかの車〉に乗せて、松井さんは「日常」と「非日常」のはざまを走っていく。

本書は、著者最初の童話集『車のいろは空のいろ』（ポプラ社）の新装版で、春から冬までの8つの作品が収められている。表題作として掲げられるのは〈これは、レモンのにおいですか？〉という有名な書き出しから始まる「白いぼうし」だが、やはり最初に執筆された「くましんし」こそが、シリーズの根幹をなしている。

「くましんし」は、後部座席に忘れられた財布を届けるために、松井さんが持ち主の家を訪ねるところから始まる。〈わざと車においたのですよ〉という〈くましんし〉は、じつは〈北海道の釧路のさきの〝こたたん山〟で生まれたくま〉だった。〈くましんし〉は、故郷への思いをしみじみと歌いあげる。〈こたたん山の　くまたちは／人におわれて　人になる／こたたん　こたたん〉。それに対して、〈どちらがどうか　わからない／どちらがどうでも　かまわない／こたたん　こたたん〉と、目に涙を溜めながら答える松井さんは、「山ねこ、おことわり」の〈山ねこ先生〉に向けて〈また、いつでも、どうぞ！〉と、必死に伝える姿にも重なるだろう。

童話集『車のいろは空のいろ』は、松井さんと動物たちの少し不思議な交流を通して、「人間」とは何かという根源的な問いかけを行っている。だからこそ、〈おかえり／おかえり／松井さん／さあさあ、しっぽを／だしなさい〉と、松井さん自身が最初から「動物」であったかのような「ほん日は雪天なり」が、童話集の最後に置かれているのだ。童話という形式にこだわって表現を続けてきたあまんきみこの原点が、ここにはある。

（宮田航平）

こいぬとこねこのおかしな話

ヨゼフ・チャペック／作　木村有子／訳
岩波書店(岩波少年文庫)　2001(1929)年　200p

キーワード：　イヌ、クリスマス、ケーキ、子ども、チェコ、人形、ネコ

きげんが悪い人からは、百歩ぐらい、はなれておいたほうがいいと思う。

　子どものいたずら書きのように見えなくもないこいぬとこねこの姿を眺めていると、何だか楽しげな表情におかしさがこみあげてきた。この二匹が活躍する童話集は、その素朴なおかしみによってチェコの子どもをわしづかみにしたのだろう。「こいぬとこねこが床をあらった話」の、こいぬをブラシ代わり、こねこをタオル代わりにして床を磨き、二匹が洗濯物のようにひもにぶら下がっている場面には、何度読んでも笑わされる。

　少しぼんやりしているが気のよいこいぬと、すましたしっかりもののこねこは、人間の生活や行動にあこがれを持っているが、その人間ときたら貧乏な子どもにはいじわるをするし、おもちゃに飽きたらすぐに捨ててしまう……。それに比べこいぬとこねこは、失敗もするが誰かが嫌がることは決してしない。そうした気もちのよさが、この童話を読んだ子どもたちがほがらかになる秘密なのではないだろうか。10のお話には「どのような人がほんとうに立派な人といえるのか」と考えさせることばが含まれており、さりげないユーモアのなかから、子どもは自然といかに生きるかについて学んでいく。

　ヨゼフ・チャペックは、弟のカレル・チャペックとの共作『長い長いお医者さんの話』（岩波少年文庫）をはじめとする数多くの童話を残した。子どもへはあたたかいまなざしを注ぐ一方、自由を疎外するもの、人の暮らしを破壊する戦争へは、妥協を許さない辛辣な態度で接したが、そのことが結果的にナチス・ドイツ台頭後の逮捕、強制収容所への送還へと繋がっていく。

　しかしこの童話では、ヨゼフはそうした難しい顔をまったく見せない。その「ゆかいなおはなし」は、彼の強くて優しい心によって支えられている。（辻山良雄）

黒ネコジェニーのおはなし1
ジェニーとキャットクラブ

エスター・アベリル / 作・絵　松岡享子、張替恵子 / 共訳
福音館書店　2011(1944、47、48) 年　119p

キーワード：　学校、集会、仲間、ネコ、はにかみや

はにかみやさんは、ちょっとひとおししてやらなくちゃだめなんだな。

ジェニー・リンスキーは船乗りのご主人とニューヨークに暮らす小さな黒猫。自宅に面した庭はキャット・クラブに属する猫たちの社交場になっており、楽しげな様子がたびたび聞こえてくるものの、はにかみやのジェニーはなかなか家から出られない。そんな様子を案じたご主人が贈ったのは、手編みの真っ赤なマフラー。このマフラーに「ひとおし」されたジェニーは勇んで庭に出るが、個性的なメンバーを目の当たりにすると、今度は劣等感にさいなまれてしまい、またもや足がすくんでしまうのだった。

　人間との一対一の関係に充足していた猫が外の世界と出会い、時間をかけて自分の個性を見つけ出した末に、猫社会の一員になるまでを描いた第1話「ジェニーがキャット・クラブにはいるはなし」を皮切りに、ご主人の航海中、田舎の寄宿学校に預けられてホームシックにかかってしまう第2話、パーティーで屈辱と栄光を味わう第3話と読みついでいくと、はにかみやの性格はそのままに、勇敢さを身につけ、困難を乗り切っていくジェニーにほれぼれする。『しょうぼうねこ』（文化出版局）で活躍する雄猫ピックルズとの出会いの物語でもある第2話、ジェニーをのけものにする雌猫カロヤカアシ・アリスが登場する第3話で、それぞれ描かれるフェアプレイの精神も印象的だ。おずおずとはじめの一歩を踏み出し、仲間と過ごす楽しさを次第にわがものとしていくジェニーの姿は、集団生活の入口に立つ子どもたちに大きな憧れや共感を呼びおこすことだろう。

　シリーズは以後も書き継がれ、『ジェニーときょうだい』では兄弟猫が加わり、今度はジェニーが彼らのクラブ入会を「ひとおし」する役割を引き受けるまでになる。

（酒井晶代）

ふたりはなかよし マンゴーとバンバン１

バクのバンバン、町にきた

ポリー・フェイバー / 作　クララ・ヴリアミー / 絵
松波佐知子 / 訳
徳間書店　2016(2015) 年　150p

キーワード：　音楽、友だち、バク、プール、帽子

マンゴーといっしょなら、なんでもできる。マンゴーのためなら、なんでもする！

マンゴー・ナンデモデキルは、何でも一人できてしまう女の子。空手が得意で、料理もできるが、楽器はちょっと苦手。仕事に忙しいパパとにぎやかな町に住んでいる。ある日、マンゴーは町なかの横断歩道でうずくまっているバクを見つけ、やさしく諭し家に連れて帰る。バクはバンバンといい、ジャングルでトラに追いかけられているうちに、船に乗り、この町にやってきてしまったという。マンゴーとバンバンはすぐに打ち解け、マンゴーの家で一緒に暮らすようになる。

幼年文学には『くまのプーさん』（岩波書店）などのように空想の友だちを作り、他者との関わりや自分自身との対話が描かれることがよくある。この作品ではバクのバンバンがその役目を担っている。

マンゴーはバンバンと自分との共通点（寂しさや心細さ）を見つけ、彼を守りたいと思う。いつも助けられていたバンバンは、あるとき、マンゴーをサポートする立場になる。ふたりは改めてお互いが大切な友だちだと確認し合い、町の人たちにもマンゴーとバンバンのことが認められていく。それぞれが抱える孤独を認め、分かち合うことで友情が深まっていく様子が、短いお話4編からうかがえる。

そして、何といっても楽しいのは、個性豊かな登場人物を描いている挿し絵だ。憂いを含んだマンゴーや、ちょっととぼけたバンバン、彼を捕まえようとするマンションの住人など、柔らかなタッチで見事に描き分けられている。2色刷りのイラストがふんだんに入り、具体的なシーンを想像させやすくし、読む者を物語の世界へと引きつけて離さない。

続編『バクのバンバン、船にのる』では、相手のことを思いやるあまり、マンゴーとバンバンにつらい出来事が起こってしまう。

（羽深希代子）

ぽたぽた

三木卓／作　杉浦範茂／絵
理論社　2013(1983)年　143p

キーワード：　アイデンティティー、イヌ、影、子ども、手袋

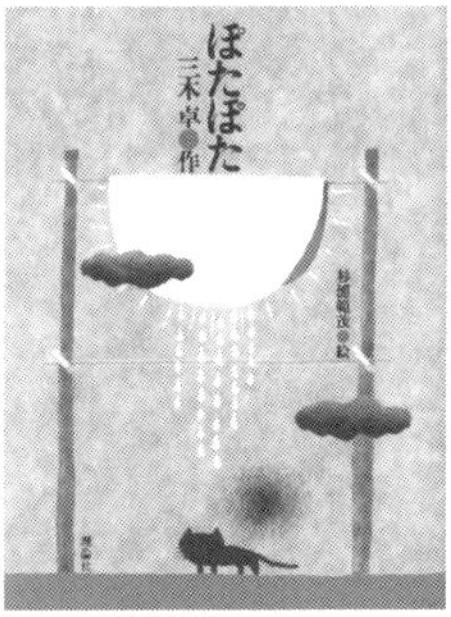

あのう。ぼくのかげぼうし、まいごになっていませんか

　幼い男の子リョウと、彼をとりまく世界を描いた短編集。巻頭に置かれた「ジュース」では、かげぼうしが意思を持つ存在として登場する。梅雨明けの晴天のなか張り切って駆けだしたリョウに置いてきぼりをくらい、挙句の果てにけっとばされて海へ落とされるかげぼうし。交番まで探しに行くと、濡れてしまったかげぼうしは物干しにかけられていた。

　19編の収録作のなかでリョウはうんこや水の行方を気にかけたり、猫や烏やせっけんと自在に言葉を交わしたりする。生物も無生物も全てが等価なその世界で、彼は知識や概念を経由することなくむきだしの状態で世界と触れ合っている。洗濯物の水滴はリョウや犬のおしっこへ、七五三の千歳飴は万年筆やおじいさんの杖へとゆるやかにつながり、形を変えていく。作中で固有名詞を与えられているのはリョウと数人の友だちだけだ。そこにはモノや生き物が役割から解き放たれた楽しさがある反面、生と死とが隣り合う危うさが潜むことにも注意したい。「びょうき」では高熱を出したリョウのもとに病気が人の姿で3度も現れ、一緒に暮らそうと誘う。巻末の「てぶくろ」では、あたかも手袋が持ち主を落としてきてしまったかのように、日が暮れてもリョウだけが家に戻ってこないまま作品が幕を閉じる。

　哲学者の鶴見俊輔は読み書きを始める前の子どもの時間を「神話的時間」と呼び、効率を重んじる「近代的時間」のなかで失われた豊かさをそこに見出した（『神話的時間』熊本子どもの本の研究会）。本作はこれに先んじて「幼い子の自由でみずみずしい世界」（「初版あとがき」）を描き出した傑作。詩人でもある作者が、日常語の手垢を落として生き生きとさせた一語一語をじっくり味わいたい。（酒井晶代）

ポリーと
はらぺこオオカミ

キャサリン・ストー / 作　掛川恭子 / 訳
岩波書店　1979(1955) 年　86p

キーワード：　オオカミ、食べる、知恵、昔話のパロディ

さあ、ポリー、おまえをくってやるぞ！

お腹をすかせたオオカミは、あの手この手でおいしそうな女の子のポリーを食べようとやってくる。でもオオカミは、すぐ自分の計画をばらしてしまうちょっと間抜けなオオカミだ。ポリーは、オオカミより一枚上手の都会っ子。ポリーが機知を働かせて、オオカミからのがれる軽妙なやりとりには、恐ろしさはあまりなく、読者を楽しませてくれる。熱心な努力家なのに滑稽なオオカミの失敗には、少し同情したくもなってくる。収録された7編の話の中には、「赤ずきん」をはじめとして、「ジャックと豆の木」「三匹のこぶた」「ヘンゼルとグレーテル」などの昔話の出来事や会話が入っている。それを見つけるのも面白い。

　さて、昔話の「赤ずきん」は、オオカミの言うとおりに道草をし、やすやすと餌食になる。赤ずきんはちょっと間抜けだ、と感じた人は多くいるだろう。17世紀にペローが、19世紀初めにグリムが、口承の昔話を書き留めて以来、数百年。「赤ずきん」は多くの作家を刺激してきた。今でも絵本や物語の中には、赤ずきん同様、受け身の女の子が息づいている。それは、現実の中で、赤ずきんに似た危うい経験を持つ女の子が多いということの裏返しでもある。元気なポリーの話は、現代の子どもにも薦めたい。

　原著は、１９５５年に出版され、赤ずきんを自立的な子どもとして描くパロディとして、人気を博した。続巻も１９９０年まで書かれた。日本版では表題作と『はらぺこオオカミがんばる』『まだまだはらぺこオオカミ』の続巻が翻訳されている。ストーはロンドン生まれ、精神科医として働くかたわら児童文学の執筆をつづけ、夢と現実の交差する世界を描いた『マリアンヌの夢』（岩波書店）など多くの作品を書いた。

（林　美千代）

きのうの夜、おとうさんがおそく帰った、そのわけは……

市川宣子／作　はたこうしろう／絵
ひさかたチャイルド　2010年　112p

キーワード：　お父さん、雷、四季、地震、ほら話、夜

とまあ、こういうわけで、ゆうべはおそくなっちゃったんだよ。

おとうさんがあっくんに、寝物語で語る「帰りがおそくなったわけ」、4夜の話だ。遅くなった理由は、奇想天外！ なんとおとうさんはモグラと出会って穴を掘ったり、雷の子どもとボートを漕いだり……。不思議な世界で動物の手助けをする羽目におちいっていたのだ。そして、おとうさんは動物たちと地震を防いだり、雨を降らせたりするなど、自然の営みを助けることになる。

現代社会の中で、家族のために一生懸命働く父親の姿は、子どもから見えにくくなっている。物話は、子どもの想像力とおとうさんのパワーが、混然と混ざり合った愉快な世界を展開していく。読者は、自然の生き物が織りなすファンタジー世界に思いを馳せたり、ほら話だと笑い転げたりするだろう。

おとうさんと遊びたい子ども、本当は外で子どもと遊んでやりたいのだが、忙しくて子どもと触れあえないおとうさん。物語を聞くうちに、両者の距離はどんどん縮まっていく。帰りが遅くなってごめん、と謝っていたあっくんのおとうさんも、「あした、おとうさんとキャッチボールしようよ」とか、「おとうさんがさかせた春一番の花」を見に行こう、などと、子どもに誘いかけている。この本は、おとうさんが子どもに読むことで、豊かなコミュニケーションを図ることができる。あっくんは、聞いている子ども読者でもある。思いがけない展開に子どもと笑いあった後で、「あしたは一緒に……しよう」と、ちょっとした約束ができたらとても楽しい。

市川宣子は『ケイゾウさんは四月がきらいです。』（福音館書店）で、幼稚園に住むにわとりの視点から、美化されない子どもを語るなど、ユーモアのある幼年向きの作品を多く書いている。

（林 美千代）

ドアのノブさん

大久保雨咲 / 作　ニシワキタダシ / 絵
講談社　2016年　110p

キーワード：　鉛筆、ドアノブ、文房具、ボタン

ノブさんをにぎった小さな手は、なんだか悲しくて、とてもしょっぱい香りがしたのです。

表題作を含め、全5作を収録する短編集。身近にある〈小物〉に光をあて、それらに降りかかる災難や騒動を、著者ならではのユーモアあふれる視点で描く。

巻頭作は「すきまの闇」。ある日、カシミアコートから落下した〈もも色のボタン〉は、昼間でさえ暗い本棚の下に落ち込む。そこには、闇で絶望する安全ピンやクリップ、くるみボタンたちがいた。彼らの希望は、この暗闇にお金が落ちてくること。なぜなら、人間は間違いなく探すから。自分たちもそれにあやかって光の方へ、元の世界へ戻る日を待ちわびている。突然、〈ジャリーン！〉という音が闇をさき、本棚の下にお金が次々と転がり込んでくる。大混乱のなか、暗闇にひゅんっと飛び込んでくるものさし。クリップの「はやく、それにつかまるんだ！」という声が響く。果たして、もも色のボタンは光の中へ戻れたのか？

2番目は表題作の「ドアのノブさん」。とあるアパートのドアノブは、長年一緒だった山下さん家族が引越し、悲しみに暮れていた。新しい田中さん家族が来たものの、自分には山下さん家族だけと受け入れない。敵視していた田中さんの男の子にいじわるをしていたが、ある日、ドアノブを握った男の子の手は意に反して……。日々触れ合うことで展開する、ドアノブの心の葛藤を描く物語だ。

身近な物へのまなざしがユニークであたたかい。着眼する物も通常主役とはほど遠い、コートから落ちたボタンやくつしたの裏の糸、切り落とされた木片など独特だ。ありふれた物に目を向けつつ、そこに繰り広げられる物語に耳を澄ます著者の感性に新鮮さを感じる。アニミズム的発想が幼年文学らしさを支えているといえるだろう。絵も作品世界を体現し、シンプルで気持ちが和む。

（遠藤 純）

願いのかなうまがり角

岡田淳／作　田中六大／絵
偕成社　2012年　125p

キーワード：　おじいさん、関西弁、願い、ほら話、孫

そやけど、なんでもかなうゆうのんはあかん。

近くのアパートに一人で住んでいるおじいちゃん。〈ぼく〉はしょっちゅうアパートに行くし、おじいちゃんもよくやってくる。そのおじいちゃんから折々に聞いた七つの話から成る連作短編集。どれもおよそ信じられないような話だが、中には〈ぼく〉に関係のある話もあったりする。第1話の「雲の上へいった話」がそうで、若い頃じいちゃんは猛練習の結果、雨をさかのぼって泳いで雲の上に到達したのだという。そして、そこで出会ったカミナリの娘が、おばあちゃんだというのだ。「写真にツノないやんか。」と聞いた〈ぼく〉に、「おじいちゃんはときどきツノみたで。」と答えるおじいちゃん。家屋敷が広すぎて、郵便受けの新聞を取りに行くのに弁当持参だったという「毎日の冒険」、バレンタインデーに集まってくる大量のチョコレートを置くための蔵があったという「チョコレートがいっぱい」などをはさんで、最後の第7話が表題作の「願いのかなうまがり角」だ。

みんなで旅行に行った時、おじいちゃんと散歩に出た〈ぼく〉は、角に来ると必ず曲がり、その度に妙に真剣な顔になるおじいちゃんにそのことを指摘すると、「願いのかなうまがり角をさがしてるねん。」と言い出す。なぜ？　いつから？　そもそも、願いのかなうまがり角なんてあるの？と、半信半疑の〈ぼく〉も、いつのまにか話に引き込まれていく。

学校が舞台のファンタジーが多い岡田淳が、おじいちゃんと孫の掛け合いで進んでいくほら話の世界を見事に構築した。おじいちゃんの話に対する〈ぼく〉のツッコミを受けて、おじいちゃんが話をふくらませていく間合いが絶妙で、子ども読者はいつのまにか〈ぼく〉と一緒にこの不思議な世界の住人になってしまうだろう。

（藤田のぼる）

ねこじゃら商店へいらっしゃい

富安陽子 / 作　井上洋介 / 絵
ポプラ社　1999年　110p

キーワード：　お客さん、ネコ、ファンタジー、店

「顔を、ひとつ、買いたい」「は？」白菊丸は、思わずききかえしました。

ねこじゃら商店は、ほしいものがなんでもそろう、なんでも屋。古ぼけた小さな店には、あふれんばかりの（ちょっとあやしげな）品物がつめこまれている。店のあるじは、年とった大きなぶちネコの白菊丸。礼儀にはちょっとうるさいが、どんな注文にも丁寧に応じる。

この本の中には、ねこじゃら商店にやってきたお客たちの話が5つ入っている。たとえば、ステーキ用の生きた大型バッタを注文しにきたガマガエルや、ねこじゃら商店を困らせてやろうとやってきたイタチ大将、ノラねこにつれられて偶然にやってきてしまった人間の男の子などがいる。

さいごのお話で、お客ののっぺらぼうが注文してきたものは、「顔」。のっぺらぼうでいることにあきあきしているらしい。白菊丸が悩んだ末に出してきたのが、鏡の中にいる7人の顔にばけられる「七化鏡《ななばけきょう》」。のっぺらぼうは大喜びするが、実はその鏡には怖いしかけがあるという話だ。ふだんは店の奥でねむりこけているのに、客が来たらうやうやしく対応する白菊丸がどこか不気味で、「うまい話には裏がある」「悪い客にはお仕置きを！」というような善悪がはっきりした結末も面白い。

本作は2013年にポプラポケット文庫に入った際、挿絵が平澤朋子に変わり、2作目の『ねこじゃら商店　世界一のプレゼント』でもコンビを組んでいる。どちらも短編的な構成で読みやすく、怖いエッセンスとユーモアを理解し始める3年生ぐらいからおすすめしたい。作者の富安陽子は、『クヌギ林のザワザワ荘』（あかね書房）、「小さな山神スズナ姫」シリーズ（偕成社）など、多数の作品を執筆しているが、主人公が日本の神々や妖怪が多いのも特徴である。

（小山玲子）

おめでたこぶた その1
四ひきのこぶたとアナグマのお話

アリソン・アトリー / 作　すがはらひろくに / 訳
やまわきゆりこ / 画
福音館書店　2012(1939) 年　179p

キーワード：　アナグマ、自然、仲間、ブタ、昔話のパロディ、わらべ唄

しあげは野リンゴのゼリーと去年のドングリをねかせてつくったチーズでした。

木かげの小道のほとりの、こぢんまりとした茅葺きの家に、料理番のトム、庭師のビル、よく気がつく裁縫係のアン、そして一番年下で元気なサムという、４匹のこぶたのきょうだいと、こぶたたちの友だちで親がわりでもある、賢いアナグマのブロックさんが一緒に森のはじっこで、自然の中の魔法にあふれた毎日を過ごす。時には怖いオオカミがやってきたり、意地悪なキツネにいたずらされたり、悪い人間に連れていかれたりと問題も起こるが、ブロックさんを中心に、みんなの力でなんとかしていく。素敵なフィドルの調べを聞きながら、おいしい食卓を囲んでおしゃべり。何の心配もない平和な暮らしが続いていく。

６つのエピソードが含まれた、幼年童話としては少し長い物語だが、低学年であれば十分読み進められ、読んでもらうと、軽快なテンポで展開する昔話を聞くように楽しめる。こぶたたちは元気で楽天的、好奇心が強く、おいしいものが大好き。また、「大きなライムの木の花から甘い汁を吸っているミツバチ」や「スイレンが茂り、水草の間で白いアヒルたちが水にもぐっている」川、「桜草とブルーベル」の生える庭など、自然の風景の詳細な描写が、読者にイギリスの森や野原や川辺を思い起こさせる。

本作には、イングランド中部の農場に生まれ、作品に歴史の積み重なった古い家、丘や森に囲まれた自然の中で生きることを楽しんだ著者の子ども時代が反映されており、昔話やわらべ唄に想を得たお話も含まれる。「グレイ・ラビット」や「サム・ピッグ」などの動物を主人公にした物語シリーズや多くの妖精物語、長編タイムファンタジー『時の旅人』、自伝的な作品『農場にくらして』（共に岩波少年文庫）などの作品がある。（福本由紀子）

Column 8

文字を読むのが苦手な子に

ほそえさちよ

子どもにとって文字を読むとはどういうことなのでしょうか？ それは、繰り返し声に出したり、手で書いたりして文字を体得した上での、高度なトレーニングが必要な行動だといえます。

音読するということ

小学校低学年で「音読」の宿題が出されることが多いのは、声と音と文字の形をスムーズにつなげるためのトレーニングとして有効だからです。でも、この音読で「読む」ことに苦手意識を持ってしまう子も多いようです。

『わたしのそばできいていて』（リサ・パップ作 菊田まりこ訳 WAVE出版）では、音読がうまくできず、クラスのみんなに笑われ、字を読むのが嫌いになった女の子が、図書館で犬に本を読んであげるという体験を重ね、うまく音読ができるようになるまでを描いています。これはアメリカで実際に行われている活動で、つっかえても読みあぐねても、黙って信頼感を持って聞いてくれる存在に励まされ、子ども自身の力で伸びていくというもの。プレッシャーを感じずに、文字を声に出すというトレーニングを重ねられる環境を用意することが、大きなサポートになっています。

文字を目で追うということ

文字の並びが横組みであれば、目や顔を左右に振って、目線を下に落として行をたどっていけますが、縦組みだと目の動きに意識的にならないと、どこの行を見ているのかわからなくなります。指で1行ずつ辿りながら読む子どもの姿を見たことのある方も多いのでは？ これは日常生活のなかで目を縦に動かすという行為が少ないこと、日本語表記の縦組みが新聞や物語系の書籍、教科書でも国語だけと、相対的に少なくなっていることによります。

実際に読んでいる行だけが見えるスリットの入った用具を使って読めるようになる子もいれば、行間の広いレイアウトの字面の本だとわかりやすいという子もいます。私の場合、文字を目で追うことが苦手な子どもと「一緒読み」を楽しみました。登場人物の一人のセリフを子どもが受け持ち、私の読む声を聞きながら、目で文字を追って、自分の担当の行にきた時に、声を出して読むというものです。同じ様なトレーニングとして、二人で1行づつ交互に読みあう「二人読み」を行なっている学校もあります。

海外の本のなかには文字を読むのが苦手な子どものために、行間を広く取り、文字の形の違いがわかりやすい書体を使うなど、デザインの力で読むことの負荷を減らす工夫をしている本がありあます。それが日本で翻訳されると、通常の本の作り方と同様にされてしまっていることが多く、残念。書体に関してはユニバーサル書体（UD書体）の種類も増えており、教育現場で積極的に使われるようになってきました。文字を読み慣れていない子どもに向けた本でも、そのような視点のデザインや本づくりが求められています。

文字の読み取りと内容のギャップ

中学年、高学年にも文字を読むのが苦手な子どもが一定数いると、教育現場にいる方は感じていらっしゃることでしょう。その子たちに単に文字の大きな幼年向けの本を手渡したとしても、そっぽを向かれるだけ。書かれている内容がその子たちの好奇心とリンクしなければ、読みたい本にはなりません。そんな時は文字量は多いけれど、一つ一つの章が短い読み物、挿絵が物語の世界に誘ってくれる本が有効です。

謎解きが好きな子であれば、絵と文章で謎解きする『くろて団は名探偵』（ハンス・ユルゲン・プレス作　大社玲子訳　岩波少年文庫）を紹介してみては？　文字を読み慣れない子にはハードルが高そうに見える「文庫」という形の本でも、読みこなせたという達成感が次の本へと手を伸ばす力になります。『野生のロボット』（ピーター・ブラウン作・絵　前沢明枝訳　福音館書店）は短い章が80もある本ですが、絵本も手がける著者の描いた絵が作品の理解を助けます。文章を読んで像を結ぶのが苦手な子も、イメージを持って読み進められ、集中が続かない子も、見開き単位の短い章なら、休みながら読み続けることができます。環境問題や人工知能、サバイバルなど現代的なテーマが、知的好奇心をそそることでしょう。

子ども一人ひとりの読みたい気持ちを尊重しながら、何に困っているのかを見極め、丁寧に本を紹介することが大切です。

ウーフは私なんですよ

神沢 利子

『ちびっこカムのぼうけん』は、私なりに構成を考えて作ったもので、十年間はその方向で書いてきて、違う書き方をしてみたかった。元気な子を要求されることもあって、子どもの外側、内面ではなく、行動を書いていたと思うの。それで、今度は、もう少し違った形で子どもを描きたいなと思ったのが『ウーフ』の始まりです。もっと本質に迫りたいというか、もっと詩のような形のものをね。

詩とか童謡を書くときは、一つのものをじーっと見つめる。コップの詩を書くとしたら、コップを見つめて、自分がコップになった気持ちになる。コップは水が入ってきたときどうなるんだろう、冷たい水が入ってきてパーッと曇ると、夏の谷川のせせらぎが感じられて、鶯の声が聞こえてくる。氷を入れてスプーンでかき回されたり、砂糖を入れてとけるとき、音楽を奏でたり、歌ったり。ジュースを入れたら夕焼けになる。花をさしてもらったらとても嬉しいなとかね。ウーフは、それに近い形で作っていったんです。

よく「お子さんをよく観察して書いたということが分かります」なんて言われるけれど、私、そのとき、子どもを観察したことないんです。子どもが好きでたまらないという人じゃないのよね。何を頼りにするかというと、自分が子どもであった時の感覚。自分の中の子どもとの対話っていうか、自分の中の子どもが動き出すみたいなところがあって。それから、「母の友」で載せている子どものつぶやきや、子どもが書いた詩が、とても力になりましたね。

ウーフがいろいろ考えるんですけれど、私ね、そういう屁理屈、好きなんですよね。それから私はよくへまをするわけね。間違える人で、なくす人で、汽車の切符だとか飛行機の切符だとか、ちゃんと机の引出しへ入れたと思ったらないのよね。探し回っても分からない。そのときはもう諦めて、もうあれは異次元の世界へ行っちゃったということにするわけね。それが、また思いがけないところから出てきたりする。そうしたらまた向こうの、四次元の世界から帰ってきたわっていう感じなんですよ。だから間違えることが当たり前なんで、間違えないっていうことが非常に不思議なのね。そういう私が、ウーフそのものなんですよ。

　ウーフはまさに蜂蜜色の幼年時代ね。一方、暗黒っていうと、たとえば、大好きな蝶々の死は子どもにとってとても大きな悲しみ。子どもは悲しいときは全身で悲しむ。それを大人は泣いているのが可愛くて笑ったりするでしょう。それはほんとに子どもにとってはきついことなんですよね。私も笑っちゃう大人になったけれども。そういう意味では子どもはほんとに孤独なんですよね。

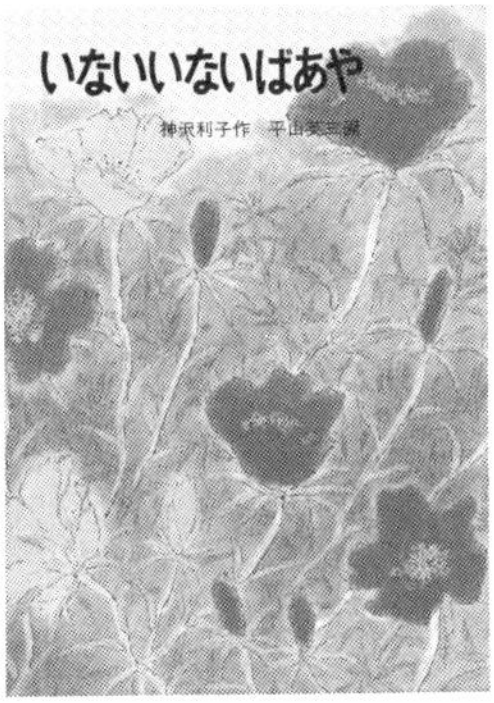

『いないいないばあや』
神沢利子／作　平山英三／画
岩波書店

　子どもの光の部分をずっと書いてきて、でも、それでは片手落ちな気がして、『いないいないばあや』を書いたわけです。私、子どものものでほんとに辛いのはね、子どもは、かなり深いところまでいろんなことを感じるんだけど、読む力はないわけでしょう。だから『いないいないばあや』を小さい子は読めませんよ。ああいうこと感じてるけどね。

　幼年童話を書くとき、不思議なことにどんなにしょげていても、元気なお話を書いているの。どうしてかしらと考えてみると、物語の中では、私はどんなものにもなれる。動物にも、男にも、夕焼けにも。この世の中では一つの自分にとじこもっていなくてはいけない私が、物語の中では多重性を生きられるのね。そして、動物や大空や星がしゃべる世界は、神話の世界でもあると気がついたんですよ。きっと私はその神話的な世界の中で解放されているんだと思いました。

「くまの子ウーフの絵本」神沢利子／作　井上洋介／絵　ポプラ社

　だから、幼年童話は、読む人も書く人も癒やしてくれる力があるような気がしますね。幼年童話そのものに、なにか光りかがやく力のようなものがあって、それは未来のある子どもの存在そのものが持ってる光なのかもしれませんね。

（児童文学作家）

（「母の友」福音館書店　二〇〇〇年一月号　インタビュー再録）

7章

1冊読めば、つぎつぎと

シリーズ本いろいろ

1ねん1くみ 1ばんこわ～い

後藤竜二／作　長谷川知子／絵
ポプラ社　1998年　69p

キーワード：　1年生、おばけ屋敷、学校、怖い、スタンプラリー

この きょうしつを おばけやしきに して、学校じゅうの みんなを こわがらせてみたいんです。

でしゃばりで責任感のないくろさわくん、みんなから一目置かれ、頼りがいのあるみずのさんなど、小学1年1組のユニークな子どもたちが、校内イベントでおばけ屋敷を企画・実施する物語。

花の木小学校では、まもなく恒例の「花の木まつり」が開催される。その実行委員を決める話し合いで、立候補したのがくろさわくんだった。しかし委員はお神輿をかつがないこと、お菓子をもらえないことから、くろさわくんはすぐに立候補を取りやめ、結局女子から信頼の篤いみずのさんが実行委員になる。みずのさんは教室をお化け屋敷にして学校中を怖がらせたいという。否定的なクラスメイトや先生だったが、みずのさんの思いに反応したのがくろさわくんだった。翻意して実行委員を引き受けると、結局、翌日クラス全員で校長先生に直談判、許可を取り付けた。本番までたった2週間しかない中、意外にも高い交渉力を発揮するくろさわくんにも助けられ、余念なく準備が進む。

個性的な人物造形が本作の魅力の一つだ。くろさわくんは、学校という場、学校生活にいまだ馴染めず、思うままに発言しやりたいように行動する奔放な子どもだ。「小1プロブレム」を想起させる、クラスではトラブルメーカーともいえる存在である。そんな彼がみずのさんの思いに共感し、強い意欲をもって行事に取り組む様子を、読者も興味深く読み進めるだろう。また、物語の語り手として設定されている男の子（ぼく）は、強く自己主張することなく客観的・冷静にクラスを見つめ、一方で行事にも熱心に参加している。

「1ねん1くみ」シリーズは、1年生の不安と戸惑い、エネルギッシュな子ども像を描き、親しまれている。（遠藤 純）

おさるのまいにち

いとうひろし／作・絵
講談社　1991年　85p

キーワード：　おじいさん、おはなし、カメ、サル、島

「また、きて　くれるよね。」「うん、うん。」

『おさるのまいにち』は、「おさるの本」シリーズの第一作。赤ちゃんも子どもも大人も老人も、カエルやカメやおさるも、みんな等しく持っているのが、「まいにち」だ。

南の島のおさるの場合、お日様とともに目を覚まし、おしっこをして、ごはんを食べ、毛づくろいや木登りをし、かえるなげや水浴びをして夜になったら眠る、それが繰り返されるのが毎日である。本のページをめくるのに合わせて、おさるの毎日はたんたんと、のんのんと続いていく。そんなある日、世界中を旅しているうみがめのおじいさんの「まいにち」と出会う。おじいさんは旅する毎日の中で、本書の8ページ分にも相当する大きな大きな船と出会ったらしい。うれしそうに話すおじいさんと、びっくりして聞くおさるたち。それぞれの「まいにち」が出会って、別れて、また、それぞれに続いていく。それだけなのに、読み終わると、毎日がなんだかとても気持ちよいものに思えて、「うん、うん」とうなずきたくなる。この本に流れているゆったりした時間が、気づかずにいた「まいにち」をそっと掬い取っているからだろう。

『おさるはおさる』では、さらにゆったりと繰り返す時間がおさるを支えてくれる。カニに耳を挟まれて「かにみみざる」になったおさるが抱く「ひとりぼっち」の不安を、おじいちゃんやおじいちゃんのおじいちゃんが、「おんなじ」「まいにち」の話で取り除いてくれるのだ。

「おさるの本」シリーズは10作を越えた。私たちよりもおさるに近い子どものそばに居てほしい本ばかりである。けれど、子どもに与えるだけではなく、子どもといっしょに大人も読んでほしい。大人も子どもも同じく「まいにち」を生きる生き物だから。

（森下みさ子）

オバケちゃん

松谷みよ子 / 作　いとうひろし / 絵
講談社　1991年　118p

キーワード：　おばけ、家族、コウモリ、友だち、森

こんにちは、かいじゅうじゃありません。ぼく、オバケちゃんです。ねこによろしく。

「オバケちゃんの本」全9巻の1冊目である本書は、新版『オバケちゃん』とも呼ばれている。収録されている物語は、1970年1月から雑誌『たのしい幼稚園』に上野紀子の絵で連載されたもので、最初に単行本化されたのは1971年、絵は小薗江圭子だった。

著者は、早くから、おばけに対する子どもの関心の強さに目を向けていた。1966年に雑誌に発表された「オバケとモモちゃん」は、モモちゃんが「オバケ」を買いに行く話。子どもがおばけを怖がらなくなったと嘆く「オバケたち」が登場する。それを発展させ、おばけの側の物語としたのが本作品であろう。怖がりなおばけの登場がより親近感を抱かせる。

主人公のオバケちゃんは、「パパおばけとママおばけ」と森で暮らしている。ママに甘えたり、友だちを求めたりするオバケちゃんは、人間の子どもと共通点を持つ。一方、おばけの特徴も持ち、空を飛び、火の玉にもなる。この物語の魅力の一つは、主人公と同化して、おばけの不思議な日常が体験できることにある。友だちのコウモリと「ひと口のむたびに、色も味もかわる」「おばけジュース」を飲む場面も楽しい。また、物語に挟まれる歌やオバケちゃんたちの会話がリズミカルで、声に出して読むのも面白い。

本作品は日常の物語では終わらない。森を開発から守ろうとオバケちゃん一家が奮闘する展開を通して、町が広がり暗闇が減ってしまった現代の問題が示されている。また、パパおばけが「思いをこらす」ことで開発が中止になるという結末を通して、「思い」の力が語られる。神秘的な民話を「日本人の魂」（エッセイ「民話の心」）と捉え、それが失われてゆくことを問題視する認識を下敷きとして、この物語は紡がれている。

（中地 文）

きいろいばけつ

もりやまみやこ / 作　つちだよしはる / 絵
あかね書房　1985年　77p

キーワード：　キツネ、空想、自分のもの、友だち、バケツ

まだ　あたらしいんだ。だれのだろ。

「きつねのこ」こと、きつねこんすけが丸木橋のたもとで黄色いばけつを見つけたのは、月曜日。手になじむ大きさのそれはきつねのこによく似合い、友だちのくまのこやうさぎのこからも「まるできつねくんのみたいだ」とほめられる。1週間待って持ち主が現れなかったら自分のものにしようと決めると、翌日からきつねのこは毎日ばけつのもとへ通い、うっとりと眺めたり、かたわらでうたたねをしたり、名前を書き入れる真似をしたりするばかりか、雨が降れば濡れたばけつを気遣い、風が吹けば飛ばされないように水を入れてやるというように、まるで命あるもののように慈しむ。ところが1週間が過ぎた月曜日の朝、いつもの場所からばけつは不意に姿を消してしまうのだった。

モノを所有することや対象に憧れることの根源的なあり方を描いた作品。一心に思い続けた1週間を経て、ばけつはきつねのこにとって単なるモノを超えて、大切な宝物、さらには自分の分身のような存在になっていく。断捨離という言葉が日々飛び交うように、大人はとかくモノに振り回されがちだが、子どもは大人が思いもよらないやり方で、モノとの幸福な関係を築いていく。作者は「あとがき」で「かけがえのないものは、いつの時でもたった一つしかないということを一番よくわかっているのは、ほんとうは幼い子どもであるのかも知れません」と記している。

控え目で穏やかなキャラクターが印象的なきつねのこを主人公とする作品は、全5巻のシリーズにまとめられた。2冊目の『つりばしゆらゆら』は、橋の向こうに住んでいるというきつねの女の子に思いを馳せる物語で、憧れの対象がモノから見知らぬ相手へと広がっていく。

（酒井晶代）

ぼくはめいたんてい
きえた草のなぞ

マージョリー・W・シャーマット／ぶん
マーク・シーモント／え　神宮輝夫／やく
大日本図書　2014(1986)年　52p

キーワード：　相棒、イヌ、事件、探偵、仲間

小さくてやせていてぐったりしているじけんをしかたなくひきうけました

9歳のパンケーキの好きなネート少年は事件を依頼されると、ホームズを思わせる帽子とトレンチコートを着て、相棒のスラッジ（犬）と一緒に出かける。必ずママに置き手紙をして。そんなネートとスラッジにも苦手な犬がいる。アニーの犬のファングだ。体がでっかくて鋭い歯を持っている。

このシリーズは、1冊1件の事件を解決するのでどの巻から読んでもいい。50頁程度の物語なのに、読者には（大人でも）犯人がなかなかわからない。読んでいて夢中に（ムキに？）なってしまう。巻末にネートが食べている食べ物のレシピや名探偵の心得が載っていたりと、これも楽しめる。登場するネートの仲間は、個性的なロザモンドと4匹のねこ、怖そうに見える犬のファングを飼っているアニーと弟のハリー、隣に住んでいるオリバーとペットのうなぎ、他にエスメラルダ、クロード、ピップ、フィンリーと個性豊かな仲間だ。

今回の事件は、隣に住むオリバーのなくなった雑草を追う。事件になるほどの雑草なのかと乗り気でないネート。しかし、オリバーにとっては大切な雑草らしい。ネートは早速ママに置き手紙をして出かける。今回の事件は難航した。しかし、いろんなことに目を向け耳を傾けてヒントを得たネートが動き出す。

著者のマージョリー・W・シャーマットはアメリカの作家。子どもの頃から作家になる夢をいだいていたという。幼年文学からYAまで書いている作家だ。

マーク・シーモントはパリで生まれ、渡米。挿絵でデビュー。多くの作品で高い評価を受けている。絵本では、『はなをくんくん』（福音館書店）、『木はいいなあ』（偕成社）などが知られている。

（市川久美子）

チュウチュウ通りの ゆかいななかまたち1番地 ゴインキョとチーズどろぼう

エミリー・ロッダ / 作　さくまゆみこ / 訳
たしろちさと / 絵
あすなろ書房　2009(2005) 年　47p

キーワード： オーストラリア、事件、チーズ、泥棒、仲間、ハツカネズミ、冒険

たいへんだ！　たいへんだ！ おまわりさーん！　おまわりさーん！

　絵本を読んでもらう年齢から一人で読めるようになると、ちょっと大きくなった気分になる。この本は自分で読んでみようかなと、手にとるのにぴったりだ。あまり厚くなく、読みやすい活字の大きさで、漢字にはルビがふってあり、楽しそうな挿絵がたくさん描かれている。

　ネコイラン町のチュウチュウ通り1番地にはお金持ち（この場合はチーズ持ち）のゴインキョが住んでいる。ひとり暮しのゴインキョはドロボウに狙われるが、そのことを知ったチュウチュウ通りのハツカネズミたちは大きな音をたてて、ドブネズミの強盗団を押さえつけてしまう。

　ドロボウを退治したお祝いでひらかれた、ゴインキョのチーズパーティには、このお話のシリーズに登場するハツカネズミがみんな、勢揃いしている。

　2番地に住む古道具屋のクツカタッポ、3番地の子沢山のお母さんフィーフィー、4番地の画家レインボー、5番地のケーキ屋チャイブ、6番地のドラマーの女の子クイック、7番地の車の修理屋レトロ、8番地の魔術師マージ、9番地の船大工セーラ、10番地の郵便局員スタンプと、様々な職業の彼らは、それぞれの本の主人公でもある。シリーズを通して読めば、関わりあって暮らす、いろんな立場のネズミたちのセリフから、気づきも得られ、会話の多い文章がテンポよく、楽しい。

　お菓子づくりに車の修理、宝の地図や魔法もでてきたり、個性的な名前をたどりながら次はだれのお話を読もうかなという気になる。子どもの夢がつまっているユーモアいっぱいの冒険話ばかりだ。1冊すすめると次々と読む子どもが多い。

　作者には「ローワンの冒険」シリーズ（あすなろ書房）などのファンタジー作品もあり、高学年からの子どもたちに良く読まれている。

（阿部裕子）

こぎつねキッペのあまやどり

今村葦子／作　降矢奈々／絵
ポプラ社　2002年　77p

キーワード：　あまやどり、キツネ、どろんこ遊び、水遊び、森

どろんこぎつねと、どろんこだぬきが、どろんこのなかで、まざっちゃいそうだぞ！

こぎつねキッペと森の仲間たちがどろんこの湯船で大騒ぎ!?　森の動物たちがかくれんぼをしていると夕立がきて、みんなは大きな木の下で雨やどり。たいくつになったこねずみはたたんぽの花びらで花占いを、別のこねずみはたんぽぽの茎をストローにして水を飛ばし始める。いつの間にかみんなで水の飛ばし合いっこになり、気がつけば雨はすっかりあがっていた。すると、今度はキッペが水たまりのどろんこを両足でこねている。それを見た森の動物たちは我慢できず、どろんこの中でしりもちをついたり、ころがったりして、どろんこの中で大騒ぎになったという理由《わけ》だ。

「こぎつねキッペ」シリーズは、「はるのうた」など、全部で5巻。自分の成長を喜んだり、空を飛びたいと真剣に考えたり、子どもたちの素直で一途な気持ちを丁寧に描いている。また、森の動物のキャラクターの特徴を上手く表現しているのも魅力的だ。しっぽが自慢のキッペは楽しいことを見つけるのが上手で、臆病ないたちは何でも心配し、頼りなるこぐまはどんなときでもあわてない。「ぷっ！」「びゅーん」「たぷん」「とぷん」などの擬音語も効果的に使われ、遊びの楽しさが、ぐうんと増して伝わってくる。

リズミカルな今村葦子の文章は、子どもたちの日常生活をちょっぴり特別でわくわくする出来事にみごとに変える。挿絵は降矢奈々。黒を基調にしながらもポイントで使われる鮮やかな色使いがお話の世界を一層豊かにしてくれる。

タンポポの花や茎、どろんこや水たまりなど、身の回りにあるものを何でも遊びの道具に変えることができる子どもたちに、物語の中でもキッペたちと一緒に思いっきり楽しんでもらいたい。

（湯ノ口佐和子）

こぐまのくまくん

E. H. ミナリック / ぶん　モーリス・センダック / え
まつおかきょうこ / やく
福音館書店　1972(1957) 年　60p

キーワード：　お母さん、親子、クマ、誕生日、願い

おかあさん、いつも、ぼくのよろこぶこと、してくれるね

「はじめてよむどうわ」全5巻の1冊目。どの巻もこぐまのくまくん一家の日常を、ユーモアと深い愛情で描いている。その中で本書は、こぐまのくまくんとおかあさんの話で、「くまくんと　けがわのマント」など、4つの話が入っている。甘えん坊で、何でもできると思っているくまくんを、優しくあたたかく見守りながら、言うべきことははっきり言うおかあさんが面白い。おかあさんに寒いといって次々と着るものを作ってもらい、ついにはけがわのマントを欲しがるくまくんに、おかあさんは、服を脱がせ裸の体をたたき、「けがわのマントなら、ここにありますよ」と言う。生活を豊かにして楽しむこと、好奇心や冒険心を持つことを応援し、誕生日にはバースデーケーキを作るなど、できるかぎりくまくんの願いをかなえるようにしながらも、限度をきっぱりと伝えるおかあさんに、読者は納得するだろう。

特に最後の章の「くまくんのねがいごと」は、読者を幸せな気持ちで読み終えさせる。くまくんは、寝る前に、雲の上で空を飛ぶなど、途方もないねがいごとをおかあさんに話し、「それは、とてもむりなおねがいねえ」と言われる。しかし、最後にはおかあさんにおねがいし、くまくんが今までしてきたことを、順々にはなしてもらう。それは、本書のエピソードと重なっており、読者はくまくんの経験を振り返ることができる。この巻は、くまくんとおかあさんの交流が軸となっているが、他の巻では、おとうさんやともだちなどとの楽しい交流も描かれている。

自分で読んでも楽しめるが、おやすみ前の1冊としても最適。松岡享子の語りかけるような日本語訳は、耳に心地よい。センダックの味わい深い挿絵も、読者の想像力を助けている。

（武田育子）

おばけやさん１
これがおばけやさんのしごとです

おかべりか / 作
偕成社　2011年　87p

キーワード：　おばけ、家族、仕事、便利屋、店

きょうのしごとがぶじにおわったら、こもりうたを三つ、うたうこと。

たもつは「おばけや」のあるじです。おばけはいろんなかたちになるのが得意で、配達やおつかいなどをする便利屋です。両親とは離れていて保護者がわりの大きなうさぎ、ポンポと暮らしています。依頼を受けたら、たもつは仕事内容をびんの中にいるおばけに伝えます。おばけの報酬はこもりうた。おばけはたもつのこもりうたが大好きで、エネルギーになるのです。仕事が終わり、お風呂に入ったあと、こもりうたをうたい、おばけが満足したら、たもつの一日は終わります。

おばけやは大変。たもつが責任をもって仕事を完遂しなければならないので、トラブルも自分で考えて対処します。お客様には敬語で丁寧に接し、眠くても帳簿をつけて、こもりうたを必ずうたいます。学校と仕事を両立させているたもつは、のんびりしている様に見えて、なかなかのしっかり者。そして、どうすればおばけが楽しいか、やる気になるかをよく見ているのです。

たもつが両親と離れ、うさぎのポンポやおばけと暮らしている姿からは、従来のかたちにとらわれない多様な家族のありようを考えさせられます。また、便利屋の仕事を通じて、近所の人たちとの交流も描かれ、たもつとコミュニティーとの関わりがよくわかります。

表情豊かな人物像と鋭い観察眼とサービス精神満載の絵にも注目。表紙から遊び心たっぷりで、目次からお話が始まっています。４コマまんがや細かい書きこみなどもあり、絵と文が一体化され、楽しく読み進められます。作者のおかべりかさんは、２０１７年に他界され、おばけやさんシリーズも7巻までですが、どこかで、おばけやさんは営業しているような気がしてなりません。

（森口 泉）

キダマッチ先生！1
先生かんじゃにのまれる

今井恭子 / 文　岡本順 / 絵
BL 出版　2017年　32p

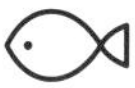

キーワード：　医者、ウシ、カエル、患者、病気

こまった人を助けるのが、わたしの仕事だ。

仏さまがアグラをかいた形のアグラ山のふもとの池のほとりの古い木に住んでいる、カエルのキダマッチ先生は評判の名医です。小さいものから大きいものまで、どんな生き物の病気やけがも、治してしまいます。決して手抜きはしないのに、びっくりするような安い診察料（なんとジャムパン2つほどの値段で骨折の治療をしてくれる！）しか受け取りません。時にはもらえないことだってあります。なぜなら患者さんも治してもらって当たり前という感じだからなのです。それでも特に腹を立てることもなく、真摯に診察にあたります。

背中の自慢の黄色い水玉模様が隠れてしまうので、白衣は着ないおしゃれさん。どんな病気にも決して動じず、患者に飲まれてしまうような、けっこうなひどい目にあっても、あわてず騒がず冷静です。だから、患者たちは様々な愚痴や悩みを言いに、今日も先生のところにやってくるのです。

そんな一見完璧とも言えるキダマッチ先生にも、悩みごとがあります。それは派手好きで先生の稼いだお金をはじから宝石や衣装代に使ってしまうおくさんが、去年の秋に都会に行ったきり帰ってこないということ。そろそろ、帰ってきてもいいのではと思っていますが、ゆっくり考える暇も持てないくらい、毎日が忙しそうです。先生の悩みは一巻では解決しませんが、今後おくさんは帰ってくるのでしょうか？　シリーズものなので、今後の展開に期待してしまいます。

どんなびっくりするような患者さんがあらわれるのか、わくわくしながら楽しめるストーリーと、ふんだんに使われている岡本順さんの繊細で美しいカラーの挿絵で、キダマッチ先生がどんな生活をしているのかが想像しやすく、絵本から読物に移行するのに最適な本となっています。

（兼森理恵）

図書室の日曜日

村上しいこ / 文　田中六大 / 絵
講談社　2011年　95p

キーワード：　いたずら、関西弁、小学校、図書室、ナンセンス、妖怪

げげーっ！　ただやと思ってたんかあ！

「ここは、せんねん町の、まんねん小学校。どこにでもある小学校だと思うでしょ。でも、ちょっとちがうんですよね。とくに、日曜日は……。」と始まる「日曜日の教室」シリーズは2010年の『音楽室の日曜日』に始まり、2018年11月刊『図工室の日曜日　おいしい話に気をつけろ』まで目下17巻。好調に巻を重ねている。

『図書室の日曜日』では、国語辞典と英語辞典が掛け合い漫才のような会話をしていると、やってきたのがアニメ顔とうんこマークを落書きされたのっぺらぼう。「おふたりほど顔の広いかたは、いらっしゃらないし」と、おだてられて気をよくした辞典「二人」は、のっぺらぼうと連れだって落書きの犯人探しに乗り出す。ホームズや夢水清志郎といったおなじみの名探偵からは、あれこれの理由でふられ困っていると、水戸黄門や織田信長が出てくる。そして、『ようかい大百科』の中へ入り……と、はちゃめちゃな世界が関西弁の軽口でぽんぽん展開していく。

冒頭に上げた台詞は、町のクリーニング屋さんのもの。そう、辞典や本の中の登場人物たちは、町にも繰り出すのである。町の人は彼らには驚かないくせに、クリーニング代の請求に対して「お金いるんやあ！」と言われて驚き、この台詞。お金がらみの大阪ネタのびっくりのポイントにびっくりする。やりたい放題のナンセンスな展開だけれど、学校の身近な品々がそれをやってくれるのだから、小学生にとって、それは自分の日常まで愉快に見えてくる面白さだろう。

シリーズ既刊をさりげなく図書館の棚に書き込むなど、田中六大の絵も読者サービスに余念が無い。自分で読めるようになった子どもが、友だちとくすくす笑いながら読むのにぴったりのシリーズである。

（西山利佳）

ふしぎの森のヤーヤー

内田麟太郎／作　高畠純／絵
金の星社　2004年　95p

キーワード：歌、散歩、鳥、ナンセンス、独り言、不思議な生き物、森

♪さんぽ　さんぽ　二歩でも　さんぽ
♪さんぽ　さんぽ　千歩でも　さんぽ

幼い子どもは、ことばをまず音としてつかまえる。「散歩」と「三歩」は、同じ音に聞こえるかもしれない（アクセントはちがうけれど）。作者は、「散歩」と「三歩」が未分化の、現実の意味から強い遠心力をもつナンセンス世界を自覚的に描き出す。散歩が好きなモニモニの男の子のヤーヤーは、からだは子ブタみたいで、耳はウサギみたい。主人公がまさに未分化なのだ。

　ヤーヤーが森の散歩の途中で行き会うのは、私たちの心の問題の人物化のようにも思える。クビナガドリのコリゴリさんは、「ドクグモ。ゆめにも　やきいも」「いかにも　ふともも！」と話をはぐらかす。ヒトリゴトさんは、「まったく、そのとおりだよなあ。とおりも　とおり　うらどおり」と音からの連想で話しつづけ、意味に行き着かない。シラネエさんは、何をたずねても、「しらねえ」とこたえる。

　コリゴリさんは、生まれてはじめて木から飛んだときに、おっこちて、ずいぶん痛い思いをしたそうだ。ヤーヤーのお父さんは、「なにしろ　こりごりも　こりごり、したたかに　こりごりしたらしいからな」という。それ以来、飛ばない鳥になったコリゴリさんが、やがて、「やっ！」と飛び立つ。物語は、おしまいになって、私たちの心の問題とどう付き合うか、それをどう乗り越えるかという主題をあらわにする。ヤーヤーは、ヒトリゴトさんのひとり言にでたらめなことばで話しかけて、かえって関係をひらく。

　「散歩」や「三歩」の意味がおとずれ、「散歩」と「三歩」の未分化を抜け出したころの子どもたちに、ずいぶん楽しまれるだろう。ふしぎの森の世界を、やわらかく受けとめた高畠純の絵が魅力的だ。続編に『ふしぎの森のヤーヤー　思い出のたんじょう日』など3作がある。（宮川健郎）

モンスターホテルで おめでとう

柏葉幸子／文　高畠純／絵
小峰書店　1991年　63p

キーワード：　ケーキ、誕生日、パーティー、モンスター、夢

にんげんと　いっしょに、たんじょう日をいわうのも　いいもんじゃ。

おとうさんとおかあさんが、仕事で忙しいのはわかるけど、ぼくの誕生日を忘れているなんて……。おじいちゃんだったら、ぼくの誕生日を覚えていてくれるはずと、タイチがやってきたのはモンスター・ホテルのある町。おじいちゃんの勤める郵便局の隣は、空きビルのはずだったが、そこはモンスターたちが泊まるモンスター・ホテルだった。

　氷が珍しくてスケート場に通うミイラおとこ、畳の部屋が少なくなってどこに暮らすべきか悩む座敷わらし、ホテルで働く透明人間のトオルさん等、ユーモラスで愛すべきモンスターたちがたくさん登場する。幼い子の文学では、物言う動物や植物、異界のものたちがしばしば登場する。いろいろな人がいて、みんな違うけれど、心を通わせあえる。世界は驚きや不思議さ、そして優しさに満ちている。そんな幼年文学らしいにぎやかで、あたたかな世界が展開する。

　モンスターが出入りする隙に、ホテルに入り込んだタイチ。なんとその日は、悪魔一族の長老・デモンじいさんの誕生パーティの日だった。タイチの事情を知ったデモンじいさんは、タイチの誕生日もいっしょに祝うことにする。１９９３歳のデモンじいさんと、７歳のタイチ。バースデーケーキの上に２０００本のロウソクが並ぶ。見開きの絵からも、にぎやかなパーティの様子が伝わってくる。こんなに大きなケーキを食べられるなんて、２０００本のロウソクを吹き消すなんて、タイチがうらやましい。モンスターも人間もいっしょに祝った誕生日は、タイチの心の中だけでなく、読者にも満ち足りた思いを残してくれる。

　シリーズは全10冊。新モンスター・ホテルシリーズも継続中だ。　（佐々木由美子）

いぬうえくんとくまざわくん・1
いぬうえくんがやってきた

きたやまようこ / 作
あかね書房　1996年　79p

キーワード：　イヌ、クマ、暮らす、個性、違い、友だち、分け合う

めに　みえない　ものを　わける　ことだって、できるんだ。

　大切にしているものが違う相手と、仲良くやっていけるのだろうか。いぬうえくんとくまざわくんも、大切に思うものが違う。目に見えないものを大切にしているのがいぬうえくんで、目に見えるものを大切にしているのがくまざわくんだ。

　そんなふたりが一緒に遊ぼうと友だちになると、「ともだちは、～したほうがいい」が口癖のいぬうえくんの提案で、ふたりで暮らすことになった。さらに、一緒に暮らす友だちはなんでも分けあったほうがいいと言われ、今までくまざわくんだけのものだった部屋や家具がふたりのものになっていく。そうやって、目に見えるものを分けているのはくまざわくんだ。けれど、いぬうえくんも目に見えないものを分けている。

　くまざわくんが最初に気がついた目に見えないものは、安心だった。隣で安心して眠る相手を見て、くまざわくんの心がほどけていく様子が伝わってくる。ほかにも、得意なことで役割を分けあったりしているうちに、お互いの違いを知り、くまざわくんは、今まで当たり前だと思っていたことが、実は自分らしいことだと気がつくのだ。

　他者と出会うことが、自分自身や相手のことを知るきっかけとなり、互いの違いをユーモラスに表現することで、違っていても上手に関わっていけることを、やさしい言葉で伝えている。会話で進んでいくシンプルな文章に、くまざわくんやいぬうえくんの考え方や思いを具体的に表現した挿絵を合わせることで、著者は深く、読者を物語に導いていくのだ。「いぬうえくんとくまざわくん」はお客様を迎えたり、様々なことに考えを巡らせたりするふたりを描き、日常の中に知的好奇心を呼び覚ます魅力的なシリーズとなっている。

（中野摩耶）

ごきげんなすてご

いとうひろし / 作
徳間書店　1995(1991)年　112p

キーワード：　イヌ、家族、カメ、きょうだい、誕生、手紙、ネコ

あたし　どこか　とおくで　すてごに　なっちゃうから

あたしの家に弟がやってきた。弟はさるみたいな顔で泣いてばかり、ちっともかわいくない。でも、お母さんは弟ばかりかわいがる。あたしは、家出をしてすてごになることにした。お母さんは「はい、はい、だいちゃんも　おねいさんに　さよなら　いいますか」と平気だった。あたしはダンボールに「かわいいすてご」と書いて、駅前で待っていた。そこに迷子になったイヌやノラネコもやってきて、なかよくすてごになった。やがて、ノラネコは親切なおばあさんに拾われ、イヌもご主人が探しに来て、喜んで帰って行った。「ふん、うらぎりものめ」落ち込んだあたしの前に家族がやってきて、ていねいに頼むので、あたしはすてごをやめて、おさるのお姉さんになってあげた。最後まで弟を「おさる」と言い切るあたしのたくましさが愉快だ。

各ページ手書きの文字と、白黒のペン画に赤いリボンやほっぺの2色刷りが効果的。１０８ページと長いのに、文章が短くて、物語の展開が興味深いので、長さを感じさせない。幼年童話というより、絵本のように読みやすい。

「ごきげんなすてご」はシリーズ化されていて、『やっかいなおくりもの』は5カ月になった弟をダンボールに入れておくりものにしてしまうお話。『にぎやかなおけいこ』は、友だちに芸をするイヌを見せられて、8カ月の弟に苦心して芸を仕込もうとするお話だ。『ふたりでまいご』では、おしゃべりできるようになった弟とお姉ちゃんのやりとりが漫才みたい。それぞれにあたしの奮闘ぶりがおかしいし、最後の作者の解決があざやかでいつも感心させられる。

作者の絵本『ルラルさんのにわ』(ポプラ社)もシリーズ化されており、ラストがほのぼのと楽しめる。

(柴村紀代)

すみれちゃん

石井睦美／作　黒井健／絵
偕成社　2005年　140p

キーワード：　歌、家族、きょうだい、誕生、名前

おねえさんて　さんざんだ
ほんとうにもう　ぼうぜつだ

すみれちゃんは、おしゃまで、おしゃれな女の子。でもそれだけでなく、ちゃんと自分なりの考え、好み、こだわりをもって生きている。そして、それを心の中にしまっておかず、ことばにして、すぐ歌ってしまう愉快な女の子だ。

　もうすぐ妹が生まれるすみれちゃんは、きょうだいのいる友達から、「おとうとは、うるさくて、きたなくて、すぐなくんだもん。ほんといやだよ。」とか、「いもうとは、なんでもほしがるし、まねするし、おこるもん。いいことないよ。」と聞かされる。家族が増えるのは嬉しいすみれちゃんだが、不安も不満も出てくる。小さな不満をひとつずつ大人に問いかけ、行動していく姿は、子どもの共感を呼ぶだけでなく、子どもの心を知りたい大人にもきっと役立つだろう。

　続巻に、『すみれちゃんは一年生』、『すみれちゃんのあついなつ』、『すみれちゃんのすてきなプレゼント』がある。また「こくご　二下」（光村図書）には、2年生のすみれちゃんを主人公にした書下ろし作品「私はおねえさん」が収録されている。

　巻を重ねるごとに、すみれちゃんは成長していき、幼稚園から小学校3年生になる。すみれちゃんの心に浮かぶ疑問や感じ方も変化し、自分の好きなものを妹に譲ることもできるようになっていく。作者は家族の中で、子どもの心に浮かぶ思いを、丁寧にすくい取り、筋道立ててストーリー化していく。子どもの心は小さな発見の連続なのだ。

　石井睦美は、ヤングアダルトを対象とした『卵と小麦粉それからマドレーヌ』（BL出版）や『キャベツ』（講談社）など、家族の問題をテーマにした作品も多く、絵本の翻訳でも活躍している。

（林　美千代）

ソフィーとカタツムリ

ディック・キング=スミス / 作
デイヴィッド・パーキンズ / 絵　石随じゅん / 訳
評論社　2004(1988) 年　123p

キーワード：　生き物、家族、飼育、将来の夢

ソフィーのカタツムリだけが、しっかりした足どりで、まだ歩きつづけています。

主人公のソフィーは生き物が大好きで、「女牧場マン」になることを夢見ている四才の女の子である。「ぼくじょうちょきん」にカンパを募ったり、「牧場」に見立てた物置でダンゴムシやゲジゲジなどの身近な生き物を飼ったりしながら、日々を過ごしている。

そんなソフィーに対する家族の反応がリアル。双子の兄たちはソフィーの夢をばかにし、両親は近所の少女のおもちゃを踏みつぶしたソフィーの気持ちを理解してくれない。それでもソフィーは、父親が「おまえならなれるさ、ソフィー。なんだって、自分で決めたことを、きっとやりぬく子だからな。」と言うように、信念を曲げず、自分の好きなことに没頭する。ソフィーの頑固さや思い込みの激しさに、読者は笑いながらも共感するに違いない。そして、そんなソフィーを心配しながらも応援する家族の温かさにも思い至るのではないか。

注目したいのは、カタツムリである。兄たちとカタツムリを競争させて遊んだ際、ソフィーはカタツムリに魅せられる。ゆっくりとだが、着実に歩みを進めていくカタツムリの様子を「後ろにできるまっすぐな銀色のすじに、おひさまがあたって、キラキラ光りました」と描写している。夢に向かって歩むソフィーの未来を祝福しているかのようである。

この本は「やりぬく女の子ソフィーの物語」シリーズの1冊目で、2巻以降でもソフィーは夢に向かって邁進している。最終巻では意外な結末を迎えるので、最後まで読んでほしい。

生き物好きで本を読むことに慣れてきた子どもには、映画『ベイブ』の原作で、牧羊犬に育てられた子ブタが牧羊豚になる『子ブタ　シープピッグ』（評論社）もおすすめ。

（目黒　強）

ぼくは王さま

寺村輝夫 / 作　和歌山静子 / 絵
フォア文庫　1979年　218p

キーワード：　王様、食いしん坊、卵、ナンセンス、わがまま

王さまは、あさも、ひるも、よるも、いつもたまごやきをたべていたんだそうです。

たまごやきが大好きで食いしん坊の王さまは、遊ぶのが大好き。わがままで、いばりやで、なまけもの、ときどきウソもつく。日頃、子どもたちが「してはいけません」といわれていることを、軽々と、しかもとことん実現してくれるのが王さまだ。子どもの「共犯者でいたい」と考える寺村ならではのキャラクターである。自分の欲望や思いつきのままに行動する王さまは、たいてい失敗して痛い目にあう。しかし、王さまは懲りない。失敗から学んで、りっぱな王さまになったりはしない。このドタバタ、ワンパターンこそが王さまシリーズの面白さであり強みである。

シリーズの1作目となる本作は『幼児のための童話集　第2集』（1956年）に収録された「ぞうのたまごのたまごやき」のほか、「しゃぼんだまのくびかざり」「ウソとホントの宝石ばこ」「サーカスにはいった王さま」の4編を収録し、1961年に単行本として理論社から出版された。現在、「ぼくは王さまの本」シリーズとして再編された21冊のほか、絵本や文庫もあり、王さまとの出会いは多様化している。お気に入りの王様の話ときっと出会えるだろう。

巻頭作の「ぞうのたまごのたまごやき」は、ぞうのたまごなら大きなたまごやきができるだろうと考えた王さまが、ぞうのたまごを探させる話だ。当時の編集者・松居直にダメ出しをされた寺村が、「こうなったらオレの思うとおりの、悪ふざけをかくぞ」と開き直ったところに王さまは誕生した。王さまが引き起こすドタバタとした事件は、それ以前の日本の児童文学に乏しかった笑いや遊びに満ちあふれている。「ばっかな王さま」は子どもたちの心を解放し、読書がもたらす喜びをも伝えてくれる。

（佐々木由美子）

0てんにかんぱい!

宮川ひろ / 作　小泉るみ子 / 絵
童心社　2012年　91p

キーワード：　植木屋、お母さん、漢字、テスト、友だち

おかあさんという人はな、昔から「かあちゃん病」というのにかかってしまうんだよ

算数のテストで61点を取ってしまった哲男。80点は取らないと、お母さんの小言が続いてしまう。学校の帰り、知り合いのおじさんがいる植木屋に寄ると、おじさんはお母さんというものはみんな「かあちゃん病」にかかっているのだと言い、自分が子どもの頃0点を取った時のことを教えてくれる。がっかりした母親だったが、無理にでも元気を出そうと、お寿司をとってビールとジュースで乾杯したのだという。

別の日の帰り、橋の所で隣の家の明と会う。20点の国語のテストを川に流してしまおうかと思ったというのだ。明も植木屋さんに連れて行き、テストやお母さんのことを聞いてもらった二人。それから少しして、おじさんから『かあちゃん病』の1番の薬は、100点のテストを見せることだぞ」「漢字のテストなら100点取れるだろ」と言われるが、それは「1番無理」と答える二人。するとおじさんは、「漢字ほど楽しいものはないぞ」と、漢字のお経や漢字の足し算、引き算というのを教えてくれる。おじさんが小学生の時に、漢字博士の担任の先生から教わったのだ。それをきっかけに漢字がおもしろくなり、本当に100点を取った二人だったが、おじさんとの乾杯の言葉は、やっぱり「0てんにかんぱーい!」だった。

『しっぱいにかんぱい!』『ずるやすみにかんぱい!』などの「かんぱい!」シリーズの1冊。作者は、子どもの失敗や本音に寄り添いつつ、それでもやっぱりいい点を取りたいという子どものもう一つの本音にもきちんと向き合う。そしてまた、母親や大人たちに向ける視線のあたたかさも作者ならではのもので、子ども読者はそうした大人の登場人物の造形からも、確かな手応えを感じ取ることができるだろう。

（藤田のぼる）

ニルスが出会った物語2
風の魔女カイサ

セルマ・ラーゲルレーヴ / 原作
菱木晃子 / 訳・構成　平澤朋子 / 画
福音館書店　2012年　55p

キーワード：　雨、馬、風、スウェーデン、父親、農場、貧困

ところが鍵をまわしてドアをあけたとたん、強い風が吹いてきました。

　トムテに悪さをして小さな姿にされた少年が、ガチョウの背に乗り、ガンとともに旅をする『ニルスのふしぎな旅』。最初、意地悪で悪さばかりしていたニルスが旅の中でだんだん成長し、知恵を絞って小さい体も生かし、動物や人々を助けるようになっていく。リンドグレーンの『長くつ下のピッピ』と並ぶスウェーデンの古典作品だ。本作は、完訳版を手がけた翻訳家が、長い物語の中から土地を知る物語として印象的な6つのエピソードを選び、美しい挿絵をふんだんにつけ、読みやすくしたシリーズの2作目となる。

　この話は、風と雨の中に起きた、農家の主人と1頭の年老いた馬の物語。農家の主人は、昔かわいがっていた馬を無慈悲でケチな父に売られてしまった思い出がある。父が死に、自分が主人になってから、馬喰に年老いた馬を買い戻さないかと言われ、父を見習って断る。しかし、家畜の大市が開かれる前日、その馬と過ごした日々を思い出していた。

　その年老いた馬は、ニルスを探し当て、大雨でずぶぬれの家畜たちが小屋に入れるよう助けてほしいと頼む。ニルスはケチな農家の納屋に家畜たちを入れる。一方、主人は、風が聞かせた自分の心の声を自覚して改心し、自分が追い出した家の子どもや年老いた馬も助けようとする。

　本作には、魔女カイサは直接登場しないが、農家の主人の心を動かし、ニルスに納屋の鍵が開いていることを示したのは、風の魔女カイサであることが想像できる。カイサはスウェーデン・ネルケ地方に伝わる伝説に登場する人物である。

　シリーズの他巻や、『ニルスのふしぎな旅』上下巻へ、続けて読み進められるよう、工夫したい。日本とは違う風土から生まれた物語だからこそ、丁寧に取材して描かれた挿絵が生きている。（東谷めぐみ）

ヒキガエルとんだ大冒険1
火曜日のごちそうはヒキガエル

ラッセル・E・エリクソン/作
ローレンス・ディ・フィオリ/絵　佐藤凉子/訳
評論社　2008(1974)年　80p

キーワード：　スキー、誕生日、友だち、ヒキガエル、冬、冒険

友だちがいるのも、そんなにわるくはないと思ったんだ。

ウォートンとモートンはヒキガエルの兄弟です。ウォートンは掃除が好きで、冒険好き。モートンは料理が好きで、しっかり者です。

冬のある日、ウォートンは「カブトムシのさとうがし」をおばさんの家に届けるために、スキーを作り、食べ物を用意して出発します。途中で会ったシロアシネズミに、谷間の森には、たちの悪いミミズクが住んでいるので気をつけるようアドバイスを受けるのですが、もうすぐ谷間を抜けようというところで、そのミミズクに見つかってしまいます。ミミズクは早速6日後の誕生日にヒキガエルをごちそうに食べることに決め、カレンダーに書きこみました。身の危険を感じながらも、お茶を飲んだりしているうちに、だんだんうちとけていく2匹ですが、火曜日は近づいてきます。ウォートンはどうなるのでしょうか。

「ヒキガエルとんだ大冒険」シリーズは他に6冊出ていて、別の巻でも冒険好きのウォートンは、いつも暮らしている土の中から地上に出て、イタチにつかまったり、クマの穴に迷いこんだり、カラスのどれいにされそうになったりして、モートンを心配させます。食うか食われるかの世界で、小さな動物たちが協力する姿がユーモラスに描かれ、引き込まれます。

絵本から読み物に移行していく小学校低学年の子どもに「何かおもしろい本なぁい?」と聞かれると、この本をすすめるようにしています。ストーリーの展開が速く、ハラハラドキドキしながらページをめくる楽しさがあるので、すぐに「おもしろかった!」といって、続編を買いにくる子もいます。

また表情豊かに描かれたペン画のさし絵も魅力的で、子どもたちの想像力を広げてくれるようです。

(越高一夫)

マジカル・チャイルド1
世界一力もちの女の子のはなし

サリー・ガードナー / 作　三辺律子 / 訳
小峰書店　2012(1999) 年　103p

キーワード：　家族、サーカス、力持ち、人助け

ジョシーの腕にパキーンという感覚が走りました。

ある日とつぜん、自分が世界一力もちになっていたらどうする?

8歳と9ヶ月のジョシー・ジェンキンズは、鉄の柵に首を挟んでしまった男の子を、いとも簡単に鉄の棒を広げて助けてしまう。こんな力もちになったらいいことばかり? そんな訳にはいかなかった。学校に行くとやっぱり「毛むくじゃらの怪力女になった気分はどう?」「ほら、スーパーマンの親友がきたわ」と友だちからいやみを言われる。それでも、暴走してきたバスを止めるとすっかり有名人になって、イギリス一強い男と勝負することになった。

しかし、これが不幸の始まり。アメリカのいかさま師ミスター・ツーピースにだまされ、次から次と勝負をさせられることになってしまう。ジョシーは金儲けのための勝負なんてしたくない。せっかくさずかった力を人助けのために使いたいと思っている。でも、両親は変な施設に送られてしまうし、言うことを聞かないと兄のルイスも追い出されてしまいそう。いやいやながらミスター・ツーピースの言うことを聞いていると、ある日、ブルックリンの橋のケーブルが今にも切れそうになる事故が起きる。さあ、ジョシーの出番だ。

急に小さくなったり、空を飛んだり、不思議な力を持つ子どもが主人公の「マジカル・チャイルド」シリーズの1巻目。小さな体に怪力というジェシーが大人を打ち負かす爽快さと、それが大人によって利用される理不尽さ、どんな逆境でも信念を曲げないジェシーの意志の強さが描かれた作品。本当に困った時には味方になってくれる兄の存在も心強い。

著者が手がけるイラストが多数入った物語は、テンポよく展開し、読む楽しさがぎゅっと詰まっている。

(柴村紀代)

小さな山神スズナ姫

富安陽子／作　飯野和好／絵
偕成社　1996年　133p

キーワード：　親子、神、自己主張、修行、ファンタジー、山

スズナ姫の中で、火の玉のようないかりがふくらんでいきました。

主人公のスズナ姫は、山神である喜仙《きせん》大巌尊《おおいわのみこと》のひとり娘で、自分の名前の由来でもあるスズナ山の山神になることを夢見ていた。３００歳の誕生日を間近に控えたスズナ姫が誕生日のプレゼントとしてスズナ山をお願いしたところ、まだ小さいからという理由で断られる（３００歳は人間の年齢に換算すると6歳相当）。

ここで注目されるのは、我慢を重ねてきたスズナ姫が「火の玉のようないかり」を爆発させている点だ。山神になれるよう、雲を呼んだり雨を降らしたりする呪文をひそかに練習し、雲の上からスズナ山で暮らす生き物たちの様子を飽くことなく見守っていた彼女にとって、娘の成長を知ろうともせず、その望みを一蹴する父親の態度は許しがたいものであった。父親との交渉の末、スズナ山の木の葉を1日で染めるという課題の達成を条件にスズナ山を譲り受ける権利を勝ち取るのだが、父親にはどうせできるはずもないと見くびられていた。

子どもであるからという理由で我慢を強いられがちな読者（とりわけ、女の子の読者）は、理不尽な相手にひるまずに自己主張できるスズナ姫のようなキャラクターを通して抑圧から解放され、元気づけられるのではないだろうか。

スズナ姫がどのようにして課題を達成したのかについては明かさないが、虹の絵の具で木々の葉を染める神事は幻想的で、ファンタジー作家としての富安の面目が躍如している。続編とあわせて手に取ってほしい。

本シリーズをはじめ、山姥の娘が活躍する「やまんばのむすめまゆのおはなし」シリーズ（福音館書店）など、日本の風土に息づくキャラクターが生き生きと描かれている富安ワールドを堪能したい。

（目黒 強）

つるばら村のパン屋さん

茂市久美子 / 作　中村悦子 / 絵
講談社　1998年　117p

キーワード：　お客さん、自然、動物、パン、パン屋、妖精

わたしのパンを食べたひとが、元気になったり、やさしくなったりするパンをやかなくちゃ。

「三日月屋」は、つるばら村でただ一つのパン屋さん。バターたっぷりで、外側がぱりぱり、中がしっとりの三日月パンは、くるみさんお得意のパンだ。今はまだ宅配のパン屋だが、くるみさんの夢は、おいしいパンを村中の人に食べてもらい、いつか村の駅前にお店をだすことだ。ところが、くるみさんのところには、ときどき不思議な注文が舞い込んでくる。タンポポのはちみつをいれてレコードを聴かせながら焼いてくださいとか、生地にたっぷりの鰹節を入れてあんパンを焼いてくださいとか、たくさんのパンを焼くので台所を貸してくださいとか……?!

はちみつのパン、ドングリのパン、クリスマスのパン、つるばらのジャムパンなど、登場するパンがおいしそうで、味覚や臭覚、そして想像力が刺激される。若葉の甘い香りやそよ風、春のお日様のにおいがするはちみつパンって、どんな味だろう。そんなパンを食べたら、クマさんがいうように、たしかに「しあわせなよい気持ち」になるにちがいない。そして何よりも、つるばら村の四季折々の自然と、クマやキツネなどの動物や妖精たちが織りなす幻想的な世界が優しく美しい。人も自然もおっとりと共生している「つるばら村」というトポスから生み出される物語は、小さなもの、ひそやかなものに寄り添い、目に見えるものだけがすべてではないと、この世界の豊かさを教えてくれる。

「つるばら村」シリーズは、本作をはじめ家具屋さん、はちみつ屋さん、理容師さんなども登場し、全10冊に及ぶ。著者は、他にも『おちばおちばとんでいけ』(国土社)、『ひだまり村のあなぐまモンタン』(学研)など、心温まるファンタジー作品を多数執筆している。

（佐々木由美子）

デイジーのこまっちゃうまいにち

ケス・グレイ / 作
ニック・シャラット、ギャリー・パーソンズ / 絵
吉上恭太 / 訳　小峰書店　2010年　159p

キーワード：　おしゃべり、キャンディー、呪文、トイレ、母子家庭

あたしの人生って、うまくいかないことばっかり。

デイジーのおはなしは絵本でも出版されているため、知っている人も多いだろう。絵本ではデイジーとママたちとのユーモアあるやり取りが中心だが、物語になると、こちらに語りかけるようなデイジーのおしゃべりで話が進んでいく。

道に落ちていたキャンディーを拾い食いしてお腹をこわしたデイジーは、ママに怒られ、「家から出ることを禁止」とおしおきの真っ最中。それを「こまっちゃう」と思ったデイジーは、連想ゲームのように次から次へとこまっちゃうことを語り続ける。その中には、友だちのギャビーと隣の家の猫をライオンやカバに変身させる呪文を考える話や、水槽から飛び出し続ける金魚をイルカになりたがっていると思う話などがあり、楽しくなる内容を日常の中から見つけ出すのがうまい。さらに、「ごめん、また、トイレ！」と何度もトイレに駆け込んでおしゃべりを中断するところも、臨場感がある。

1巻目は、お腹をこわしたうえに外出禁止という、ダメージが大きいトラブルを引き起こしたが、次の巻からは、デイジーだけの被害では収まらない。はしゃぐと事件を引き起こすと言われるデイジーは、ママを筆頭に、周囲を巻き込んでしまうのだ。けれど、デイジーなりにちゃんとした理由があって行動しただけで、悪気はない。一生懸命に取り組んだり、夢中になったりしていることをママにしかられて、デイジーは文句を言ったり、反抗したりする。自分なりの論理を主張し続け、めげない姿に、子どもたちは、笑いながらも大いに共感するだろう。

文字はやや小さめだが、ひとつひとつの章は短い。デイジーのおしゃべりを聞いているみたいで読みやすく、自分で読んでも、読んでもらっても楽しい時間を過ごせるだろう。

（中野摩耶）

にんきもののひけつ

森絵都 / 文　武田美穂 / 絵
童心社　1998年　80p

キーワード：　学校、好き、特技、友だち、人気者、バレンタイン

この　ふこうへいは　なんなんだ！

バレンタインデーに27個のチョコをもらったこまつくん。けいたは、コンビニのチョコがたったのひとつ。こまつくんはなぜ人気があるんだろう。「かおが　よくて、あたまが　よくて、スポーツができる」からだと女の子達は言う。でもそれだけでは納得できないけいたは、こまつくんの人気の秘訣を探ることにする。誰もが興味をもつ「人気者」をキーワードに、等身大の子どもの姿や思いをリアルに描いている。

　小学校低学年は集団生活のなかで、子ども同士の人間関係を育んでいき、自分の客観的な姿が見えてくるようになる。友人との遊びや学びが楽しくなる一方で、自分にない長所を持っている友だちをうらやましがったり、思い通りにならない友人関係に傷つく場合もある。森絵都は、そんな子どもの身近で現実的な悩みに寄り添いつつ、ユーモアたっぷりに、前向きな人間関係を描いていく。子どもの本音で描く物語の展開の中に、読者は自然に「どんな子でも、意外な長所があるのだ」という発見や励ましを得ることができるだろう。

　この本の人気には、武田美穂の描く絵の効果も大きい。吹き出しやセリフで、ややオーバーに子どものリアルな感情が添えられ、読者の共感や笑いを誘う。森絵都は大人向けの作品から、ヤングアダルト作品の『カラフル』（理論社）、『DIVE!!』（講談社）まで幅広く作品を発表している。どの作品にも、それぞれに自分を大切に生きていくメッセージが込められている。

　本シリーズには、『にんきもののねがい』や、迫力ある女の子たちを主人公にした『にんきものをめざせ！』、『にんきもののはつこい』などがあり、長く子どもたちの支持を集めている。

（林　美千代）

Column 9

「ゾロリ」の次に何を読む？ ～シリーズ本の好きな子に

土居安子

シリーズ本のおもしろさ

小学校の学校図書館で、人気のある本には多くのシリーズ本が出てきます。それにはいくつかの理由が考えられます。

まず、シリーズには既知の事実が多くあるということです。登場人物、舞台、ストーリー展開のパターンなど、「知っている」ことが、読者に安心感を与えるとともに、読みやすさにつながります。

シリーズには、また、魅力的なキャラクターが登場します。本を通して自分の好きなキャラクターに再会する喜びを味わうことができます。

そして、どんな本を選んでいいかわからない時に、1冊読んでおもしろかったシリーズなら安心して選べるということもあります。

人気のあるシリーズ

幼年文学には多くの人気シリーズがあります。本書で紹介されている以外にも、角野栄子「おばけのアッチ」シリーズ（ポプラ社）や、あんびるやすこの「ルルとララ」のシリーズ（岩崎書店）は、料理のレシピ本としても楽しめ、斉藤洋「なん者・にん者・ぬん者」シリーズ（あかね書房）や尼子騒兵衛「忍たま乱太郎」シリーズ（ポプラ社）は、忍者の修行をする子どもの失敗と活躍が子どもに親しみを感じさせます。また、舟崎靖子『もりのゆうびんきょく』などの「もりはおもしろランド」シリーズ（偕成社）は、森の動物たちの間で起こる事件にわくわくし、村上しいこの『れいぞうこの夏休み』をはじめとする「わがままおやすみ」シリーズ（PHP研究所）は、子どもの怠けたい気持ちを代弁してくれます。

海外の作品のマイケル・ボンド「くまのパディントン」シリーズ（福音館書店）は、ぬいぐるみのクマの失敗の数々に笑いながらもパディントンと暮らす家族のあたたかさにほっとします。加えて、韓国からの翻訳作品である「科学漫画サバイバル」シリーズ（朝日新聞出版）は、科学的事象を子どもが冒険をしながら学んでいくというマンガ仕立てになっており、学校図書館で取り合いになるほど人気があります。

『くまのパディントン』
マイケル・ボンド／作　松岡享子／訳
ペギー・フォートナム／絵　福音館書店

自立した読者になるために

つい、大人は「シリーズものばかり読まずに、いろいろな本を読むべき」などとおせっかいを焼いてしまいますが、シリーズが好きな子どもには、それぞれ理由があります。そこで大人は、まず、シリーズを楽しんでいる子どもを理解し、認めることが大切です。同時に、いつ「次は何を読んだらいい？」と聞かれてもいいように、幅広い選択肢を持っていることが役立ちます。

『千年ぎつねの春夏コレクション』
斉藤　洋／作　高畠　純／絵
佼成出版社

例えば、「かいけつゾロリ」シリーズであれば、同じ作家の絵の『ぼくはおばけのかていきょうし』（さとうまきこ／作　あかね書房）を、ゾロリと同じキツネが出てくる『千年ぎつねの春夏コレクション』（斉藤洋／作　高畠純／絵　佼成出版社）を、3人組の話として『男子☆弁当部』（イノウエミホコ／作　ポプラ社）を、どろぼうの話として絵本『すてきな三にんぐみ』（トミー・アンゲラー／作　いまえよしとも／訳　偕成社）を、失敗の物語として『クラマはかせのなぜ』（山中恒／作　原ゆたか／絵　偕成社）など、限りない可能性があります。1冊だけではなく、複数提示することで、次に何が読みたいかを自分で決められるようにできれば、自立した読者になることを促すことになります。

すべての人の本

いとう ひろし

絵童話、幼年童話、幼年文学——呼び方はいろいろありますが、それらの本が、「絵本を卒業したら」とか、「初めての一人読みに」とか言われるのを聞くたびに、私は居心地の悪さを感じます。

私は、子どもの本が子どもの成長に合わせ、絵本、童話、児童文学と移っていくものだとは思いません。年齢的に下限はありますが、それ以降のすべての人にとって読むに値する本、卒業などあり得ない本だと思って、作っています。

大人の本は、知識、経験、常識などを前提として、本が読者を選びます。子どもの本には、そのような前提はありません。その人そのままの感性や価値観に訴えるもので、本が読者を選ぶことはありません。つまり、大人の本はあるが、子どもの本はない、子どもの本とは、すべての人の本だ、ということになります。

私が子どもの本に魅力を感じるのは、その点です。そこには、子どもは存在していません。創作においても、はじまりは自分自身です。私が不思議だと思い続けていること、それは、自分はなぜここにいるのかという問いに始まり、命とは、時間とは、人間とは、といった問いへ向かいます。そのような答えのない問いに対して、もしかするとこういうことかもしれない、と考えることで生まれてきたものが、私の作る本です。おそらく私は、これらの不思議を共有してくれる誰かを、さがしているのでしょう。私の本が哲学的だと評されるのも、そのためだと思います。

しかし、私の本がすべての人に開かれた子どもの本となるためには、創作の過程で奇妙な逆転現象を必要とします。それは、存在していなかったはずの子どもという読者を、徹底的に意識して本が作られるということです。もしも、すべての人の本ということで、大人の読者を視野に入れると、結果的に読者の知識や経験に頼った本となり、「子どもの本」の特性は失われます。それに反して、私の本は、子どもだけに向かって書くことで、形作られていきます。それは、不思議をめぐり、考え続けたことを物語に編み込んでいく過程でもあります。子どもの読者がいるからこそ、すべての人に物語の楽しみを提供できる本になり得るのだと思います。

また、このようにして作られた私の本は、二、三の例外をのぞき、すべてが

『ルラルさんのにわ』
いとうひろし／作　ポプラ社

「絵本」だと思っています。たとえば、「ルラルさん」と「おさる」では、ページ数や判型は違いますが、それは出版に際しての条件によるもので、自分の中での作り方はまったく同じです。絵と文が同時に立ち上がってくること、絵と文が絡み合いながら、一つの世界を作り上げることなど、私にとっての絵本の基準はいくつもありますが、その

「おさる」シリーズ　いとうひろし／作・絵　講談社

中に、ページ数や判型、読者対象に関するものはありません。

近頃、絵本は子どもだけのものではない、という言葉をよく耳にしますが、そもそも絵本とは、本を分類した時に、主に絵と文で構成される一群の本を示しています。それは、表現のスタイルによる分類でしかありません。読者が子どもであるという規定もありません。ですから、大人の絵本があるのは当然です。でも、それはすべての人の絵本ではありません。すべての人に開かれた本となるためには、子どもの本としての絵本でなければならないのです。私は、この子どもの本として絵本を作ってきたつもりでいます。もし、そこに何らかの魅力があるとしたら、幼年童話としての魅力ではなく、私が考える意味での「子どもの本」、つまり「すべての人の本」としての魅力であって欲しいと思っています。

（絵本作家）

8章

物語のおもしろさに入りこむ

1冊通してひとつのお話

赤ちゃんおばけベロンカ

クリスティーネ・ネストリンガー / 作
フランツィスカ・ビアマン / 絵　若松宣子 / 訳
偕成社　2011(2009)年　110p

キーワード：赤ちゃん、オーストリア、おばけ、おまじない、きょうだい、怖がり、手作り

バーベロンベロンカって三回となえると、いのちがふきこまれるんだよ。

　こわがりの男の子ヨッシーは、いさましい妹がうらやましい。そんな妹を一度こわがらせてみたいとおばけ人形を手作りする。そして自分で発明した言葉「バーベロンベロンカ！」と口にしてみたところ、なんとちっともこわくない赤ちゃんおばけのベロンカが誕生する。

　ベロンカはすぐにお腹は空くし、甘えるし、いたずらをして手がかかる。ほこりのついたくもの巣を食べようと、掃除機の中のゴミをあさったり、本棚を散らかしたり、ヨッシーが学校に行っている間も家でいろんないたずらをするベロンカにハラハラ。でもベロンカがだんだん好きになっていくヨッシーは、家族に見つからないようにベロンカを守り、妹と協力して赤ちゃんおばけに必要なママのおばけを作りはじめる。

　こわがりだったヨッシーがこわいはずのおばけを作り、自分より幼いものの面倒を見たり、時には励ましたりして成長していく様子は、苦手なことも想像力を働かせることで克服できるという気づきとなり、その幼い相手を思いやる優しい気持ちに同じような境遇の子どもたちはきっと共感することだろう。

　著者であるネストリンガーは、「子どもが笑いながら楽しんで読める本はどんなものか、子どもにどんな本を読んでもらいたいかを考え、常に心を描くことをモットーとしている」と語っている。他にも高学年向けの『きゅうりの王さまやっつけろ』『みんなの幽霊ローザ』（共に岩波書店）など、皮肉が効いて物語性豊かな作品が多数ある。

　また、ビアマンのイラストは、細かなところまで遊び心が効いていて、物語の楽しさを豊かに広げており、裏表紙にはベロンカの作り方まで掲載されている。

（松井雅子）

アルバートさんと赤ちゃんアザラシ

ジュディス・カー／作・絵　三原泉／訳
徳間書店　2017（2015）年　144p

キーワード：　アザラシ、生きがい、飼育、動物園、ペット

だめだ、ウィリアム、やめてくれ。わたしが、つれて帰る

　アルバートさんは、お菓子など雑貨を売っていた自分の店を手放し、やりたいことがみつからないまま毎日を過ごしていた。ある日、いとこの住む海辺の町に行き、そこで野生のアザラシの親子に出会う。お母さんにお乳をもらうかわいい赤ちゃんアザラシに心を奪われたが数日後、母親アザラシが銃で撃たれて死んでしまい、母親なしでは生きられない赤ちゃんアザラシまで、命の危機が迫り、銃で殺されそうになった。そこでアルバートさんは母親をうしなった赤ちゃんアザラシを汽車の貨物車に乗せて自宅に引き取り、ベランダで餌をやったり、水浴びをさせ、チャーリーと名付ける。そして、親子のような愛情で結ばれていく。

　ペットを飼うことができないアパートで管理人の目を気にしながら、チャーリーを受け入れてくれる動物園を探すことにしたが、動物園はなかなか見つからなかった。チャーリーを幸せにしたいという思いは経営に困っていた動物園に資金を出すまでになり、やがてその動物園の園長になった。アルバートさんは、チャーリーのためにいろいろと力を貸してくれたミリセントさんという女性と結婚もして、幸せに暮らすことになった。もちろん、大きくなったチャーリーも。

　本書は90歳をこえた作者が、父親から聞いた、小さなアザラシを救おうとした実話をもとに書いた物語。動物への愛情と父への思いが温かく伝わってくる。実際には長く生きられなかったアザラシの子だったが、挿絵ではチャーリーの成長を願いを込めて描いている。動物好きな子なら夢中になってしまうお話だろう。絵本では『おちゃのじかんにきたとら』（童話館出版）や『わすれんぼうのねこモグ』などの「モグ」シリーズ（あすなろ書房）が広く親しまれている。（近藤君子）

口ひげが世界をすくう？！

ザラ・ミヒャエラ・オルロフスキー／作
ミヒャエル・ローハー／絵　若松宣子／訳
岩波書店　2017(2016)年　142p

キーワード：　おじいさん、オーストリア、家族、コンテスト、ひげ、孫

おじいちゃん、ぼく、手つだうよ

ヨーヨーは、おじいちゃんが大好き。おじいちゃんが帽子を作ったり、馬や恐竜の置物を彫ったり、焚き火をするそばに、いつも一緒にいる。自分もおじいちゃんみたいな〈つくる人〉になれたらいいな、と思っていた。でも、最愛のおばあちゃんが亡くなってから、おじいちゃんは新聞を読んでいるばかりで、焚き火もしなくなったし、何も作らなくなったのだ。ヨーヨーはつまらない。

そんなある日、おじいちゃんが急に車で出かけて行った。新聞に載っていた「世界ひげ大会」の広告を見て、ひげを整えるためのローションやはさみなどを買いに行ったのだ。それから、ヨーヨーはおじいちゃんのアシスタントとして、大活躍する。そして、二人はついに、「世界ひげ大会」に出場し、優勝した！

口ひげが世界を救うって、どういうこと？ なんとも奇妙なタイトルと愉快なイラストに、思わず本を手に取ってしまう。表紙を開くと、見返しにはサンタクロースやダリ、チャップリンにガンダルフ、ジャック・スパロウまで、様々なひげ自慢の人のポートレートが描かれている。お話と挿絵は互いに補い合い、文も絵も読み込むことで、おじいちゃんとヨーヨーのおかしくも切実な友情物語が、くっきりと立ち現れるのだ。

ユーモラスな語り口のなかに、大切な人を亡くした喪失感を乗り越えようとする家族の姿があり、ステレオタイプに描かれがちな老人の姿へのアンチテーゼが見て取れる。読者はヨーヨーとともに心配したり、はらはらどきどきしたりして、おじいちゃんの生きる、この〈世界〉を愛おしく思うようになるだろう。

オルロフスキーは、まだ30代半ばのオーストリアの作家。日本で翻訳されるのは本書が初めてとなる。

（ほそえさちよ）

くまって、いいにおい

ゆもとかずみ / 文　ほりかわりまこ / 絵
徳間書店　2000年　64p

キーワード：　キツネ、クマ、友だち、悩み、におい

すうっとすいこむと、いっしゅん、体じゅうの毛がさかだって、それからゆっくりと波うちました。

森の動物たちは、悲しいことや悩みがあると、くまのところへやってくる。それは、くまの毛のいいにおいの中に顔をうずめていると、元気になれるから。だがくまは、悩みを聞いてばかりいることに疲れてしまい、こう思うようになる。「こんなにおい、なくなっちゃえばいいんだ」。きつねにもらった薬でにおいを消したくまは、静かな毎日を手に入れるが、なぜか心も体も元気を失ってしまう。

くまのいい「におい」は、周りから見ればくまの長所。だが、くまにとって「におい」は苦痛を生み出すものでしかない。幼年童話の読者層には少し難しいようにも感じるが、「やさしいおねえちゃんだね」と周りに褒められて親に甘えることができなかったり、「いつも明るい笑顔がいいね」と言われて自分の弱さを見せられなかったりする子どもは、強く共感できるのではないだろうか。

湯本香樹実は、『夏の庭—The Friends—』（徳間書店）での老人と子どもをはじめ、世代や性格、考え方の異なる者が心を通わせ合う姿を丁寧に描いている。この作品でも、くまを妬んでいたきつね、くまに一方的に悩みを聞いてもらいたがっていた動物たち、そしてくまが、その関わりの中で変化し、心地よさを見いだす。最後にくまが自分のにおいをすうっとすいこんだときの描写が、その思いをよく表している。また、堀川理万子の茶色と青色を中心とした絵も、作品の空気感を見事に作り出している。

同じコンビによる『きつねのスケート』（徳間書店）も、おすすめの1冊。こちらでも、エネルギーを持て余すきつねと、それを見守るもの静かなねずみという対照的な二者が関わりを深めていき、味わい深い。

（鈴木穂波）

クリスマスのあかり チェコのイブのできごと

レンカ・ロジノフスカー／作　出久根育／絵　木村有子／訳
福音館書店　2018(2017)年　64p

キーワード：おじいさん、教会、クリスマス、硬貨、失敗、チェコ、はじめて

そのランプのあかり、やっぱりわたしにも、わけてくれないか

「はじめて」「ひとりで」は幼い子どもにとって重要な意味を持つ。この作品は、チェコに住む1年生のフランタが初めて一人で教会へ、ベツレヘムから届いたという「クリスマスのあかり」をもらいに行く話である。

フランタは手さげランプを持って教会へ行き、無事、あかりをもらうが、募金箱に20コルナ硬貨をつまらせて逃げ出す。そして、奥さんのお墓に供える花を盗まれて意気消沈しているドブレイシカおじいさんに出会う。フランタは花をプレゼントすることを思いつくが、20コルナ足りないため、教会の募金箱からつまった硬貨を取り戻そうとして、教会の管理人さんに捕まる。管理人さんの手伝いでもらった20コルナを手にしたフランタは花を買い、おじいさんにプレゼントする。すると、おじいさんは心を動かされ、クリスマスのあかりを分けて欲しいと言う。フランタは帰宅し、小さなイエスさまからプレゼントをもらう。

短い章立ての中に、フランタの思考や行動が丁寧に順を追って書かれているため、読者は、フランタの一喜一憂した気持ちを追体験しながら読むことができる。好奇心旺盛なフランタはすべきことをやり遂げたと思ったら、失敗し、知恵を使って挽回し、また、失敗する。泥棒に間違えられるなど、両親の庇護のもとから一歩踏み出し、世間の厳しい風に少しずつ当たりながらも、人を信じ、正直であろうとするところが、クリスマス物語らしい。そして、フランタが管理人さんや花屋さんなど、両親だけでなく、コミュニティにも育てられていることがわかる。チェコ在住の出久根育の絵は、現地の伝統的なクリスマスの風景、フランタや町の人の豊かな表情を描いていて、心温まる作品になっている。（土居安子）

小さいおばけ

オトフリート・プロイスラー／作
フランツ・ヨーゼフ・トリップ／絵　はたさわゆうこ／訳
徳間書店　2003(1966)年　192p

キーワード：　あこがれ、おばけ、ドイツ、変身、冒険、夜

早く行きなよ、小さいおばけ。きみの気もちは、ようくわかるもの

ドイツのフクロウ城に暮らす小さいおばけは、夜に目覚める「夜おばけ」である。夜中12時の鐘が鳴ると起きて、1時間だけの「おばけ時間」を楽しむ。おばけは、どこでも解錠できる13の鍵の束を持っていて、城は探検し放題。月夜の散歩は心地よく、博識のミミズク、シューフーとのおしゃべりが好きだった。

けれど、おばけには願いがあった。「いちど昼の世界を見てみたいなあ。たったのいちどでいいんです！　ちがいがわかるだけでもいい。知らなかったことがたくさんわかる、と思うんです……」。

ある日、なぜか正午に目覚めたおばけは、太陽のもとに飛び出す。すると身体は真っ黒になる。影のようなおばけの出没に町は大混乱。小さいおばけはフクロウ城に帰れるのか。真っ白な「夜おばけ」に戻ることができるのだろうか。

幼児期になると、子どもたちは、まるで自分の心の成長を確かめるかのように、魔法やおばけが登場する物語や怖いおはなしを求める。本作の主役もおばけである。エピソードはやや多く、謎解きもあるが、ストーリーに忠実に描かれた魅力的な線画が、読者の理解を助ける。

作者プロイスラーの故郷は、ボヘミア地方、現在のチェコ共和国である。おばけや魔法使いの昔話が伝承される地域で育った。本作も祖母から聞いた昔話がもとになっている。『小さいおばけ』は愉快なおはなしであるが、戦争や権威に対する批判のまなざしもある。プロイスラーは大学進学を控えた1942年に徴兵され、戦地に赴き、捕虜として5年間を過ごした。その後教師となり、小学校で教えながら児童文学を書き続けた。深い闇と魔法の世界を描いた『クラバート』（偕成社）など、高学年向きの読みごたえのある作品も残している。

（今田由香）

のんきなりゅう

ケネス・グレアム / 作　インガ・ムーア / 絵　中川千尋 / 訳
徳間書店　2006(2004)年　96p

キーワード：　騎士、創作(詩)、中世、友だち、怠け者、竜

世界じゅうさがしたって、ぼくには敵なんかいないよ。なにしろ、こんなに、なまけものなんだもの

青空の下、オレンジ色の花と緑の草に囲まれて、男の子とくつろぐ青いりゅうの表情が、ゆかいで心温まる物語を象徴する。

村の近くの洞窟に住み着いたりゅうを見つけた羊飼いの父親は、驚いて家に逃げ帰った。しかし本が好きな羊飼いの男の子は恐れず会いに行き、なまけもので戦ったことなんてないというりゅうと友だちになる。けれども、村の人たちは、恐ろしい怪物をこのままにできないと言う。とうとうりゅうの存在を知って旅の騎士・聖ジョージが村にやってきた。聖ジョージはりゅう退治の伝説で有名な、キリスト教の聖人。村人たちはりゅうと騎士の戦いを期待して、ありもしないりゅうの被害の噂を広める。しかし、このりゅうはやさしいりゅうだという男の子の訴えを聞いた聖ジョージは、冷静にりゅうと話し合い、村人たちを納得させるために戦うふりをすることを提案。りゅうは喜んで芝居っけたっぷりに激しい戦いを演じ、村人たちを沸かせる。戦いの末に負けたりゅうが心をいれかえたという演出に、村人たちもりゅうを宴会で歓迎した。またこの聖ジョージは、最後に原因となった村人たちの偏見を指摘することも忘れない。

りゅうを怖がる父親をなだめる男の子、無邪気で詩を作るのが好きなりゅうなど、ステレオタイプなイメージをくつがえす要素が、ユーモラスに描かれる。原作のグレアムは、イギリス児童文学の名作『たのしい川べ』（岩波書店）の作者として知られる。本書の原書は、大人向けの短編集*Dream Days*に入っていたグレアムのお話をインガ・ムーアが文を短く書き換え絵を加えた大判の絵本。日本語版では、縦書きの文章の物語に原書のフルカラーの絵が入った形で刊行。（内川朗子）

ヒッコスでひっこす

矢玉四郎 / 作・絵
岩崎書店　1996年　95p

キーワード：家族、ナンセンス、引っ越し、不発弾、埋蔵金、ロボット

あさ、ぼくの家に、へんなお客さんがきた。

第二次大戦の終結から70年以上を経た現在でも、不発弾の処理がニュースになることがある。本作では冒頭、「ぼく」こと畠山則安の家にアナホリ会社の社長を名乗る男が現れ、自宅の下に不発弾が埋まっていると告げる。社長は新発明の引っ越しロボットを持参し、爆弾を掘り出すまで、これを使って家ごと好きな場所に転居するよう告げる。畠山家は、ロボットに備え付けられた17枚のカードで様々な場所に引っ越しを繰り返す。

木の上の家は眺めが良いものの強風で傾き、川の上の家は涼しくて快適だが流れに乗って移動してしまう。スーパーの中の家は買い物には便利だけれど、お客さんが休憩所と勘違いして次々に家へ入ってくる。行く先ごとに一家は騒動に巻き込まれるが、決してめげない。そのバイタリティに驚いたり感動したりしながら読み進めると、引っ越し先はニューヨーク、インド、北極と海外に広がり、17番目にはついに「トンピラ星」というマンガの舞台に至る。えっ、カードを全部使い果たしちゃったけどどうなるの？と不安になるが、ここからが本作の読みどころ。苦し紛れにテレホンカード、キャッシュカードなどの身近なカードを差し込むと、なんとロボットがちゃんと作動し続けるのだ。一家はこの手段で元の場所に無事戻るのだが、いったい何をカードとして用いたのかは読んでからのお楽しみ。

社長を名乗る男は結局、伝説の宝を狙った大泥棒だった。それでも則安は「おかけで、いろんなところにひっこせて、おもしろかった」と最後まで楽天的だ。父さんの口癖は「災い転じて福となす」。奇想天外な発想や展開はもちろん、トラブルを楽しんでしまうタフな一家から元気をもらえる1冊だ。

（酒井晶代）

マコチン

灰谷健次郎 / 作　長新太 / 画
あかね書房　1975年　77p

キーワード：　あだ名、いたずら、お見舞い、先生、友だち

ぼくは しんどかってもええ。せんせいが げんきになったら、ぼくは それで むねが すーと する。

まことくんのあだ名は「マコチン」です。かんしゃくを起こすと、給食のお椀を投げたり、教室に大の字に寝転んだりする「マコギャング」になります。図工の時間にいい色が出ない、と泣きはじめたマコチンに「あほか」と言うクラスメイトのひでおですが、とよこ先生は「まことくんはあほとちがいます」と、はっきりと伝えます。マコチンの作文には、人が発明したことを真似するのは、いやらしくて大嫌い、と書いてありました。することや感じることは、ひとりひとり違ってもいいのだという肯定感に、ハッとさせられる印象的なシーンです。

　主人公のマコチンは、やんちゃないたずらもしますが、風邪をひいた、とよこ先生の家まで電車に乗ってお見舞に行く、やさしいこころと勇気も持ちあわせています。

　とよこ先生は、マコチンをあたたかく見守りながら、クラスメイトのひでおくんもゆりちゃんも、それぞれの個性を認め、信頼関係を築いています。学校で過ごす子どもたちにとって、身近なおとなは社会の縮図となって、成長していくこころに影響をあたえます。本のなかでの信頼に足るおとなのとの出会いは、子どもにとっても、とても大切です。

　小学校の教師を17年間経験し、子どもたちと日々身近で過ごしていた灰谷健次郎さんにとって、作品に出てくるマコチンやゆりちゃんは、実在した存在。作品中の詩も子どもたちが書いたものです。長新太さんの描くマコチンたちも表情豊か。子どもという存在に憧れ続けた作家と画家が描く、子どものストレートで素朴なこころの動きは、いつの時代にも通じるものがあります。

　マコチンと元気な弟のお話『マコチンとマコタン』もあります。

（馬場里菜）

ミミとまいごの赤ちゃんドラゴン

マイケル・モーパーゴ / 作　ヘレン・スティーヴンズ / 絵
おびかゆうこ / 訳
徳間書店　2016年　64p

キーワード： 赤ちゃん、おはなし、親子、クリスマス、ドラゴン、山、雪

このお話を聞けば、心のおくも、足の先も、いっぺんにあったかくなりますぞ。

ドルタ村の「山のドラゴンまつり」では、クリスマスの夜に毎年、誰かによって語られ、村人みんなで聞く物語がある。それは700年以上前に村の運命を変えた奇跡のお話。

クリスマスの朝、ミミがいつものようにたきぎ小屋に行くと、ドラゴンの赤ちゃんが寝ていた。ドラゴンは村人に恐れられ、嫌われていたので、ミミはこっそり山のお城に赤ちゃんを連れて行く。中から現れたお母さんドラゴンはとても恐ろしかったが、親子が歌で気持ちを伝え合うと、赤ちゃんを連れ戻したお礼か、ドラゴンはミミにお辞儀をした。そのとき雪崩が起こり、村は雪に飲み込まれ、ドラゴンは村人を救う。

このお話は、ドラゴンへの感謝と勇気あるミミへの敬意を持って語り継がれている。そこには知らない者への恐怖心が偏見を生み、排除しようとすることへの戒めと、子どものような純粋な心の持ち主こそが真実を見極めるということが読み取れる。また、本作では、著者のマイケルが今年の当番として村人に「ミミと山のドラゴン」のお話を語るという入れ子型構造になっている。そのため、物語を語り継ぐことが人々に知恵と勇気を与えるということを、読者自身も村人と同じ立場で体験をすることができるようになっている。

表紙の絵は白い雪の中、ドラゴンは緑で、ミミの頭巾は赤、そして、周りもドラゴンが吐く炎をイメージした赤色の縁取りがされており、クリスマスカラーで上手くまとめられている。挿絵は全てカラーで、ミミの活躍が楽しめる。

著者は『図書館にいたユニコーン』（徳間書店）など、物語の力や平和のあり方をドラマチックに描き、読者の心を魅了する作品を多く執筆している。（山北郁子）

ルイージといじわるなへいたいさん

ルイス・スロボドキン / 文・絵　こみやゆう / 訳
徳間書店　2015(1963)年　64p

キーワード：　いじわる、先生、泥棒、バイオリン、バス、兵隊、弁当

そいつには、わしのとくべつレッスンで、おきゅうをすえてやる！

　小学生のルイージは、毎週末イタリアから国境を越えて、バスでスイスの町までバイオリンを習いに行く。バスにはいつも国境を守る兵隊が乗り込み、密輸人を警備している。ある時、「鼻の長い兵隊さん」が乗り込み、子どものルイージの持ち物まで調べるようになる。バイオリンのケースからお弁当箱の中まで、時には食べてしまうことも。でも調べるのは荷物だけ。荷物を持たない二人組は調べないという伏線は、やがて愉快な展開につながっていく。

　怒ったバイオリンの先生はいじわるな兵隊をこらしめるためにバスに乗り込み、とても爽快に小気味好く仕返しをしてくれる。ストーリーは挿絵の楽しさも相まって、思わず拍手したくなる結末へと展開する。

　子ども扱いされることへの抵抗と、絶対的な立場の大人への風刺、子どもにとって権力に屈しない力強い大人が自分に寄り添って味方になってくれるテーマは、なによりも心強く、痛快な気持ちで読み進めることができ、そのユーモラスな展開にワクワクすることだろう。

　スロボドキンの作品は文章を主体としながらも、その巧みな絵がストーリーを上手く後押しして読み進めることができるため、絵本から読み物への移行期に最適な作品が多い。

　1963年にアメリカで出版されたこの作品は初邦訳。スロボドキンは『元気なモファットきょうだい』（岩波少年文庫）の挿絵を手がけ、子どもの本の仕事を始めた。コルデコット賞を受賞した『たくさんのお月さま』（徳間書店）や『百まいのドレス』（岩波書店）など世代を超えて愛されている。『ふたごのカウボーイ』（瑞雲舎）のような、自身の子どもを主人公にした絵本や幼年童話もある。（松井雅子）

ワニてんやわんや

ロレンス・イェップ / 作　ないとうふみこ / 訳
ワタナベユーコ / 絵
徳間書店　2004(1995) 年　200p

キーワード：家族、きょうだい、多文化共生、チャイナタウン、ペット 、ワニ、

ワニ型人間だって、じぶんの家族にはやさしくしなくちゃいけないって。

　主人公のテディは、弟ボビーの誕生日に「ペットをプレゼントしなさい」と母さんに言われ、しぶしぶペットショップへ出かける。そこで見かけた小さなワニを、嫌がらせのつもりでプレゼントするのだが、ボビーは予想外に気に入ってしまう。当初の計画がうまくいかず、気持ちが落ち着かないテディをよそに、ボビーは誕生日を祝いに来た叔父やいとこたちにワニを紹介していく。そこへワニのことを何も知らされていない父さんが帰ってきて、大騒ぎになってしまう。

　米国サンフランシスコのチャイナタウンを舞台に、中国系の家族がワニを巡って文字通りてんやわんやする様子が、コメディタッチで描かれていく。親戚が集まったときのポンポン弾むような会話（おばあちゃん最強！）や、大人が子どもを大事に思いやる言葉の温かさ、さらに世代間ギャップなど、アメリカにおける多文化共生の社会を映しながら物語は進んでいく。

　後半、テディはワニを通して弟や家族を見つめなおすことになる。かわいがられているのは弟ばかりだと思っていたけれど、自分自身もちゃんと家族から愛されていること、弟と気持ちが通じ合うこと、家族にやさしく接するためには自分から働きかけていくことの大切さに気づいていく。そこには自分と他者との相違点を認め、人間として成長していく普遍の姿が見られる。

　本書では、作者自身の「自分はアウトサイダーだ」と感じていたという経験が反映されている。テディからにじみ出る疎外感や劣等感が、次の展開へと誘うことになり、読む者を引きつけていく。そして心の底からにじみ出る優しさが、最後にはテディとともに読者をも救ってくれるのだ。

（羽深希代子）

あたらしい子がきて

岩瀬成子 / 作　上路ナオ子 / 絵
岩崎書店　2014年

キーワード：赤ちゃん、大人、おばあさん、家族、きょうだい、誕生

みんなの吐く息が家にたまっていきます。息は少しずつまじりあっていきます。

赤ちゃんは小さい。赤ちゃんはか弱い。赤ちゃんはかわいい。特に生まれたばかりの赤ちゃんは誰もが見惚れてしまう不思議な魅力があります。でも、みんなが「かわいい」と言えば言うほど、おねえちゃんになったミキのお腹の中になんだかモヤモヤした気持ちが湧いてきたりします。それが、子どもの持っている言葉できちんと書かれているのが、この作品です。

ある日、ミキは公園で猫を連れた弟なのにお父さんみたいなおじさんと、心は子どものまま大人になったというよしえちゃんに出会います。二人と一緒に過ごしたミキは、大人ってなんだろう、子どもってなんだろうと考え始めます。

赤ちゃんのお世話で忙しいお母さんを助けるためにやってきたおばあちゃんに、いつも「お姉ちゃんなんだから」と言われて困ってしまうミキと妹のルイ。なんだかつまらないな。後から、おおばあちゃんがミキとルイに絵本と手作りのクッキーを持ってきてくれました。三人が絵本を読むシーンはとても素敵で、ミキは自分の中の「小さいわたし」が喜んでいることに気づきます。

私も時々「子どもの頃からちっとも変わってない」と感じる事があります。それは小さい時に好きだった本を読んだ時とか、幼いお姉ちゃんが弟の世話を焼いている姿を見たときとか、いろんな瞬間に小さな頃の自分がちゃんと大人の自分の中に居ることを感じます。言葉を覚える前のことも心のどこかで覚えているのでしょう。私には弟が二人います。でも弟が生まれた日の事はちっとも記憶にありません。でも、どこかで覚えていて、ミキのように、私もゆっくり弟たちのことを受け入れていったのだと思います。

（鈴木 潤）

海のしろうま

山下明生／作　長新太／絵
理論社　1980(1972)年　55p

キーワード：　イチジク、海、おじいさん、島、漁師

そうよ。海は　なんでも　もっちょるんじゃ。

漁師のだいすけじいちゃんと二人で暮らしているぼく（はるぼう）。嵐の日はじいちゃんが家にいるので、かえってうれしい。じいちゃんから「嵐の日には、白い馬が何百も何千も、海の上を走り回る」と聞いた時から、ぼくの心の中に海のしろうまが棲み始める。

いつもいちじくの木に登ってじいちゃんの帰りを待つぼくのことを心配して、じいちゃんは嵐で海岸に打ち上げられた板切れを使って、二段ベッドのような見張り台を作ってくれる。見張り台から海を眺め、しろうまの姿を探すぼく。そんな折、海辺で白い犬に出会い、しろうまが変装して会いに来たんだと思うぼく。そんなぼくの様子を心配して、「絶対一人で海へ行ってはいけない」と注意するじいちゃん。そのじいちゃんが、夜になっても漁から戻ってこない。浜辺に集まった漁師たちは、目印の焚火を燃やし始めるが、ぼくは一人で家に戻り、いつもじいちゃんが寝る見張り台の下のベッドに横になる。その時しろうまが現れ、「じいちゃんを助けに行きたい」というぼくを乗せて、海の中を走りだすのだ。夜の海を走る馬車から、何百、何千のしろうまを目にして、ぼくは声の限りじいちゃんを呼び続ける。そして朝になって気がつくと、目の前にじいちゃんの顔があった。

「絵童話」というジャンルがあるならば、この作品は真っ先にあげられるだろう。子どもの心と一体になった幻想の世界が、長新太の絵で見事に表現されている。幼少時を瀬戸内海の島で過ごし、日本の児童文学を代表する「海の作家」といえる山下明生の代表作であるとともに、多くの絵本を持つ長新太の代表作ともいえるだろう。そしてまた、幼年文学が充分に「文学」足り得ることを実感させてくれる作品である。

（藤田のぼる）

おそうじをおぼえたがらないリスのゲルランゲ

J・ロッシュ=マゾン / 作　山口智子 / 訳　堀内誠一 / 画
福音館書店　1973(1930) 年　96p

キーワード：　オオカミ、おばあさん、知恵比べ、動物、フランス、リス

ぼく、たべられてもいいんです

　そうじ嫌いがもとで家を追い出された子リスのゲルランゲは、早々にオオカミと遭遇、食べられそうになる。それでも「おそうじはおぼえたくありません」と頑固なまでに意地を張るゲルランゲ。対するオオカミは「なにもできんリス」を食べたとあっては沽券にかかわるから、そうじを覚えさせてから食べようと、キツネやアナグマの力を借りながら奔走する。何度も繰り返されるゲルランゲとオオカミたちとのユーモアあふれるやりとりが面白い。ゲルランゲがあくまでもそうじを拒否する姿は、学校のそうじ嫌いの子どもたちをみているようだ。

　また、オオカミや他の動物たちにカプッ！とせなかの皮をくわえられ、ブランバランと運ばれるゲルランゲの姿は、大人たちと闘う子どもを連想させる。そしてゲルランゲは、いやなことはいやと自分の意思を貫き、何者も恐れず、冷静、かつ知恵をつかってオオカミを翻弄し、最後にはおばあちゃんの助けも借りながらオオカミに勝ち抜く。家族のきまりを守らないゲルランゲを毅然とした態度で追い出す一方、窮地に陥ると必死で助ける、厳しくも温かいおばあちゃんは、子どもに安心感を与えてくれるだろう。

　本作をさらに魅力的に見せているのは、堀内誠一の挿絵である。表情豊かで躍動感あふれる動物たちの絵が、作品を一層生き生きとしたものにしている。

　動物の擬人化や、繰り返されるゲルランゲとオオカミのやり取りなど、本作には伝承文学の手法が取り入れられているが、伝承文学に親しみ、古典や民俗学を学んだ著者らしい作品といえば『はんぶんのおんどり』（瑞雲舎）である。続編『けっこんをしたがらないリスのゲルランゲ』では、さらにパワーアップしたゲルランゲに出会える。

（木下裕美）

おばけ道、ただいま工事中！？

草野あきこ / 作　平澤朋子 / 絵
岩崎書店　2015年　95p

キーワード：　いのち、SF、おばけ、家族、死、友だち

「あ、あのさ、またいつか、会えるよね」「もちろん、ずーっと先だけどね」

小学4年生の翔太のところに、とつぜんあらわれた女の子サト。おばけ道が工事中の1週間、仮のおばけ道を翔太の部屋に通させてほしいという。死んだ人がおばけ界に行くための大事な道なのだそうだ。翔太は無理やり契約させせられ、お礼に5枚のおばけクーポンをもらってしまう。

ネコのマロンをだいて部屋でねていると、夜中の2時、目の前をたくさんの人が歩いていた。その時、マロンがおばけ道にとびこんでしまったため、翔太は、以前サトにもらった〈おばけ道散歩体験クーポン〉を使って、マロンを探しに行く。そこでお姉さんと知り合いになり、生きていた時結婚するはずだった男の人に手紙をわたしてあげる約束をする。翔太は、おばけ道で出会った人たちのこの世に残した思いを、しだいに理解していくことになる。

おばけ道が、期間限定で自分の部屋を通ることがなんともふしぎでおかしく、おばけという空想的な世界の、工事やクーポンといった現実的なものの存在が、ストーリーに親近感をもたらす。

サトに対して翔太は、〈おばけにあえるクーポン〉を使って、サトをサトのお母さんに会わせてあげることができた。工事期間の最後の日に、翔太とサトはお別れを言うが、それはずっと先の再会を約束することでもあった。翔太はおばけと深い交流を持つことによって、死について考え、「いのち」の尊さを実感する。子どもたちも安心して読める、こわくない?!おばけのでてくるお話である。

柔らかなタッチのイラストが入り、ページ数も手頃で、本に苦手意識のある子にもおすすめだ。

（小山玲子）

クマのプーさん

A．A．ミルン／文　E．H．シェパード／絵　石井桃子／訳
岩波書店　1956(1926)年　254p

キーワード：　クマ、友だち、ぬいぐるみ、ハチミツ、森

プーは、いつも午前11時には、なにかひとロやるのが、すきでした。

『くまのプーさん』『プー横丁にたった家』の2冊からなるプーの物語は、父親である著者が息子のクリストファー・ロビンに語ったお話で、子ども部屋のぬいぐるみたちが登場する。各巻は百町森で暮らす動物たちの10編の話で構成され、プーがハチミツを取るために木に登ったり、ウサギの家でハチミツとパンを食べすぎて、穴から出られなくなってしまったり、ロバのイーヨーのなくしたしっぽを見つけてあげたり、ノース・ポール探しに出かけたり、毎日楽しいことを見つけて過ごす。困ったことが起きても深刻にならず、最後にはいつもクリストファー・ロビンが助けてくれる。

プーにとって食べることは人生の目的かつ喜びであり、なかでもハチミツを食べる時間は夢見心地である。大切なものを守り、好きなことやものを一直線に追求する子どもらしさが、幼年文学の特徴として表れる。子どもの論理が貫かれたプーたちの行動や発言に、大人たちがしているように、クリストファー・ロビンが優越感を持って対応すると同時に、クリストファー自身も彼らとの遊びに夢中になる様子が、子どもと大人の二つの視点で物語を見るおもしろさとなる。

父親と息子との会話からわかるように、プーの世界には家族の絆という土台が据えられ、プーもクリストファー・ロビンも、何をしても許されるという揺るぎのない世界で心おきなく遊ぶ。幼年文学に必須の、絶対的な安心感にあふれた作品である。プーの作る歌や言葉遊びは、声に出して読むと耳にも心地いい。シェパードの挿絵が、クリストファー・ロビンと仲間たちの姿をユーモラスに描くと同時に、プーの舞台である森や自然が豊かに描かれ、特別な場所での特別な関係を描き出している。

（福本由紀子）

ゾウの家にやってきた赤アリ

カタリーナ・ヴァルクス / 作・絵　伏見操 / 訳
文研出版　2013(1997) 年　104p

キーワード：　アリ、医者、オランダ、ゾウ、友だち

だったらこの家に来て、ぼくといっしょにくらせばいいよ。

　医者であるゾウのドクター・フレッドは、小さな家に一人で暮らすことをさみしく思っていた。だれかが一緒に住んでくれたら、きっと毎日が楽しくなるにちがいない、と。そんなある日、小さな赤アリの女の子、ココに出会う。ふたりでお茶の時間を楽しんでいるうちに、フレッドはかしこくて元気なココのことが気に入り、一緒に暮らすことを提案する。ココは学校が終わったら、すぐに来るからと約束したが、予定の時間になっても姿を見せない。心配になったフレッドが探しにいくと、その頃彼女は大変な目にあっていた……。

　この物語がユニークなのは、登場する動物たちがまるで人間のように暮らしているところだ。フレッドは医者の仕事につき、ココは自転車で学校に通っている。アヒルのオルガは、中国へ海外旅行に行って水かきを痛めてしまう。また彼らは、友だちとのお茶の時間や、おしゃべりを楽しんでいる。大きなゾウと、小さなアリやアヒルが友だち同士であるという設定だが、それぞれのキャラクターが無理なく描かれていて、子どもたちは違和感なくお話を楽しめるだろう。いじわるなクモも登場するが、救出されたココのお見舞いに現れるなど憎めないところもあり、完全な悪役にはなっていない。

　物語は7章に分かれており、文章を読むのに慣れていない子どもでも、少しずつ読み進めることができる。赤と黒の鉛筆で描かれた挿絵は、風変わりなキャラクターを魅力的に伝え、文章にはとぼけたユーモアがあり、人生を思わせる味わい深いセリフが入ってくるのもおもしろい。ヴァルクスはオランダの作家。息子の誕生を機に子どもの本の制作を始める。画家としても活動しており、この本の挿絵も手がけている。

（田中瑞穂）

ちびドラゴンのおくりもの

イリーナ・コルシュノフ / 作　酒寄進一 / 訳　伊東寛 / 絵
国土社　1989(1978) 年　107p

キーワード：　いじめ、学校、成長、ドイツ、友だち、ドラゴン

ぼくは本がよめるし、うたをうたことも……でんぐりがえしもできるんだからね。

でぶっちょでのろまな男の子ハンノーは、入学式の日、クラスの子に「デブソーセージ」と言われ、学校に行くのがいやになる。ハンノーが一人ぼっちで冬の公園にいると、地面から、真っ黒でモルモットぐらいのちびドラゴンが顔をだす。ちびドラゴンもドラゴンの国の落ちこぼれで、いじめられて逃げてきたという。

ハンノーの部屋で一緒に暮らすようになったちびドラゴンは、暖炉の火を食べるのだが、チョコレート味がついた火を食べ、うれしくて踊りだす。ハンノーは、それに合わせて苦手な歌を歌い、苦手な踊りを踊り、ちびドラゴンと心を通わせていく。ハンノーはちびドラゴンと一緒に、うまくできなかった字を書くこと、でんぐり返し、本を読むことなどができるようになっていく。

主人公のハンノーは、ちびドラゴンに褒められ、励まされながら、自信を取り戻していく。ちびドラゴンも、ちびで翼も小さくて飛べないなどの劣等感を抱えていたが、最後には「ぼく、ドラゴンの国にかえる。きっともう、だれも、ぼくのこと、いじめないとおもうんだ。ぼくは本がよめるし、うたをうたうことも、字もかくことも、絵をかくことも、木のぼりも、それから、でんぐりがえしもできるんだからね。」とハンノーとの暮らしのなかで自信をつけていく。

読者は、誰もがもつ劣等感や、主人公が自信を取り戻していく姿に共感を覚えることだろう。伊東寛の親しみのある挿絵が物語を引立てている。『エルマーのぼうけん』(福音館書店)を読んだ子どもに薦めたらどうだろうか。

著者は、ドイツの作家で『小さなペルツ』(講談社)など低学年向けの作品のほか、ヤングアダルト向けの作品が多数ある。

(島　弘)

なんでそんなことするの？

松田青子／作　ひろせべに／絵
福音館書店　2014年　63p

キーワード： いじめ、学校、心の分身、ぬいぐるみ、ネコ

だれかの好きなものや好きなことを変だなんて言ったり、バカにしたり、だれもそんなことしちゃいけないんだよ。

松田青子の描く世界は、日常にひそむ、あるいはまことしやかに流布している事象に、違和感を発信し、居心地の悪い想いを抱える多くの子どもたちや人々、女性を鼓舞し、自分らしい居場所が見つかるよと、救出に全身全霊をかたむけています。彼女の日常の深い洞察から創造されたキャラクターは、『ラチとらいおん』（福音館書店）のラチであり、『はなのすきなうし』（岩波書店）のふぇるじなんどのような存在。辛辣さをおくびにも出さず、ときに優雅に、飄々とした脱力感、痛快感ほとばしる爽快さで読ませます。

新学期、学校が好きではないと感じるトキオを心配した心の分身・猫のミケは、ある日、学校について行きます。案の定、ぬいぐるみを持って登校するトキオに、休み時間、授業中に、いやがらせやいじめが襲いかかります。そこでミケがトキオを嘲笑する相手に仕返しをしていくと、「みんなぼくをからかってるだけなのに」と、抗議するトキオ。「からかってるだけ」なら、なぜ君は悲しく傷つくのか、とミケは問いかけます。トキオが勇気をかき集め、理不尽なクラスメイトに「なんでそんなことするの？」「なんでそんなこと言うの？」と反論すると、皆、黙ってしまいました。人間の尊厳さえも脅かす言動を発する周りは、実は何の考えもなく不用意にひどい言葉を発していただけ。皆のいう「普通」とは同調圧力のための架空の世界にすぎず、「変な」とは、「それぞれが違う」存在であるということであり、それを尊重することを学びます。

ひろせべにのユーモラスでフルカラーの挿画と名久井直子の確かな装丁は、「人間みんな自由である」ことを表し、『あおい目のこねこ』（福音館書店）と真逆の手法で「自分らしく生きる」ことをみせてくれる宝物のような存在です。（山脇陽子）

ノラのボクが、家ネコになるまで

ヤスミン・スロヴェック／作　横山和江／訳
文研出版　2017(2015)年　108p

キーワード：　家族、自由、友だち、ネコ、引っ越し

自由に生きるための大切なコツ、知りたい？

ボクは気ままなノラネコ暮らし。自由が何より大事。「必殺ウルウルおめめ」を駆使して好物を手に入れる一方、保護センターの職員の甘い言葉には決してだまされない。動物仲間からは「ヒトと家族になればいいのに」って言われることもあるけど、ボクの厳しい条件をクリアできる完璧なヒトなんているもんか。さて、なわばりに建つ空き家に、新しい住人が引っ越してきたみたいだ。家の中からおいしそうなツナのにおいがする。今日はここで食事にありつくとしよう。

ペットにされることを拒否し、反対にヒトを操ろうと企むしたたかなノラネコのお話。吹き出しを多用したマンガ的な表現が、本を読み慣れない子どもにも親しみやすい。上から目線でヒトを訓練しようとするボクのふるまいは、ネコと暮らした経験を持つ者にとって「あるある」と苦笑することばかりだ。ところが物語の後半になるとこのボクが一転してヒトを元気づけよう、幸せにしようと尽力するようになる。自分さえ居心地よくいられたらいいという当初のモットーはどこへやら、好きになった「そばかすちゃん」のために健気に頑張るのだ。そして結末でボクは家族を手に入れ、家ネコになる道を選ぶ。

幼い子どもにとって心身ともに安心できる場所が大切であることは言うまでもない。束縛から逃れようとしたり、反対に愛されたいと切望したりするボクの心情は、多くの子どもにとって自分の気持ちを代弁してくれるものとなろう。モノクロの絵はリラックスした描線でボクの喜怒哀楽をよく表現しており、繰り返し登場する「必殺ウルウルおめめ」の表情は思わず笑いを誘う。挿絵の域をこえたこのユーモラスで親しみやすい絵も、本書の特徴である。

（酒井晶代）

ふたりは世界一！

アンドレス・バルバ / 作　宇野和美 / 訳　おくやまゆか / 絵
偕成社　2014(2008) 年　143p

キーワード：紙飛行機、スペイン、世界記録、挑戦、ナンセンス、呪い、冒険

挑戦するのは、あなたを自由にしたいからよ。

明るい色どりの表紙で、思わず手に取りたくなるスペインの児童書。大胆な発想と、スリルと冒険を感じさせてくれる内容で、ゆかいなことや挑戦の好きな子どもにおすすめの1冊である。

小さい男の子フワニートと背の高い女の子ベロニカは、「息をとめてお風呂にもぐっている記録」「まばたきをしないでがまんする記録」など、たくさんの記録を持っている。時間はすべて2分7秒だ。子どもたちは、「同じ時間ってふしぎだなあ」「自分ならこんなことできないよ」とすぐ話の中に引き込まれていく。

ふたりは、だれよりもたくさん世界記録を持っているウィンターモルゲンが破れない記録をつくる挑戦者に応募し、選ばれる。誰かがこれに成功すると、彼にかけられた呪いがとけるというのだ。しかし、失敗すれば、ウィンターモルゲンの助手のカラサーのように自由をなくして一生、彼に仕えなければならない。期間は、1か月。「勝ったら、カラサーを自由にする」という条件で、ふたりは世界一大きな紙飛行機にのって世界記録の旅にでる。地上の楽園や世界のはて、人も建物も紙だけでできたカーミー星へ行き、いろいろな人の協力を得てがんばるが、記録をうちたてたとたん、ウィンターモルゲンに記録を破られてしまう。それでもふたりはあきらめず、ふたりで協力できること、一緒に応援してくれる仲間がいることのすばらしさに気づきながら1か月の期限まで希望をすてずにがんばり続けると、どんでん返しが！

人と競争して勝つという「呪い」にかかっている大人を、遊び心と人を思う心を持った子どもが救うという内容は、現代社会への皮肉とも、未知なる力を秘めた子ども賛歌とも解釈できる。アホらしさもユーモアも上質な1冊。（堀井京子）

ぺちゃんこスタンレー

ジェフ・ブラウン／文　トミー・ウンゲラー／絵
さくまゆみこ／訳
あすなろ書房　1998(1964) 年　80p

キーワード：　きょうだい、手紙、ナンセンス、冒険

うわあ、すっげえ！ お父さーん、お母さーん、ぶったまげたことになってるよー！

身長122センチ、横幅30センチ、厚さ1・3センチ。これが、ぺちゃんこになった男の子スタンレーのサイズ。

朝、弟のアーサーが発見したとき、スタンレーはたおれてきたボードの下じきになっていたのだ。とりあえず、医者には行ったが、医者もさっぱりわけがわからず。「まあ、ようすを見ていくしかないでしょうな。」というばかり。このぺちゃんこは、弟がうらやましがるほど便利で楽しいものだった。

ドアの下のすきまをくぐれたり、大きな封筒に入れてもらって、ニューヨークからカリフォルニアまで、郵便物となって飛行機で飛んでいくことまでできた。凧あげがしたい弟のために、自分の手足にひもを結んで空高く舞い上がることだってできたのだ。

とうとう、美術館の絵に化けたスタンレーは、どろぼうをつかまえて、街のヒーローになってしまった。しかし、人々のうわさというものは、やがては消えていく。いつの間にか、ぺちゃんこスタンレーには、友だちがいなくなってしまうのだ。

さて、どうやってスタンレーがもとの身体にもどったか。それは、読んでからのお楽しみということにしておいて、この本の挿絵が、トミー・ウンゲラーであることに注目してほしい。

ウンゲラーは『すてきな三にんぐみ』（偕成社）や『へびのクリクター』（文化出版局）などで有名な絵本作家でもあるのだけれど、このぺちゃんこの、うすっぺらなスタンレーの〈立体感〉。弟のアーサーの言葉を借りるなら、「うわあ、すっげえ！ ぶったまげたー！」なのである。

それにしても、スタンレーの弟、お母さん、お父さんも、みんなおかしくて素敵だ。

（増田喜昭）

青矢号　おもちゃの夜行列車

ジャンニ・ロダーリ／作　関口英子／訳　平澤朋子／さし絵
岩波書店　2010(1964)年　254p

キーワード：イタリア、イヌ、おもちゃ、おもちゃ屋、電車、貧困、冬、プレゼント、魔女、雪

かわいそうなフランチェスコ！

1月6日の前夜、イタリアではベファーナというおばあさん魔女がほうきに乗って子どもたちにプレゼントを配って回るのだという。この物語では「ほんもののベファーナは、お金をはらってくれるお客さんにだけプレゼントをくばることになってるのよ」ということで、ベファーナは、かっちりとおもちゃ屋を経営している。そのため、家が貧しい子どものところには、おもちゃは届かない。ベファーナの店のショーウィンドーに額を押しつけて、しくしく泣く男の子フランチェスコを見て、おもちゃたちはもらい泣きをはじめ、なんとかしたいという思いを抱く。

電気機関車「青矢号」をはじめ、インディアンの「銀バネ大将」、パイロットの乗った飛行機、黄色いクマ、マリオネット、帆船などが、ぬいぐるみの犬「コイン」のアイデアでベファーナの店を抜け出し、フランチェスコの元を目指す。雪の夜の、おもちゃたちの大冒険だ。時に辛辣でユーモアたっぷりの会話は笑いも誘うけれど、途中で出会うのは地下室で眠る少年や凍死してしまっているおばあさんなど、厳しい現実もある。フランチェスコの人生も過酷なものだ。

子ども読者はフランチェスコの身の上に胸を痛め、おもちゃたちの一途ながんばりにどきどきはらはらしながら、お話しの続きを聞きたがるだろう。鼻持ちならない「かわいそう」ではなく、他者の悲しみに共感し、ため息のように湧き出た「かわいそうに！」。やさしい思いで胸をいっぱいにした幼い読者（聞き手）に、この物語はすてきなすてきなラストを用意してくれている。分からない言葉があっても、結構お話の内容自体はわかるものだ。幼い子どもたちと共有したい物語である。

（西山利佳）

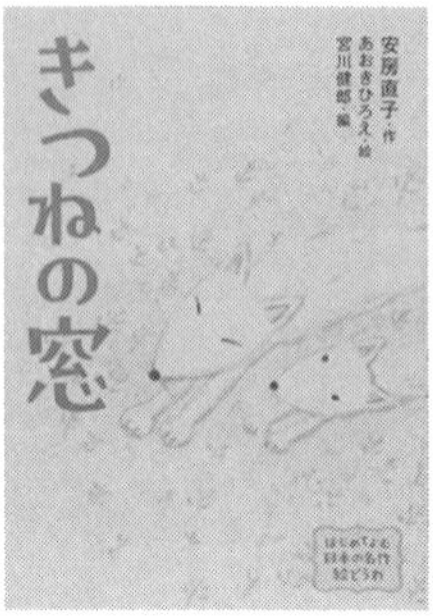

きつねの窓
はじめてよむ日本の名作絵どうわ

安房直子 / 作　あおきひろえ / 絵　宮川健郎 / 編
岩崎書店　2016年　61p

キーワード： キツネ、死、鉄砲、ファンタジー、変身

ねえ、お客さま、指を染めるのは、とてもすてきなことなんですよ。

山小屋で暮らす主人公「ぼく」の語りが、穏やかに読者を美しい物語の世界へいざなう。「道をひとつまがったとき、ふと、空がとてもまぶしいと思いました。まるで、みがきあげられた青いガラスのように……すると、地面も、なんだか、うっすらと青いのでした。」

鉄砲を担いでいたぼくは、ききょうの花畑に迷い込む。その中を走るこぎつねを追うと、店員に化けたこぎつねのいる染め物屋に着く。こぎつねは青く染めた人差し指と親指で菱形の窓を作って見せる。そこには、鉄砲で撃たれた母狐が見えた。ぼくも指を染めてもらい窓を作ると、もう会えない少女などが見えた。こぎつねにお礼として鉄砲を渡したぼくは、この指を大切にしたいと思うが無意識に手を洗ってしまう。翌日、染物屋に行こうとするがたどり着けなかった。

幼い子どもにとっては、青いききょう畑のイメージ、きつねの変身、指で染めた窓から過去が見えるという仕掛け、きつねのお母さんの死などが印象に残るであろう。年長になれば、より多様かつ深く読むことが可能である。

ぼくが迷い込む非現実の世界は、こぎつねがなめこをポリ袋に入れてお土産にするといった現実感を持って描かれ、イメージが絵となり伝わってくる。こぎつねとぼくは、孤独という共通点を持ちながら、鉄砲を介して、敵対する関係にある。また、指で作る窓は、見ることはできても関われないという切なさを伴う。さらに、ぼくは指を洗ったことで、新たな喪失感を抱えつづける。こぎつねが鉄砲を要求する点や、死のイメージに注目して、命について考えることも出来るだろう。

幼い子どももわかる言葉で孤独や悲しみを描く安房作品は、異なる年齢で何度も出会って欲しいと思う。（中川理恵子）

小さなバイキングビッケ

ルーネル・ヨンソン / 作　エーヴェット・カールソン / 絵
石渡利康 / 訳
評論社　2011(1963) 年　230p

キーワード：　海、賢さ、航海、スウェーデン、知恵 、バイキング、船

どうすればうまくやれるか、考えてためしてみよう

　バイキングの族長の息子ビッケは、オオカミに追いかけられると戦わずに木の上に逃げてしまう。父さんは、小さいときから勇敢で偉大な戦士であり、ビッケにはもっと強くなってほしいと思っている。でも母さんは、ビッケが優しくて利口なことを自慢に思っていて、父さんの小言からいつもかばってくれる。

　夏になり、父さんはバイキングの遠征にビッケを連れて行った。遠征では町を襲撃し、財宝を略奪するのだが、ビッケは乱暴なことが大嫌い。父さんたちはそんなビッケを笑うが、無計画に突撃していくためいつもつかまってしまい、結局ビッケの知恵で助けてもらうことになる。

　よくあるような勇気のある子、冒険好きな子の話とは違い、臆病で冒険が嫌いな子が頭を働かせて身を守り、みんなを助ける物語。大きくて力が強いバイキングたちは、単純でちょっと間の抜けたところもあり、ユーモアたっぷりの会話が楽しい。ビッケが機転をきかせて大人たちをぎゃふんを言わせたり、感心させたりするところが痛快であり、共感して読むことができるだろう。

　バイキングについての知識はなくても、幼い子どもは、小さくて弱いビッケに自分を重ね、一緒に冒険の旅を楽しむことだろう。印象的なイラストが物語世界に読者を引き込み、イメージを広げやすく、各章が1つの物語として完結しているため、まだ長い物語を読むことに慣れていない子どもにも薦められる。

　原著は1963年にスウェーデンで刊行され、日本では1967年に『小さなバイキング』（学習研究社）というタイトルで翻訳出版された。本作は2011年に原著からの改訳版として出版された全6冊シリーズの1巻目である。

（佐川祐子）

ピトゥスの動物園

サバスティア・スリバス / 作　宇野和美 / 訳
スギヤマカナヨ / 絵
あすなろ書房　2006(1966)年　191p

キーワード：　アイディア、協力、スペイン、動物園、友だち、病気

ぼくたちでつくるんだよ、動物園を！

物語の舞台は少し昔のスペインはバルセロナの下町。主人公は仲良し6人組の男の子たちだが、その最年少のピトゥスが重い病気になってしまい、治療のための大金が必要になる。そこで、5人は、自分たちで動物園を作って人を集め、その入園料をピトゥスに渡そうと考える。

どこに作る？　動物はどうする？　そんなこと、本当に自分たちでできる？

彼らは様々なアイデアを出し合い、それを人望厚いリーダーのタネットが10歳とは思えない度量と機転でまとめていく。委員長、事務局長を決め、必要な仕事を考え、町中の子どもたちに声をかけ53人もの助っ人を集め、各自の得意を聞き、仕事を分担していく。彼らはまた、ちゃんとおとなの力も借りる。まずは神父様に相談し、神父様の紹介で動物学者プジャーダスさんの協力も得る。病気の友だちのためにがんばる子どもたちを自慢に思う母親たち、協力を惜しまないバルのマスター、印刷屋さん、中学生や高校生まで、子どもたちの思いつきを馬鹿にせず応援するたくさんの存在がこの物語をとても温かいものにしている。

さて、動物園はなかなか本格的に完成する。山の動物捕獲作戦で手に入れた野鳥や、小動物、おとなたちがプレゼントしてくれた大物、借してもらったオウム、サル、トラ！　幼稚園や保育園で少しずつ読み聞かせすれば、彼らがどうやって動物たちを集めていくか、幼い子どもたちはどきどきワクワクしながら耳を澄ませることだろう。そして、自分で読み始めた子どもも、温かい挿絵も楽しみながら、彼らの実行力に心躍らせ、自分たちで願いをかなえる達成感に力強い満足を感じるのではないだろうか。この本は、幼い子どもに対する人間信頼という贈り物になるだろう。

（西山利佳）

魔女からの贈り物

ジェニー・ニモ／作　ポール・ハワード／絵　佐藤見果夢／訳
評論社　2000(1996)年　102p

キーワード：　家族、黒ネコ、冬、プレゼント、魔女、雪

ねえ、かあさんは、魔女がいると思う？

たまらなく寒い日、テオは妹のドディーと家に帰る途中、近所のおじいさんに、ひどい天気の日には魔女がうろつくと聞き、不安な気持ちになる。すると大吹雪のなか、見知らぬおばあさんが家に迷いこんできて、泊まっていくことになるが、お父さんは吹雪のせいか、帰ってこない。テオは、おばあさんが魔女なのではないかと疑い、その行動を見張っていると、奇妙な材料を使って魔法のようにケーキを作ったり、怖い話をしたりと、疑いは深まるばかり。朝になると、黒ネコのフローラがおらず、家中の時計もおかしくなり、テオはおばあさんが何かしたに違いないと考える。結局、その日も吹雪は続き、父親は帰ってこない。

魔女が流す涙は水晶に変わる、でも魔女は決して泣かない、というおじいさんの言葉や、お母さんのなくした水晶のネックレスなど、魔女かどうかを確かめるキーワードがいくつも隠され、ネックレスの秘密やお父さんの行方など、読者は怖いながらも、謎ときのスリルを味わう。幼年文学としては少し長めの物語だが、嵐の夜の不思議な出来事に引き込まれ、一気に読み進めるだろう。魔女が怖いテオと、平気でおばあさんになつく妹の対比もおもしろく、おばあさんをもてなし、子どもたちを見守る母親の姿も印象深い。挿絵では、おばあさんが優しい様子で描かれているので、文章とは対照的に、魔女の怖さが薄れ、魔女に違いないという印象が揺らぐ。挿絵が多いため、物語を想像する助けとなる。

著者は1944年、イギリス、ウィンザー生まれ。『チャーリー・ボーンは真夜中に』（徳間書店）から始まる、不思議な力をもつ10歳の少年の冒険シリーズや『石のねずみストーン・マウス』（偕成社）などで知られている。

（福本由紀子）

多様な文化を背景にいきる子どもたちへ

ほそえさちよ

グローバル社会が進む中、地域や学校でも海外につながる子どもたちと共に学ぶことが増えてきました。そんな時、どのような視点で一緒に本を楽しむことができるでしょうか。

母語や母国の文化を尊重すること

『〈超・多国籍学校〉は今日もにぎやか！　多文化共生って何だろう』（菊池聡著　岩波ジュニア新書）では、横浜市立飯田北いちょう小学校で長年、国際教室を担当してきた菊池聡先生の実践やアメリカやブラジル、シンガポールでの教育現場を見聞して考えたことなどが、子どもたちの姿を通して綴られています。この本で印象的なのは、ベトナム語や中国語など複数の言語で挨拶の言葉が玄関や昇降口に貼られ、各地の民族衣装や日常生活品や民芸品が飾られた展示コーナーがあることです。マジョリティである日本の子どもたちに多様性を感じさせ、海外につながる子どもたちの文化的背景を日常的に目に入るようにしている学校は、まだまだ少ないように思います。

学校や図書館でスペイン語や英語、中国語などの絵本を購入する場合も、その言語を母語とする国の本ではなく、『ぐりとぐら』など日本の絵本の外国語版を一緒に楽しむというケースが多いと聞きます。日本語を母語とする子たちと同じ本を楽しめたら、より親しくなれるという思いがあるのでしょう。その上で、たとえ翻訳本であっても、海外につながる子たちの母国で読まれている本を紹介することができれば、友だちの暮らしていた国の文化への興味が広がるのではないでしょうか。

「ラテンアメリカ子どもと本の会」では、日本で刊行された南米の文化や社会を伝える本に、スペイン語・ポルトガル語・日本語で解説をつけ、展示する活動をしています。その図書展を開催した小学校では、図書の時間に南米の民話絵本などを読んだところ、普段友だちの背中に隠れがちだった子が、クラスの発表で誇らしそうにブラジルの踊りを紹介する姿が見られ、びっくりしたと報告がありました。

海外の本を読むということ

ある学校図書館司書から、黒人が登場する絵本を読み聞かせた時に、「この人の顔の色、変だねえ」という子どもがいた、という話を聞きました。その子はあまり翻訳絵本を目にしたことがなかったのでしょう。特にアメリカの絵本では様々な肌の色をした人や車椅子に乗った人、白杖を持った人などが普通の街並みの中に描かれることが多く、意識して多様性を描くよう、絵に気を配ることがなされています。また、海外の絵本には、人々の服装や持ち物、街の風景などにそれぞれの文化が自然に溶け込んで表現されていま

す。そのような本を開けば、日本で自分が見ている風景とは違う社会が世界にはあり、そこで同じように暮らしている子どもがいると感じられることでしょう。

幼年文学の場合、生活スタイルが欧米と変わらなくなった今、多くの翻訳作品を違和感なく読むことができます。学校の教育スタイルや友だち関係など日本との違いを感じるところもありますが、だからこそ、新鮮な気持ちで自分の生活を見直す視点が得られるというもの。また、『アンナのうちはいつもにぎやか』（171ページ）のように、海外の幼年文学では社会的な視点を持って、その年齢の子どもにわかる言葉と論理で、貧困や社会の分断などを伝えようとする作品が増えているように思います。幼い子どもに向けて語るからこそ、現代社会の問題の複雑さに絡め取られず、本質を見極めようとする姿勢が作品に現れるのです。

心のバリアフリー

多文化共生社会とは、単に海外から来た人と仲良くするということではありません。違うものの見方や考え方をする人びとが、それぞれに尊重され、自己実現できる社会といえます。そのためには立場や考えが違っても、お互いを知り、戸惑いや思い込みという「心のバリア」を解消すること（心のバリアフリー）が必要です。また、誰もが自分の思いや考えを安心して表現できる場を作り出さなくてはなりません。

多様な人や考え方を伝える「本」には、知らない誰かへの共感を育み、心の壁を低くしてくれる力があります。だからこそ、多様な視点や文化を伝える本を、幼い頃から手にすることのできる環境とそれを手渡す術が大切なのだと思います。

＊ラテンアメリカ子どもと本の会
https://clilaj.blogspot.com/

幼年文学とわたし

幼い子たちのために物語を書くことは難しい

富安 陽子

幼い子たちのために物語を書くことは難しい、とよく思います。何が難しいのかといえば、やはり、読者と書き手との間に横たわる大きな隔たりでしょう。幼い子どもたちが生きる世界・過ごす時間というものは、私たち大人を取り巻いているそれとは全く違っていて、だから彼らが異界の住人のように思えることさえあります。そんな読者に向けて、その子たちの心をゆらし、かきたてる物語を書こうというのですから大変です。書き手はまず、この異界の小さな住人たちに通じる言葉を探さなくてはなりません。

例えば、私たち大人であれば、「ある日、田舎のおばあちゃんから、びっくりするほど大きな荷物が届きました」と書いてあれば、荷物のおおよそのサイズや形態は想像がつくでしょう。でも、幼い子どもたちにそれを伝えようとする時、私は必ず、おばあちゃんから届いた荷物をきちんと思い描いてみます。荷物の体裁や梱包のされ方や全体の大きさ……。そして、その荷物がちゃんと目に見えるようになったら、次に、その視覚的なイメージを幼い読者に語る方法を考えます。「タテ・ヨコ、一メートルもある」なんて書いたところで、幼い子たちにはピンとこないでしょう。では。なんと書きましょうか?「大きなネコを、十ぴきはしまっておけそうな」?「赤ちゃんのベッドにできそうなぐらいの」?……と、こんな具合です。もちろん、幼い読者を想定した絵本や幼年童話の場合、物語のイメージを伝えるために絵が大きな力を貸してくれることはいうまでもありません。しかし文章の書き手にとっても、くっきりとした視覚的なイメージを持つことと、そのイメージを幼い子らに伝えるための言葉を見つけることは、常に重要な課題だと思っています。
いつだったか、ずいぶん昔のことですが、何かの講演会である著名な大学の先生がご自身の幼少期の読書体験を語られ、「子ども向けの本は、いらないと思う」とおっしゃったことがあります。その方は幼い頃から、家や図書館の本棚に並んだ大人向けの科学書や小説を夢中になって読みふけっておられたのだそうです。この意見にも一理あります。子どもの本の中にも少なからず大人を楽しませてくれる本があるように、大人の本の中にも子どもが読んでおもしろい本、夢中になれる本はたくさんあります。斯くいう私も、まだ字も読めぬうちから、読書家の伯母が読み聞かせてくれる山下清の旅日記や谷崎潤一郎の短編小説には、笑い転げ、聞き入り大いに楽しませてもらいました。

そうであっても、大人にしか味わえない大人の本の世界があるように、実は、子どもにしか楽しめない、その世代のためだけの本というのも確かに存在するのです。私の伯母は、それを知っていたのだと思います。だから、大人の文学を読み聞かせてくれる一方で、「エルマーとりゅう」のシリーズ（福音館書店）を私に買ってくれました。エルマーの物語を読んだ時の、その楽しさときたら、それはまた格別なものでした。あの本を読んだ時、私はエルマーと一緒に物語の世界に入りこむことができました。エルマーが踏み入ったジャングルや、出会った動物たちを私もこの目で見、共に冒険を体験できたのです。明確で鮮やかな視覚イメージ。それが幼い子の鋭敏な心と響き合う時、そこにはリアルを越えたファンタジーが存在するのだと思います。そんな不思議な化学反応を起こすのが、幼年童話というものではないかなと思っています。

（童話作家）

『サラとピンキー　パリへ行く』
富安陽子 / 作・絵　講談社

『まゆとおに』富安陽子 / 文
降矢なな / 絵　福音館書店

おわりに

幼年期は人生の一時期としても、ことばを使って生きるうえでも、特別な時期です。柔軟な思考と豊かな想像力、旺盛な好奇心を持ち、家族や学校など、身の周りの小さな社会に気づき、自分らしさを見つけていくなど、人間の根っこを作ります。私たちは、子どもの本がそういう子どもたちの成長の一助になればと思い、このブックガイドを作りました。

執筆にあたっては、大阪府域の学校司書と重ねてきた勉強会が本書の元になっています。加えて財団関係者、および研究者、書店員など、子どもの本に関係する幅広い分野の方に執筆いただいたことで、本の捉え方に幅ができ、子どもの視点、本を伝える人の視点も取り入れることができたことをとてもうれしく思っております。作家の方々にも創作者の視点から幼年文学を捉える貴重なエッセイをご寄稿いただきました。

また、評論社のみなさま、編集者の細江幸世さんには、今どんなブックガイドが必要かを共に考え、作りだすためにたいへんお世話になりました。

読み継がれてきた本から新しい本まで、どのような本を選ぶか議論を重ねましたが、年月がたてば見直しの必要性があると感じており、ここからが出発だと思っております。この本をきっかけに、「幼年文学とは何か」「幼年期の読書はどうあるべきか」について議論が起こることを楽しみにしております。

土居安子

資料編

絵本でお話を楽しもう～絵本リスト

昔話絵本

岩をたたくウサギ サバンナのむかしがたり	よねやまひろこ / 再話　シリグ村の女たち / 絵	新日本出版社
うらしまたろう	おざわとしお / 再話　かないだえつこ / 絵	くもん出版
おどる12人のおひめさま	グリム童話 エロール・ル・カイン / 絵　矢川澄子 / 訳	ほるぷ出版
金の鳥　ブルガリアのむかしばなし	八百板洋子 / 文　さかたきよこ / 絵	ＢＬ出版
金剛山のトラ　韓国の昔話	クォン　ジョンセン / 再話 チョン　スンガク / 絵	福音館書店
セルコ　ウクライナの昔話	内田莉莎子 / 文 ワレンチン・ゴルディチューク / 絵	福音館書店
天の火をぬすんだウサギ	ジョアンナ・トゥロートン / 作 山口文生 / 訳	評論社
ひまなこなべ　アイヌのむかしばなし	萱野茂 / 文　どいかや / 絵	あすなろ書房
プンクマインチャ　ネパールの昔話	大塚勇三 / 再話　秋野亥左牟 / 画	福音館書店
マーシャと白い鳥　ロシアの民話	M.　ブラートフ / 再話　出久根育 / 文・絵	偕成社
まほうつかいのノナばあさん	トミー・デ・パオラ / 文・絵 ゆあさふみえ / 訳	ほるぷ出版
まめつぶこぞうパトゥフェ スペイン・カタルーニャのむかしばなし	宇野和美 / 文　ささめやゆき / 絵	ＢＬ出版
りゅうおうさまのたからもの	イチンノロブ・ガンバートル / 文 バーサンスレン・ボロルマー / 絵　津田紀子 / 訳	福音館書店

海外絵本

あかちゃんがどんぶらこ！	アラン・アールバーグ / 文　エマ・チチェスター・クラーク / 絵　なかがわちひろ / 訳	徳間書店
あかてぬぐいのおくさんと7にんのなかま	イ　ヨンギョン / 文・絵　神谷丹路 / 訳	福音館書店
ウルスリのすず	ゼリーナ・ヘンツ / 文　アロイス・カリジェ / 絵 大塚勇三 / 訳	岩波書店
エマおばあちゃん、山をいく アパラチアン・トレイルひとりたび	ジェニファー・サームズ / 作 まつむらゆりこ / 訳	廣済堂あかつき
おおきいツリーちいさいツリー	ロバート・バリー / 作　光吉夏弥 / 訳	大日本図書
おにいちゃんとぼく	ローレンス・シメル / 文 ファン・カミーロ・マヨルガ / 絵　宇野和美 / 訳	光村教育図書
おねえちゃんにあった夜	シェフ・アールツ / 文 マリット・テルンクヴィスト / 絵　長山さき / 訳	徳間書店
木いちごの王さま	サカリアス・トペリウス / 原作 きしだえりこ / 文　やまわきゆりこ / 絵	集英社
きょうは　ソンミの　うちで キムチを　つけるひ！	チェ・インソン / 文　パン・ジョンファ / 絵 ピョン・キジャ / 訳	セーラー出版
きりのなかのはりねずみ	ノルシュテインとコズロフ / 作 ヤルブーソヴァ / 絵　こじまひろこ / 訳	福音館書店
こねこのぴっち	ハンス・フィッシャー / 文・絵　石井桃子 / 訳	岩波書店
スタンリーとちいさな火星人	サイモン・ジェームズ / 作　千葉茂樹 / 訳	あすなろ書房
ゼラルダと人喰い鬼	トミー・ウンゲラー / 作 たむらりゅういち・あそうくみ / 訳	評論社
ソフィーとちいさなおともだち	パット・ジトロー・ミラー / 文 アン・ウィルスドルフ / 絵　二宮由紀子 / 訳	光村教育図書
ちいさいおうち	バージニア・リー・バートン / 文・絵 石井桃子 / 訳	岩波書店
ハスの花の精リアン	チェン・ジャン・ホン / 作・絵　平岡敦 / 訳	徳間書店

パオアルのキツネたいじ	蒲松齢 / 原作　心怡 / 再話　蔡皋 / 絵 中由美子 / 訳	徳間書店
パパはジョニーっていうんだ	ボー・R．ホルムベルイ / 作 エヴァ・エリクソン / 絵　ひしきあきらこ / 訳	ＢＬ出版
びくびくビリー	アンソニー・ブラウン / さく　灰島かり / やく	評論社
プーさんとであった日　世界でいちばん ゆうめいなクマのほんとうにあったお話	リンジー・マティック / 文 ソフィー・ブラッコール / 絵　山口文生 / 訳	評論社
ぺニーさんと動物家族	マリー・ホール・エッツ / 作・絵　松岡享子 / 訳	徳間書店
ぺろぺろキャンディー	ルクサナ・カーン / 文 ソフィー・ブラッコール / 絵　もりうちすみこ / 訳	さ・え・ら書房
もっかい！	エミリー・グラヴェット / 作　福本友美子 / 訳	フレーベル館
森のおくから　むかし、 カナダであったほんとうのはなし	レベッカ・ボンド / 作 もりうちすみこ / 訳	ゴブリン書房
やねの上にさいた花	インギビョルグ・シーグルザルドッティル / 作 ブライアン・ピルキントン / 絵　はじあきこ / 訳	さ・え・ら書房
ゆき	シンシア・ライラント / 文 ローレン・ストリンガー / 絵　小手鞠るい / 訳	新樹社
ゆきだるま	レイモンド・ブリッグズ / 作	評論社
わすれられない　おくりもの	スーザン・バーレイ / 作・絵　小川仁央 / 訳	評論社
わたしたちだけのときは	デイヴィッド・アレキサンダー・ロバートソン / 文 ジュリー・フレット / 絵　横山和江 / 訳	岩波書店
わたしたち手で話します	フランツ・ヨーゼフ・ファイニク / 作 フェレーナ・バルハウス / 絵　ささきたづこ / 訳	あかね書房

日本の絵本

いのしし	前川貴行 / 写真・文	アリス館
オオサンショウウオ	福田幸広 / 写真　ゆうきえつこ / 文	そうえん社
おっきょちゃんとかっぱ	長谷川摂子 / 文　降矢奈々 / 絵	福音館書店
おとうふやさん	飯野まき / 作	福音館書店
漢字はうたう	杉本深由起 / 詩　吉田尚令 / 絵	あかね書房
じごくのそうべえ	田島征彦 / 作	童心社
11ぴきのねこ	馬場のぼる / 作	こぐま社
だってだってのおばあさん	佐野洋子 / 作・絵	フレーベル館
ちいちゃんのかげおくり	あまんきみこ / 作　上野紀子 / 絵	あかね書房
ハワイ島のボンダンス	いわねあい / 文　おおともやすお / 絵	福音館書店
ひみつのカレーライス	井上荒野 / 作　田中清代 / 絵	アリス館
ふたごのゴリラ	ふじはらのじこ / 文・絵	福音館書店
ふようどのふよこちゃん	飯野和好 / 作	理論社
ボタ山であそんだころ	石川えりこ / 作・絵	福音館書店
みずとはなんじゃ？	かこさとし / 作　鈴木まもる / 絵	小峰書店
やぎのしずかのたいへんなたいへんな いちにち	田島征三 / 作	偕成社
わたり鳥	鈴木まもる / 作・絵	童心社

書名索引

に

ね

の

は

ひ

ふ

つ

て

と

な

＊はコラムでのみ紹介している本です。

キーワード索引

ジャンル

遊　び

生き物／動物・鳥・虫

肩書き・仕事

家族・友だち（人間関係）

行　事

自然・植物・気候など

体・五感

季節・時代・時間

食べ物・料理

性　格

世界・地域

行動・状態

場　所

不思議・謎

資料編

もの

暮らし

文化

社会

文字・言葉など

執筆者プロフィール（50音順）

＊おすすめの幼年文学

赤松 忍　枚方市学校司書
＊『おしゃべりなたまごやき』
寺村輝夫 / 作　長新太 / 画　福音館書店

阿部裕子　子どもの本専門店「会留府」店主
＊「エルマーのぼうけん」シリーズ
ルース・スタイルス・ガネット / 作　渡辺茂男 / 訳
ルース・クリスマン・ガネット / 絵　福音館書店

飯田寿美　元・専任司書教諭
＊『大どろぼうホッツェンプロッツ』
オトフリート・プロイスラー / 作 中村浩三 / 訳
偕成社

石井光恵　日本女子大学教授
＊『ごきげんなすてご』いとうひろし / 作　徳間書店

石田麻江　河内長野市学校司書
＊『番ねずみのヤカちゃん』
リチャード・ウィルバー / 作　松岡享子 / 訳
大社玲子 / 絵　福音館書店

市川久美子　元・ジュンク堂書店池袋本店児童書担当
＊『番ねずみのヤカちゃん』
リチャード・ウィルバー / 作　松岡享子 / 訳
大社玲子 / 絵　福音館書店

今田由香　京都女子大学准教授
＊『おねえちゃんは天使』
ウルフ・スタルク / 作　アンナ・へグルンド / 絵
菱木晃子 / 訳　ほるぷ出版

内川朗子　児童文学評論家
＊『やかまし村の子どもたち』
アストリッド・リンドグレーン / 作　大塚勇三 / 訳
岩波書店

内川育子　司書（元・豊中市学校司書）
＊『おさるのまいにち』いとうひろし / 作・絵　講談社

遠藤 純　大阪国際児童文学財団特別専門員・
武庫川女子大学准教授
＊『ウルスリのすず』
ゼリーナ・ヘンツ / 文　アロイス・カリジェ / 絵
大塚勇三 / 訳　岩波書店

大澤倫子　東京都杉並区立小学校学校司書
＊『ふしぎなふろしきづつみ』
前川康男 / 作　渡辺有一 / 絵　教育画劇

奥山 恵　児童書専門店「ハックルベリーブックス」店主・
大学非常勤講師
＊『ゆうやけカボちゃん』
高山栄子 / 作　武田美穂 / 絵　理論社

柿本真代　仁愛大学専任講師
＊『デージェだっていちにんまえ』
ヨーク・ファン・リューベン / 作　下田尾治郎 / 訳
福音館書店

兼森理恵　丸善・丸の内本店児童書担当
＊『大きくても ちっちゃい かばのこカバオ』
森山京 / 作　木村かほる / 絵　風濤社

木下裕美　吹田市学校司書
＊『さむがりやのゆきだるま』
三田村信行 / 作　小野かおる / 絵　小峰書店

木村なみ恵　元・豊中市学校図書館司書
＊『はじめてのキャンプ』
林明子 / 作・絵　福音館書店

黒川麻実　大阪樟蔭女子大学専任講師
＊『きょうはなんのひ？』
瀬田貞二 / 作　林明子 / 絵　福音館書店

越高一夫　「ちいさいおうち書店」店主
＊『なぞなぞのすきな女の子』
松岡享子 / 作　大社令子 / 絵　学研

小松聡子　大阪国際児童文学振興財団特別専門員
＊『くまの子ウーフ』
神沢利子 / 作　井上洋介 / 絵　ポプラ社

小山玲子　元・羽曳野市学校司書
＊『くまのテディ・ロビンソン』
ジョーン・G・ロビンソン / 作・絵　坪井郁美 / 訳
福音館書店

近藤君子　司書、（社）日本子どもの本研究会選定委員
＊『ロボット・カミイ』
古田足日 / 作　堀内誠一 / 絵　福音館書店

酒井晶代　愛知淑徳大学教授
＊『大きい1年生と小さな2年生』
古田足日 / 作　中山正美 / 絵　偕成社

佐川祐子　公共図書館職員
＊『エーミルはいたずらっ子』
アストリッド・リンドグレーン / 作　石井登志子 / 訳
岩波書店

佐々木由美子　東京未来大学教授
＊『たんたのたんけん』
中川李枝子 / 作　山脇百合子 / 絵　学研

汐﨑順子　大学非常勤講師
＊『びりっかすの子ねこ』
マインダート・ディヤング / 著
ジム・マクマラン / 絵
中村妙子 / 訳　偕成社

中野摩耶　箕面市学校司書
＊『ぼくのおじさん』
アーノルド・ローベル / 作　三木卓 / 訳
文化出版局

中村由布　吹田市学校司書
＊『なんでもふたつさん』
M.S. クラッチ / 文　クルト・ビーゼ / 絵
光吉夏弥 / 訳　大日本図書

成田信子　國學院大學教授
＊『きょだいな　きょだいな』
長谷川摂子 / 作　降矢なな / 絵　福音館書店

西山利佳　青山学院短期大学准教授
＊『オバケの長七郎』
ななもりさちこ / 作　きむらなおよ / 絵
福音館書店

羽深希代子　箕面市学校司書
＊「コロボックル物語」シリーズ
佐藤さとる / 作　村上勉 / 絵　講談社

馬場里菜　クレヨンハウス東京店
子どもの本売り場担当
＊『森おばけ』
中川李枝子 / 作　山脇百合子 / 絵　福音館書店

林 美千代　愛知県立大学非常勤講師
＊『おさるのまいにち』いとうひろし / 作・絵　講談社

東谷めぐみ　箕面市学校司書
＊『ふくろうくん』
アーノルド・ローベル / 作　三木卓 / 訳
文化出版局

福田晴代　日本子どもの本研究会、科学読物研究会
＊『ともだちのときちゃん』
岩瀬成子 / 作　植田真 / 絵　フレーベル館

福本由紀子　武庫川女子大学准教授
＊『ロッタちゃんのひっこし』
アストリッド・リンドグレーン / 作
イロン・ヴィークランド / 絵　山室静 / 訳　偕成社

藤田のぼる　児童文学評論家・作家
＊『おおきなおおきなおいも』
市村久子 / 原案　赤羽末吉 / 作・絵　福音館書店

ほそえさちよ　編集者・白百合女子大学非常勤講師
＊『ベッツィーとテイシイ』
モード・ハート・ラブレイス / 作　恩地三保子 / 訳
山脇百合子 / 画　福音館書店

堀井京子　羽曳野市学校司書
＊『なん者ひなた丸　ねことんの術の巻』
斉藤洋 / 作　大沢幸子 / 絵　あかね書房

柴村紀代　児童文学作家、元・藤女子大学教授
＊『エルマーとりゅう』
ルース・スタイルス・ガネット / 作　渡辺茂男 / 訳
ルース・クリスマン・ガネット / 絵　福音館書店

島 弘　元・福生市立図書館館長
＊『すんだことはすんだこと』
ワンダ・ガアグ / 再話・絵　佐々木マキ / 訳
福音館書店

代田知子　埼玉県三芳町立図書館館長
＊『ふうたのゆきまつり』
あまんきみこ / 作　山中冬児 / 絵　あかね書房

菅原幸子　教文館「子どもの本のみせ ナルニア国」
＊『ガブリちゃん』
中川李枝子 / 作　中川宗弥 / 絵　福音館書店

鈴木 潤　子どもの本専門店
「メリーゴーランド京都」店長
＊『どろんここぶた』
アーノルド・ローベル作　岸田衿子 / 訳
文化出版局

鈴木穂波　岡崎女子短期大学准教授
＊『なぞなぞのすきな女の子』
松岡享子 / 作　大社玲子 / 絵　学研

武田育子　岸和田市学校司書
＊『けしつぶクッキー』
マージェリー・クラーク / 作
モウドとミスカ・ピーターシャム / 絵　渡辺茂男 / 訳
童話館出版

田中瑞穂　元・箕面市学校司書
＊『みどりいろのたね』
たかどのほうこ / 作　太田大八 / 絵　福音館書店

辻山良雄　書店「Title」店主
＊『たんたのたんけん』
中川李枝子 / 作　山脇百合子 / 絵　学研

内藤知美　田園調布学園大学教授
＊『番ねずみのヤカちゃん』
リチャード・ウィルバー / 作　松岡享子 / 訳
大社玲子 / 絵　福音館書店

中川理恵子　大学非常勤講師
＊『ハッケバッケのゆかいな動物』
トールビェルン・エイナー / 作・画　山内清子 / 訳
偕成社

中地 文　宮城教育大学教授
＊『やまのこどもたち』
石井桃子 / 作　深沢紅子 / 絵　岩波書店

編集委員プロフィール

宮川健郎（みやかわ たけお）
児童文学研究者。一般財団法人 大阪国際児童文学振興財団理事長。武蔵野大学名誉教授。日本児童文学学会理事。
『宮沢賢治、めまいの練習帳』（久山社）、『現代児童文学の語るもの』（NHKブックス）、『子どもの本のはるなつあきふゆ』（岩崎書店）、『物語もっと深読み教室』（岩波ジュニア新書）、『ズッコケ三人組の大研究』全3冊（共編、ポプラ社）など著書・編著多数。子どものための児童文学アンソロジーの編纂の仕事も多い。

土居安子（どい やすこ）
児童文学研究者。一般財団法人 大阪国際児童文学振興財団理事・総括専門員。
国際アンデルセン賞選考委員(2017年～2020年)。
研究活動のほか、教員、司書、ボランティアなどに対し、読書活動に関わる研修や国内外の児童文学作家の講演会、シンポジウムの企画などを行なっている。共編著に『子どもの本100問100答』（創元社）、『明日の平和をさがす本　戦争と平和を考える絵本からYAまで300』（岩崎書店）などがある。

増田喜昭　子どもの本専門店「メリーゴーランド」店主
＊『ふくろうくん』
アーノルド・ローベル / 作　三木卓 / 訳
文化出版局

松井雅子　富田林市学校司書
＊『いやいやえん』
中川李枝子 / 作　大村百合子 / 絵　福音館書店

右田ユミ　箕面市学校司書
＊『番ねずみのヤカちゃん』
リチャード・ウィルバー / 作　松岡享子 / 訳
大社玲子 / 絵　福音館書店

三宅興子　大阪国際児童文学振興財団特別顧問・梅花女子大学名誉教授
＊『森の子ヒューゴ』
マリア・グリーペ / 作　大久保貞子 / 訳　冨山房

宮田航平　東京都立産業技術高等専門学校助教
＊『おしいれのぼうけん』
古田足日　田端精一 / 作　童心社

目黒 強　神戸大学准教授
＊『ごきげんなすてご』いとうひろし / 作　徳間書店

森口 泉　MARUZEN ＆ ジュンク堂書店梅田店児童書担当
＊『ドアのノブさん』
大久保雨咲 / 作　ニシワキタダシ / 絵　講談社

森下みさ子　白百合女子大学教授
＊『ちいさいおうち』
バージニア・リー・バートン / 文・絵
石井桃子 / 訳　岩波書店

矢田純子　箕面市学校司書
＊『みどりいろのたね』
たかどのほうこ / 作　太田大八 / 絵　福音館書店

山北郁子　豊中市学校司書
＊『ふたりはともだち』
アーノルド・ローベル作　三木卓 / 訳　文化出版局

山脇陽子　代官山 蔦屋書店　キッズコンシェルジュ
＊『エルシー・ピドック、ゆめでなわとびをする』
エリナー・ファージョン / 作
シャーロット・ヴォーク / 絵
石井桃子 / 訳　岩波書店

湯ノ口佐和子　豊中市学校司書
＊『おさるはおさる』 いとうひろし / 作・絵　講談社

渡邊紀美子　河内長野市学校司書
＊『ふねにのっていきたいね』
長崎夏海 / 作　おくはらゆめ / 絵　ポプラ社

ひとりでよめたよ！ 幼年文学おすすめブックガイド200

2019年6月30日 初版発行 2019年12月20日 2刷発行

編 一般財団法人 大阪国際児童文学振興財団
宮川健郎 土居安子
発行者 竹下晴信
発行所 株式会社評論社
〒162-0815 東京都新宿区筑土八幡町2-21
電話 営業03-3260-9409 / 編集03-3260-9403
印刷所 中央精版印刷株式会社
製本所 中央精版印刷株式会社
装 画 佐々木マキ
デザイン 松尾由佳（Nica）
編集協力 細江幸世

ISBN978-4-566-05181-2 NDC019 p.272 210㎜×148㎜
http://www.hyoronsha.co.jp